本书编委会

主　　任：李绍美

副 主 任：蓝　青

成　　员：(按姓氏笔画为序)

卢孝铭　白荣敏　池凌峰　陈世銮

林成峰　郑　坚　高燕君

主　　编：夏　林

政协福建省福鼎市委员会文化文史和学习委◎编

海峡出版发行集团 | 海峡文艺出版社

图书在版编目(CIP)数据

前岐/政协福建省福鼎市委员会文化文史和学习委编. —福州:海峡文艺出版社,2024.5
（福鼎文史.乡镇专辑）
ISBN 978-7-5550-3595-4

Ⅰ.①前… Ⅱ.①政… Ⅲ.①乡镇—文化史—福鼎 Ⅳ.①K295.75

中国版本图书馆 CIP 数据核字(2023)第 252953 号

前岐

政协福建省福鼎市委员会文化文史和学习委　编

出 版 人　林　滨
责任编辑　邱戊琴
出版发行　海峡文艺出版社
经　　销　福建新华发行(集团)有限责任公司
社　　址　福州市东水路 76 号 14 层
发 行 部　0591—87536797
印　　刷　福建新华联合印务集团有限公司
厂　　址　福州市晋安区福兴大道 42 号
开　　本　787 毫米×1092 毫米　1/16
字　　数　410 千字
印　　张　23.25　　　　　　　　　　插页　2
版　　次　2024 年 5 月第 1 版
印　　次　2024 年 5 月第 1 次印刷
书　　号　ISBN 978-7-5550-3595-4
定　　价　95.00 元

如发现印装质量问题,请寄承印厂调换

总　序

李绍美

福鼎古属扬州，晋属温麻县，隋开皇九年（589）废温麻县改原丰县，唐武德六年（623）置长溪县，清雍正十二年（1734）为霞浦县辖地，归福宁府。清乾隆四年（1739）由霞浦县划出劝儒乡的望海、育仁、遥香、廉江四里设福鼎县，县治桐山。1995年10月，福鼎撤县设市，现辖10个镇、3个街道、3个乡（其中2个畲族乡）、1个开发区。

福鼎建县虽不足300年，但人文历史悠久，早在新石器时代就有先民在这块土地上繁衍生息，并因山海兼备的地理特征创造出丰厚和多元的文化，如滨海名山太姥山孕育了太姥文化，依海而生的马栏山先民则开辟了海洋文化。随着时代的发展，福鼎的文化愈发精彩和独特：与浙江交界的叠石、贯岭、前岐等乡镇，接受瓯越文化较为明显，其方言与温州的腔调接近；与长期作为闽东文化中心的霞浦县相近的硖门乡和太姥山镇，受儒家文化影响较深，文风盛于其他乡镇；地处山区的管阳、磻溪等镇和地处滨海的沙埕、店下等镇，在生产方式与生活习惯上均有很大的不同……新中国成立以来，特别是改革开放后，福鼎各乡镇立足各自的区位特点和地方传统，抓住历史机遇，走出了各具特色的发展之路，在经济建设、社会治理、文化繁荣等方面都取得了长足的进步，变化可谓翻天覆地。

基于市情，我们改变常规文史工作立足县市层面，把视角下移，提出为辖下的13个乡镇、3个街道、1个开发区编纂文史资料并合出一套丛书的思路，使得政协文史工作更细致入微、更接地气。这一思路得到了福鼎文史界和各乡镇（街道、开发区）的积极支持和大力配合。为了做好这项工作，市政协总体协调，聘请文史研究员跟踪、指导、参与丛书具体编纂事宜，努力推进这项工程量巨大的工作。各个乡镇（街道、开发区）成立工作小组具体落实，有的乡镇与高校合作，借助高校的科研力量；有的乡镇聘请当地文史工作者，借助当地"活地图""活字典"的力量……可谓"八仙过海，各显神通"，使得丛书的编纂进展顺利。

本次系统挖掘整理各乡镇的文史资料，是文史工作的一次创新，而且以乡镇为单位编纂成书，使每个乡镇零散的资料归于系统化，实乃为每一个乡镇写史纂志，对各乡镇的文化建设意义重大。在工作中，很多史料的价值以文史的眼光审视得到重新"发现"，更有不少内容属于抢救性的挖掘整理，十分难能可贵。也因此，这项工作具有开拓性，也更具挑战性。自工作开展以来，镇里、村里的老干部、老"秀才"和"古董"们，市里各个领域的文史爱好者，以及高校研究人员，纷纷热情参与其中，为完成这项浩大的文化工程付出了艰辛的劳动。大家既科学分工，又团结协作，怀抱对乡土的热爱、对家乡的厚谊及对文史的关怀，兢兢业业，埋头苦干，无私奉献，终于使煌煌几百万字的"福鼎文史·乡镇专辑"丛书与大家见面了。该丛书的出版，拓展了福鼎文史工作的广度和深度，使福鼎文史工作有了新的突破、质的提升。

　　文史工作是政协工作的重要组成部分，是一项有益当代、惠及后世的文化事业，在传播优秀文化遗产、繁荣发展文化事业、推进建设和谐社会等方面都具有十分重要的意义。市政协历届领导班子有重视文史工作的优良传统，以对历史负责的求实态度，尊重社会各界的意见、建议，注重文史人才的培养并发挥他们的积极作用，守正创新，破立并举，推进福鼎政协文史工作长足发展，为福鼎地方文化建设做出了积极贡献。在此，谨向所有关心和支持这项工作的各界人士表示诚挚的谢意！

　　读史可以明智。历史是昨天的客观存在，是我们认识现实、走向未来的前提和出发点。迈入新时代的福鼎，正孕育着新的希望，让我们紧密团结在党的领导下，一如既往地秉承"肝胆相照，荣辱与共"的方针，与全市人民一道，团结拼搏，鼎力争先，不忘初心，接续奋斗，为加快建设宁德大湾区沙埕湾生态临港产业城市发挥我们应有的作用，做出我们应有的贡献。

　　是为序。

（本文作者为福鼎市政协党组书记、主席）

序：闽浙边界明珠——前岐

陈绍军

  前岐镇地处闽浙交界，位于福鼎市东北部，古称福东，因前岐山而得名，别称岐阳。前岐距福鼎市东郊 15 千米，北与浙江省苍南县接壤，东连沙埕港，西与山前街道、贯岭镇毗邻，西南与店下镇隔海相望，域内有省道沙吕线横穿东西，姚矾公路纵贯南北，是著名的革命老区。走进前岐，即可感受到前岐特色，古色古香的岐阳古街耐人寻味，鲜甜可口的四季柚、水蜜桃、东魁杨梅为人们津津乐道……如今，前岐已被列入宁德市级小城镇综合改革建设试点，一座闽东东北翼滨海新城镇正在崛起。

一、历史悠久

  据考古发掘，早在新石器时代就有先民在今前岐棋盘山繁衍生息，从事生产活动。在福鼎设县之前，前岐先后归属闽中郡、闽越国、建安郡、温麻县、长溪县、福宁州（府），清初属福宁府劝儒乡育仁里十六都；清乾隆四年（1739）福鼎置县后，属福鼎县一都和二都。前岐镇始设于 1940 年 8 月，之后几经沿革，多次调整建制，直至 2001 年 1 月，分设佳阳乡，划定前岐现有辖区。辖区现有土地面积 99.4 平方千米，下辖前岐、黄仁、熊岭、桥亭、井头、凤桐、薛家、武垟、大岳、小岳、彩澳、西宅、龟岭、薛桥、柯湾、照澜、双屿、吴家溪、枫树岭等 19 个行政村和岐阳、福东 2 个社区，现全镇常住人口 1.5 万户、5.7 万人。

二、物产丰富

  前岐素有"柚乡菇城"之美誉，盛产四季柚、东魁杨梅、水蜜桃、蟠桃等特色水果，曾是闽浙边界双孢蘑菇主产区和集散地，而四季柚获得国家原产地证明商标，有"世界奇果"之美称；白色双孢蘑菇获农业部无公害农产品和产地双认证。此外，前岐本地种植的紫皮大蒜、花菜、甜瓜等农产品也深受周边百姓喜爱。当地特色小吃种类繁多，前岐三角饺、鹿鸣卤小肠、建萍土鸡煲、土丁冻等均被列入福建名小吃，还有前岐粿、鼠曲粿、面茶糕等也是不多得的美食。另外，纯手工编织的马兰草席也以过硬的质量远销海内外。

三、经济繁荣

前岐是典型的农业大镇，耕地面积2.4万亩，拥有2个万亩垦区，海岸线长18千米，是福鼎市重要的菜篮子基地。前岐镇地处沿海丘陵地带，背山靠海，地势由北向西南倾斜，镇域大部分为丘陵，滨海地域为小平原，土壤疏松且呈微酸性，排水性能良好。气候属东南沿海亚热带季风气候，海洋性气候显著，年平均气温18.5℃，年平均降水量为1511.8毫米，年平均无霜期达270天以上，年日照时数1840小时。优越的地理环境和气候条件为农业发展创造了良好的客观条件，特色水果、蔬菜均以优质打响了前岐的农业品牌。前岐是闻名退迩的"朵朵白"白色双孢蘑菇最大的生产基地。2004年起，前岐蘑菇生产走出一条独具特色的"协会+基地+农户"生产经营路子，种植面积约0.89平方千米，产量7200吨，产值达3500万元，成为南蘑北调中转站。同时，绵长的海岸线也催生了前岐近海养殖业的繁荣。

前岐工业以轻工业的发达为亮点。早在20世纪70年代，前岐农塑厂就曾缔造辉煌，产品远销欧美。前岐的鞋服加工业至今仍然有着相当的规模，家庭作坊式的鞋服加工点让许多前岐百姓发财致富。进入21世纪，前岐不断探索工业发展新路子，积极招商引资，至2013年拥有规模以上企业14家，产值达9.15亿元。同时，前岐全力服务闽浙边贸工业园建设，在福鼎市委、市政府的领导下，逐步开辟双岳工业园区和双岳项目区前岐拓展区，努力推动前岐工业的规模发展、跨越发展。

前岐从康乾时期起商业异常繁荣，以明矾为业者甚众，有办矾厂的、开矾馆的、挑明矾的、挑柴竹（煎矾用）的、编矾篓的、装矾包的以及码头工、船工等，上千户人家依靠矾业过生活。不但前岐街道许多人以明矾业为生，而且从矾山到前岐的古驿道上有许多专门为明矾挑夫和客商提供服务的茶馆、酒肆。清嘉庆《福鼎县志》将"前岐市"列为福鼎县十大市集之一，可见前岐商业曾盛极一时。前岐的商贸繁荣延续至今，集镇街道店铺林立，摊贩叫卖声不绝于耳，餐饮、服装、杂货、服务各行各业应有尽有，华灯初上，集镇街道人潮攒动。

前岐自然景观优美，生态资源丰富，拥有仰狮晨钟、鹿峰夕照、狮峰观日、九鲤戏珠、古寨留芳、三井映霞、梅庐春晓、霜染丹枫等八大前岐胜景，还有千亩桃花林、百亩果园和生态优美的照澜溪、双岳溪，更有中国最北的红树林——

姚家屿红树林，因此，前岐是福鼎市重要的城乡旅游新资源。

四、文化深厚

前岐岐阳古街是闽东最古老的集市和街区之一，也是闽东迄今为止保存完整的明清城镇建筑群之一。古街的房屋建设既气势恢宏，又典雅庄重，同时注重实用，如三进四合院式的李家大院、城堡式的林家大宅、欧式风格的居之安等独具特色。值得一提的是，前岐古建的木雕镂刻水平高超，许多宅院的窗户、墙壁上的人物木雕成为精品，像李家大院、林家大宅的双面木刻浮雕、镂刻三国人物形象组雕等受到专家的高度称赞。

前岐的民俗文化具有极深厚的人文底蕴，前岐马灯、嘭嘭鼓、傀儡戏等都是典型的代表。其中，前岐马灯创制于明末清初，是一种兼具娱乐性和休闲性的曲艺表演，以表演场面宏大、富有浓厚人文色彩而深受百姓喜爱，于2012年列入福建省非物质文化遗产名录。前岐的妈祖信俗文化和晏公信俗文化也极具地域色彩，特别是每年的农历三月廿三妈祖诞辰日和农历九月初九妈祖升天日都举行祭拜妈祖典礼及出巡活动，场面十分隆重。

前岐是著名的革命老区，也是闽东和浙南老革命根据地之一，是鼎平革命的发源地。早在1932年，革命先烈就在前岐小学传播马列主义，组织了中国共产党小组，并相继成立了苏维埃政府。1935年5月，刘英、粟裕率领中国工农红军挺进师和叶飞率领的闽东独立师胜利会合，成立了闽浙边临时省委，前岐成为闽浙边临时省委和中共鼎平县委的活动中心。1936年8月，闽浙边临时省委第十二次扩大会议在前岐熊岭李家山召开，进一步开辟和发展了革命根据地。前岐群众被敌人残杀了2000多人，有革命烈士249人，涌现出以郑丹甫为代表的一大批革命志士，为党为国谱写了一曲曲可歌可泣的光辉诗篇。为纪念前岐辉煌的革命历程，后人在前岐建了前岐革命纪念馆和李家山革命纪念馆。在李家山上，红军井、合抱枫、廖恩铭墓等革命遗址、遗迹教育着世世代代的前岐人牢记历史，艰苦奋斗，传承红色革命精神。

前岐人民勤劳质朴，敢拼敢闯。随着福鼎市"东扩、南移、面海"城市发展战略的实施和成功引进福鼎时代锂电新能源产业，前岐镇的发展迎来历史性变革。前岐人民牢记嘱托、感恩奋进，主动融入宁德大湾区沙埕湾生态临港产业城市建设新征程，坚持以锂电新能源产业园建设为中心，着力发展新型节能环保、智能制造产业聚集区，加快布局物流商贸、文化旅游、餐饮服务、休闲娱乐、家政服务等现代服务业，全力打造福鼎东部生态产业新城。相信在全镇人民的共同努力下，前岐必将实现翻天覆地的变化，蝶变为"百姓富、生态美"的美丽新前岐。

（本文作者为福建省政协原副主席、海峡两岸茶业交流协会会长）

目　录

往事钩沉

🌸 人物春秋

🌸 文教卫生

🐚 民俗风情

🐚 物华吟赏

附录：

山川故里

前岐社村概况

◎ 夏　林　李玉婵　范则谊

　　前岐，地处闽浙交界的福鼎市东北部，因前岐山而得名，古称福东，别称岐阳。依山傍海，地理坐标介于北纬 27°15′—27°25′，东经 120°15′—120°23′。山海资源丰富，陆域有茶叶、甘蔗、食用菌、四季柚、水蜜桃、东魁杨梅、盘桃、花菜、紫皮大蒜、甜瓜、红心猕猴桃等农产品，海上盛产弹涂鱼、对虾、红膏鲟、黄花鱼、牡蛎等海产品。2013 年被列入宁德市级小城镇综合改革建设试点镇，2014 年被列入全国重点镇，2019 年入选全国综合实力千强镇。随着 2021 年底福鼎时代锂电项目投产，"中国锂电之都" 正在闽浙边界崛起。

　　前岐现辖岐阳、福东 2 个社区和前岐、彩澳、西宅、照澜、薛桥、小岳、枫树岭、大岳、柯湾、龟岭、武垟、薛家、双屿、吴家溪、桥亭、凤桐、井头、黄仁、熊岭等 19 个行政村，镇域面积 99.4 平方千米。截至 2021 年底，全镇户籍人口共计 11573 户、44330 人，另有外来常住人口 13279 人。

　　岐阳社区　　位于前岐集镇中心，前身为前岐公社前岐街道居民大队，1983 年更名为前岐区公所前岐街道居民委员会，1990 年 4 月 1 日成立岐阳街居民委员会，2014 年 12 月更名为岐阳社区居民委员会。岐阳社区在福东溪东侧，东邻前岐村，西与福东社区隔福东溪相望，南与柯湾村毗邻，北接福东社区，土地面积 0.32 平方千米。下辖 13 个居民小组，现有常住人口共计 2575 户、8280 人（其中户籍人口 690 户、2247 人）。辖区内有福鼎二中和前岐慈济中学 2 所中学，共有在校学生 2600 多名。岐阳社区历史悠久，人文荟萃，景观优美，文化底蕴深厚。岐阳古街形成于明代，沿福东溪东岸而建，呈南北逶迤而下，北起岐阳亭大榕树下，南至海尾妈祖宫，全长 1 千多米，分为上街、中街、下街。辖内有福鼎市文物保护单位妈祖宫。

　　福东社区　　位于前岐集镇中心新区，镇政府所在地，始建于 20 世纪 80 年代末，东与岐阳社区、前岐村毗邻，西连彩澳村，土地面积 0.38 平方千米。下辖 11 个居民小组，常住人口共计 3958 户、11876 人（其中户籍人口 1170 多户、4750 多人）。辖区内有福东街、福盛路、海滨路等 16 条街道，企事业单位 15 家，住宅小区 40 多处。商贸繁荣，饮食、服饰、电气维修、超市及各种批零商店等个体工商户近1000家，居民主要经济来源以经商、外出务工为主。

前岐村 位于前岐集镇范围内，省道沙吕线穿境而过，交通便利，东邻西宅村，南界柯湾村，西连彩澳村，北接小岳村，土地面积5.31平方千米。下辖18个自然村，现有常住人口1271户、3305人。村民以种粮为主，农副产品主要有茶叶、柚子、杨梅、水蜜桃，农民收入主要来源是销售农特产品。辖内有名扬四海的大兰四季柚果场和福鼎市文物保护单位棋盘山遗址。

彩澳村 位于镇域西部，东南与柯湾村相接，南接薛桥村，西北连小岳村，东北与福东社区交界，距集镇1千米，土地面积2.55平方千米。下辖13个自然村，共702户、2892人，辖区内有前岐镇派出所、前岐中心小学彩澳校区等单位。村民主要收入源于蔬菜和茶叶等农业种植。福鼎时代动工后在彩澳村征用1100多亩耕地，该村转向发展第三产业，青年人大部分到双岳工业园区就业或外出务工。域内有涉台文物保护单位晏公宫和寨仔山上的古匪寨遗址。

西宅村 位于镇域北部，距集镇1千米，姚矾公路穿境而过，交通便利，土地面积7.49平方千米，是老区基点村，也是福鼎市扶贫开发重点村，主要生产蔬菜。下辖13个自然村，共843户、3304人。现有耕地1525亩，林地5081.85亩，园地面积2883.9亩，果园1265亩，茶园1997.97亩。耕地多为沙壤土，土质肥沃、透水性良好，适宜种植各种蔬菜、瓜果等。有蔬菜种植面积900多亩，年复种面积3000多亩，盛产水蜜桃、东魁杨梅、甘蔗、柑橘等。辖内有大岗山遗址等多处新石器时代遗址和革命先驱王宏文故居。

照澜村 位于镇域东南部，距镇区2千米，土地面积5.78平方千米。下辖17个自然村，共有480户、1780人。该村大力发展水蜜桃、东魁杨梅、红心李、四季柚、红心猕猴桃等特色水果种植产业，举办照澜水蜜桃荧光音乐节等特色活动，带动村内水蜜桃产销。此外，照澜村依托"闽农优选"农村电商平台，开拓农特产品新销售渠道，推动水果产业向规模化、集约化、品牌化发展。该村水果种植面积达2000多亩，是村民经济收入的主要来源。该村挖掘村庄特色，围绕花果产业，发展农林观光、赏花采摘等休闲旅游新业态，做强农旅经济，持续推动沿溪特色观光农业向纵深发展，先后争取资金完成三井溪河道整治、桃花岛休闲区、百亩油菜花观赏基地建设等9个美丽乡村项目，复原古茶亭、古水碓、宋代巡检司等历史遗迹，建有照澜幸福院、农村电影固定放映点、户外体育健身活动场所、综合文化服务中心、红色驿站及党建文化主题公园。辖内有福鼎市文物保护单位建昌宫。

薛桥村　　位于镇域西南部，东与柯湾村相接，西通双岳工业园区，北连彩澳村，南连双屿村，距集镇 2 千米，土地面积 4.41 平方千米，是革命老区基点村之一。下辖 13 个自然村，共有 860 户、3760 人。村民主要收入来源于农业种植和滩涂水产养殖，种植花菜、甜瓜、茶叶等经济作物，养殖海蛎、对虾等水产品。随着国道 G228 线风景道旅游公路、薛家山隧道、福东大道等重点项目的建成，福鼎时代锂离子电池生产基地等项目落地，该村正在积极打造农特产品及餐饮服务一条街。辖内有郑丹甫故居。

小岳村　　位于镇域西部，东与福东社区相连，西通大岳村，北连薛家村，南与薛桥村接壤，距前岐集镇 3 千米，土地面积 4.51 平方千米，是名优特水果——前岐四季柚的主产区之一，域内海拔最高不超过 100 米，沙吕线穿境而过。下辖 11 个自然村，共有 483 户、1828 人。村民主要收入来源于农业种植和畜禽养殖，如四季柚、茶叶种植和蛋鸭养殖等。

枫树岭村　　位于镇域东部，东连岐阳社区，北与西宅村和龟岭村接壤，南通照澜村，西南与佳阳龙头湾交界，地处半山区，距前岐集镇 4.5 千米，土地面积 3.4 平方千米。下辖 9 个自然村，共有 155 户、678 人，其中畲族人口计 35 户、98 人。村民主要经济来源是茶叶、水蜜桃、东魁杨梅、黄栀子、油茶等农业种植。

大岳村　　位于镇域西北部，东与小岳村相连，北连薛家村，西面与山前街道兰田村毗邻，距集镇 5 千米，靠山面海，沙吕线穿境而过，土地面积 4.22 平方千米。下辖 10 个自然村，共计 413 户、1456 人。现有耕地 430 多亩，山地 7000 多亩，村民主要从事农业，种植四季柚、蘑菇、甘蔗、茶叶、槟榔芋等农作物。

柯湾村　　位于镇域南部，距集镇 5 千米，东与照澜村连接，西与彩澳村和薛桥村接壤，北连岐阳社区，南面与佳阳乡蕉宕村交界，土地面积 7.52 平方千米，是福建省级传统村落。下辖 20 个自然村，共 897 户、3964 人。村民主要收入来源于农业种植和海产养殖，种植水蜜桃、东魁杨梅、高产茶叶、四季柚等经济作物，养殖对虾、螃蟹等水产品。该村交通便利，国道 G228 滨海风景道旅游公路贯穿其域，且在沙埕湾生态产业园（前岐片区）项目范围内，是福鼎时代三期项目所在地（项目征地 1600 亩）。四季瓜果飘香，是四季柚、水蜜桃、盘桃、东魁杨梅等水果的主产区，其中四季柚 1000 亩、水蜜桃 300 亩、东魁杨梅 600 亩，花菜、蜜瓜、冬瓜等约 1000 亩，农业年总产值 2000 多万元。同时，该村大力发展水产养殖，拥有网箱 800 口、滩涂养殖 1100 亩，围塘 1000 多亩，饲养大黄鱼、对虾、青壳蟹、贝类等水产品。

龟岭村　　位于镇域东北部，西南与西宅村连接，东南与吴家溪村连接，西北与凤桐村接壤，北与浙江省苍南县矾山镇交界，距集镇5千米，土地面积2.18平方千米，是老区革命基点村。下辖8个自然村，共305户、1132人。地处山地丘陵地带，平均海拔高度135米，其中，耕地面积816.45亩（水田面积461亩），山地面积1768亩，森林覆盖率68.4%。村民主要经济来源是种植茶叶、杨梅、水稻等农作物。辖内有林永中烈士亭和古关隘遗址。

武垟村 位于镇域东北部，东连龟岭村，南界西宅村，西接薛家村，北通桥亭村，距集镇所在地6千米，土地面积4.58平方千米，是老区革命基点村。下辖10个自然村，共有497户、1887人。山地资源丰富，平均海拔210米，农民主要经济来源是销售茶叶、杨梅、水稻、芋头等农特产品，其中白茶种植面积有3000多亩。该村近年完成了文化中心及避灾点装修工程（党群服务中心）、港湾候车客运站、农村幸福院、室内影院工程、村集体厂房、集体茶叶加工厂及文化长廊等项目。

薛家村 位于镇域西北部，东与武垟村毗邻，南通福东社区和小岳村、大岳村，北与贯岭镇文洋村交界，距集镇7千米，土地面积5.65平方千米。下辖13个自然村，全村共有378户、1552人，畲族人口计400多人。全村耕地面积1200亩（水田面积860亩），山地面积5500亩，生态公益林1220亩，森林覆盖率达90%。辖内有牛头溪水库，库容790万立方米，总灌溉面积达2.43万亩，饮用水供给前岐镇及邻近乡镇，覆盖人口近5万，供水量达1.1万吨。目前正在修建福建省东北部沿海军民融合引供水工程，牛头溪水库将作为饮用水源供给佳阳、沙埕居民及驻军部队使用，设计日供水量达4.3万吨。

双屿村 位于镇域最西端，由上、下两个岛屿组成，东北与薛桥村和柯湾村连接，北、西、南三面海域分别与福鼎市区山前街道、桐城街道以及白琳镇、佳阳乡毗邻，距集镇8千米，土地面积7.92平方千米，是前岐镇"重点渔业村"。下辖15个村民小组，共有504户、2153人。全村共有浅海滩涂5000多亩，养殖大黄鱼172口，横涂、下屿两个虾池各500多亩，鲟池共1000多亩，滩涂养殖海蛎1000多亩，蛏养殖500多亩，另有育苗室3家，水产品是双屿村村民支柱产业，从事水产品养殖有700多人。全村共有耕地1183亩，其中，水田300多亩，农地800多亩，海田500多亩。海田上种植大蒜是该村种植业主要收入。近年来旅游行业成为新兴行业，每逢节假日，有大批垂钓爱好者前来垂钓。随着国道G228滨海风景道旅游公路的建设，打造出海浪、沙滩、日出、房车营地、海岸观景台等旅游业态，未来风景优美的海岸线将一线串起，而双屿村将成为闽浙边界美丽黄金海岸线上的高端休闲生态旅游岛。

吴家溪村 位于镇域东北部，与浙江苍南矾山镇毗邻，以山坡地为主，海拔

300 米，距离集镇 8 千米，土地面积 3.81 平方千米。下辖 10 个自然村，共 265 户、900 人，其中少数民族 180 人，占 20%。全村现有耕地面积 880 亩，茶园 250 亩，经济作物以种植茶叶、水稻、水果为主。近年来，新建党群活动中心、慈善幸福院、农民健身场所、停车场等项目。辖内有挑矾古道、吴家溪古茶亭、古石板桥、古矾窑遗址等遗迹，目前正在建设龙贡头旅游线路（吴家溪村至浙江矾山福德湾景区）。

桥亭村　　位于镇域北部，北通黄仁村和熊岭村，南连武垟村和薛家村，西与贯岭镇文洋村交界，东连井头村和凤桐村，是山区村的中心。该村为革命老区基点村，距集镇 9 千米，土地面积 9.41 平方千米。下辖 23 个自然村，共 662 户、2492 人，其中少数民族人口 950 人，占全村人口的 38%，是福鼎市 28 个少数民族村之一。现有耕地 1915 亩，主要发展生态农业和乡村休闲旅游观光产业，村民主要收入来源为茶叶种植和外出务工。该村建有前岐敬老院，可容纳老人 200 人。辖内有古寺九鲤庵。

凤桐村　　位于镇域东北部，地处闽浙交界，北与井头村相连，西通桥亭村，东北与浙江省拱桥内和埔坪村交界，海拔 380 米，距集镇 11 千米，土地面积 2.56 平方千米，是革命老区基点村。下辖 8 个自然村，共 283 户、1158 人。村民主要收入来源为水稻、茶叶、杨梅等农作物以及绿化树种植。近年来，村"两委"建起 360 亩中心苗圃，种植山樱花、罗汉松、红花檵木、玉兰等近 60 种花卉苗木，以"党建+电商"的方式建立合作社，联合有限公司将凤桐村的苗木销向全国各地，从而增加农民收入。辖内有宝云寺、小型大帝宫、郑氏宗祠、雷氏宗祠、宋代古城墙和距今 500 多年的香樟古树。

井头村　　位于镇域北部，北与熊岭村连接，南与凤桐村接壤，西连桥亭村，东与浙江省苍南县巩山镇拱桥内村交界，距集镇 15 千米，土地面积 2.12 平方千米，是福鼎市少数民族村、革命老区基点村。下辖 7 个自然村，全村共有 285 户、1022 人，其中少数民族 365 人，占全村人口的 35.7%。该村拥有农用地 3102 亩，森林覆盖率达 71%。村民主要收入来源是销售芋头、席草、茶叶等，部分青壮年外出务工。

黄仁村　　位于镇域北部，北接浙江省苍南县五凤乡，南通桥亭村，西与贯岭镇文洋村交界，东与熊岭村相连，海拔 280—520 米，距前岐镇 15 千米，土地面积 9.22 平方千米，是革命老区基点村。下辖 24 个自然村，共 681 户、2414 人。全村耕地面积 2201 亩，林地总面积 11225 亩，森林覆盖率达 80.5%，适合发展黄秋葵、茶叶、油茶、黄栀子、东魁杨梅等经济作物，主要经济产业为农林种植业和畜牧养殖业。村民主要收入来源依靠白茶、油茶、鳗鱼、土鸡、蜜蜂等产业。该村建有老区革命陈列馆、候车亭等。村落古朴，开村 400 余年，历史悠久，人文旅游资源荟萃，辖内有保安亭、有梅亭、清云道观、犁头宫、虎头宫、宗族祠堂、百年老厝等景观，吴厝后门山有百年古梅树，还有地质奇观——石厅、赤丘、狮壁、灵龟、天湖、笔架山等。

熊岭村　　位于镇域东北部，地处闽浙交界处，西连黄仁村，南与桥亭村和井头村接壤，东北部与浙江省苍南县的矾山镇交界，海拔350多米，距集镇15千米，土地面积5.56平方千米。下辖20个自然村，共684户、2465人。村民主要收入来源是茶叶、席草、黄栀子、稻谷等农特产品，其中，种植茶叶1050亩、席草150亩、黄栀

前岐集镇全景图（林秀链 摄）

子 360 亩、油茶 210 亩。辖内有李家山革命纪念馆以及红军井、解放村等大量红色文化遗址，是宁德市爱国主义教育基地和福建省关心下一代委员会传承红色基因的教育基地。

前岐山川地貌

夏 林

　　前岐三面群山环抱，一面临海，地势北高南低，并由外围向中间倾斜，在地理空间分布上呈"北林、中城、南岛"的特点。前岐原是海滨港口，20世纪70年代前岐、双岳围海造田成功后，围垦区成为海滨小平原，顺着周围山势由东北向西南延展。前岐集镇依福东溪而建，向围垦区前岐大堤方向拓展。前岐有山，有林，有水，有海，有岛屿，有滩涂，水陆交通便利，资源丰富，物产众多。

　　前岐山海资源丰富。陆域有白茶、槟榔芋、食用菌、四季柚、水蜜桃、东魁杨梅、盘桃、花菜、紫皮大蒜等特色作物，以四季柚和蘑菇最为著名。海域多为淡水与海水交界区，属于海洋生物重要的繁殖区和生长区，所产的海产品味道特别鲜嫩。红树林区海域鸟类资源丰富，是候鸟越冬场和迁徙中转站，是海鸟觅食栖息和生产繁殖的场所。

山

　　前岐的山全部为低山或丘陵，海拔500米以上的低山较少，多为海拔在100米至500米之间的丘陵。低山或海拔较高的丘陵主要分布在镇域北部，海拔100米左右的丘陵主要分布在集镇和沿海周边。前岐森林覆盖率达66%，主要集中在镇域北部山区，山上动植物资源较为丰富。

林路寨山（夏林 摄）

　　林路寨山　　在镇域北部熊岭村和浙江交界处，海拔约541米，是前岐域内最高峰。

南池尖　在桥亭村，海拔400多米。

望山　在黄仁村，海拔400多米，突兀凌空，四望无际。

青寮山　在凤桐村，海拔300多米。

敖家山　在桥亭村，海拔290米。

将军岩　在武垟村，海拔200米。

大澜山　在照澜村，海拔200米，绵延数十里，逶迤环抱，麓当大澜溪之冲，塘田资其捍卫。

寨仔山　在彩澳村，海拔130米。

狮山　在照澜村，海拔115米。

鹿峰山　又称鹿山，旧称老鹰山、老峰山，在前岐村，海拔111米。

南山　在西宅村，海拔110米。

薛家山　在薛桥村，海拔100米。

凤山　在小岳村，海拔约130米，山形如凤，首、尾、翅俱全。

川

照澜溪　福鼎市五大河流之一，源出浙江省苍南县矾山镇，流经南宋、蒲坪、枫树坪、照澜，汇入沙埕港。流域面积101.2平方千米，主溪流长21.9千米，其中前岐辖内流域面积14平方千米，溪流长7.5千米，流经前岐镇11个村、65个自然村。

照澜溪（夏林 摄）

双岳溪　源出浙江省苍南县五凤乡，溪流呈南北走向，弯曲多变，南流至九鲤，又南至大岳，分三渠入海。流域面积达99平方千米，主溪流长31.4千米，宽10—200米，平均宽度为45米。水流北急南缓，水质较好。旧称"三叉河"。

前岐溪　源出武垟，由西宅至前岐入海。流域面积 24.3 平方千米，主溪流长 12 千米，平均宽度为 35 米。

福东溪　前岐溪流经集镇段被称为福东溪，北起西宅村和前岐村交界处桥亭头，南至慈济中学，并沿旧港道入海。溪流长 4.3 千米，北段弯曲窄小，宽 10—30 米，南段宽阔，宽 100—200 米。水流北急南缓，水质一般。

大澜溪　照澜溪流经大澜果场地段，当地百姓俗称"大澜溪"。主溪流长 4.1 千米，平均宽度为 20 米。

青潭　水有三色，上蓝、中黄、下黑。潭甚深，不可测，有石马、石船、石鸡、石将军诸胜迹。

岛屿

双屿　原为前岐港外两个岛屿，面积约 10 平方千米，20 世纪 70 年代双岳大堤工程将两岛联为一体，并和前岐镇薛桥村、山前街道百胜村连接。连接工程结束后，地貌特征略有改变，现岛内有两山两小平原，共 15 个自然村落。旧称"上下屿"。

双屿一瞥（夏林 摄）

鲎屿　原为岛屿，在前岐港口，一大一小，望之若鲎。20 世纪 70 年代前岐围垦工程结束后成为陆地，原有地貌特征已经改变。

铁厂山　又名"倒地塔"，石色如铁，横卧海中。原为半岛，双岳围垦后成为陆地，原有地貌特征已经消失。

乌石屿　原为前岐海滨小岛屿，长约 8 米，宽约 6 米，面积约 48 平方米。前岐围垦后成为陆地，尚残留遗迹，在今前岐镇政府后门与中心渠交接处附近。

平原与滩涂

前岐小平原　　整体为喇叭形，呈东北—西南走向，面积约 640 平方千米，进深 4700 米，东北最窄处约 270 米，南北最宽处约 2000 米。前岐镇区位于东北末端，其他大部分未开发处仍为耕地，主要用作农田、菜地、果园等。南段西侧有成片水塘湿地，面积约 40 平方千米。

双岳冲击小平原　　与山前街道兰田村共同形成口袋型平原，呈南北走向，前岐镇部分约 230 平方千米，进深 3400 米，中间最宽处约 2000 米，南北出口宽约 380 米。大岳村和小岳村位于平原北端，沿路分散分布，多为农田、菜地、果园。

滩涂　　前岐镇域内海岸线长 18 千米，有浅海滩涂 2 万亩，出产海蜈蚣、牡蛎、毛蚶、弹涂鱼等各种海产品。

前岐柯湾滩涂（郑雨锋 摄）

前岐的气候

✎夏 林

前岐地处福建东北部，位于东南沿海亚热带季风区内，属亚热带海洋性季风气候，海洋性气候特点显著。前岐四季分明，日照充足，降水丰沛，夏无酷暑，冬无严寒，无霜期长。前岐年平均气温 18.5℃，最热月为 7、8 月，平均气温 28.3℃；最冷月为 1、2 月，平均气温 8.6℃。该地多年平均降水量 1511.8 毫米，年日照时数 1840 小时，年径流深 1000 毫米，无霜期达 270 天以上。

全年主导风向为北风，其次为东南风。每年 9 月至次年 3 月北风最多；夏季 6 月至 8 月以东南风为主；4 月至 5 月为冬夏风过渡时期，风向较为杂乱，主要是偏南及偏北风。

前岐春季冷热交替频繁，天气乍寒乍暖，多为低温或连日阴雨，空气湿度大，维持时间可达 99 天。夏季气候湿热，维持时间可达 138 天。秋季受海洋影响显著，秋季降温和春季升温一样均较慢，秋温高于春温 3.5—3.8℃。冬季气候干冷，维持时间只有 46 天。

前岐是季节性台风、洪水多发地区。台风多发于 7 至 9 月，年均 3 次，其中以在福州至温州一带登陆的台风影响最为强烈。强风强雨还经常造成崩塌、滑坡、泥石流等次生灾害。洪涝灾害多发于梅雨季（每年 5 至 6 月）和台风雷雨季（每年 7 至 9 月）。根据地形，域内可大致分为低洼内涝区和山洪冲刷区两个灾害区域，低洼内涝区位于紧靠内海及溪流的低洼平原，山洪冲刷区位于北部、西部山区。

棋盘山遗址

🍃马英杰

　　棋盘山遗址位于前岐集镇岐阳街附近一个圆形独立小山包的山顶中部，山顶平缓，山形如棋盘，相对高度达 25 米，面积达 500 平方米，采集有石片、陶片等实物。根据采集器物判断，该遗址距今有 4500—5500 年。棋盘山遗址的发现把福鼎的历史往前推了 2000 多年。2013 年，棋盘山遗址被公布为福鼎市第四批文物保护单位。

棋盘山遗址出土的石器（福鼎市博物馆 供图）

　　2008 年 10 月 25 日至 11 月 12 日，福建省第三次文物普查沿海史前遗址调查队对福建沿海进行专题普查。10 月 26 日，普查队到前岐镇进行普查，发现在前岐中心小学西南 150 米左右的棋盘山西侧山脚有福东溪自北向南流过，这种地形十分适合古人类生存。经过调查，在地表采集到少量石片、陶片，专家初步判断这里可能是一个古人类活动遗址。

　　棋盘山可能存在古人类活动遗址的消息，引起了美国夏威夷大学焦天龙教授、浙江省考古研究所王海明副所长、福建省考古研究所范雪春教授等的极大兴趣。2009 年 3 月 25 日，三人莅临福鼎，又发现了棋盘山夹砂陶片及古人类遗留下来的炭。焦天龙教授把这些炭带回美国经过夏威夷大学专业测定，认为时间应该为距今 4500—5500 年。焦天龙教授认为，棋盘山遗址的发现为南岛语族起源与扩散的课题研究项目提供了新的资料，是一次重大历史考古发现。

前岐青铜器时代聚落遗址

🍃 夏 林

根据考古采集的器物判断，前岐至少有 6 处青铜器时代先民聚落遗址。

西宅大冈山遗址 位于前岐镇西宅村大冈山，遗址相对高度为 30 米，面积 1000 平方米，采集有石锛、石片、玉料、陶片等实物。

西宅宫后山遗址 位于前岐镇西宅村宫后山，遗址是大山延伸出来的部分，呈东西走向，山顶较为平缓，相对高度 30 米，面积 1000 平方米，采集有石锛、石片、陶片等实物。

西宅村大冈山遗址出土器物

西宅南岭脚遗址 位于前岐镇西宅村南岭脚，遗址相对高度为 70 米，面积 2000 平方米，采集有石器、陶片等实物。

前岐炮台冈遗址 位于前岐镇炮台冈，遗址是一个独立的小山包，山顶较为平缓，相对高度为 15 米，面积 2000 平方米，采集有石锛等实物。

八斗大山下遗址 位于前岐镇八斗大山下，遗址是大山延伸出来的山顶较平的小山包，呈南北走向，相对高度为 70 米，面积 2600 平方米，采集有石锛等实物。

六斗长古山遗址 位于前岐镇六斗长古山，遗址是大山延伸出来的小山包，呈东西走向，相对高度为 30 米，面积 3000 平方米，采集有石锛、石片等实物。

（本文参考了 2013 年版《福鼎文物》）

前岐建制沿革

❀夏　林

　　前岐历史悠久，据考古发掘，早在新石器时代就有先民在今前岐棋盘山繁衍生息，从事生产活动。在福鼎设县之前，前岐先后归属闽中郡、闽越国、建安郡、温麻县、长溪县、福宁州，清初属福宁州劝儒乡育仁里十六都。清乾隆四年（1739）福鼎置县后属福鼎县一都和二都，县治东南 8 里起为一都，包括三叉河、前岐、吴家溪、大岳、小岳、上屿、下屿、谢豹尖；县治东南 30 里起为二都，包括西宅、龟岭、武垟、薛家澳、大澜、蔡澳、括底、凤桐、王承（又称王臣，后改为"黄仁"）、桥亭、熊岭。

　　1912 年，沿清末建制，设前岐区。

　　1934 年秋，全县编保甲自治，10 户为甲，10 甲为保，10 保为联保，全县编为 5 个区，前岐和沙埕、巽城、澳南并为第二区。

　　1940 年 8 月，改联保为乡镇，始设前岐镇。

　　1944 年 10 月，调整乡区域，前岐镇划出桥亭设乡，全县计编桥亭等 10 个乡，前岐等 5 个镇。当时，桥亭乡辖桥亭、牛洋、大岳、凤桐、熊岭、黄仁、坪尾、文阳、松阳、西山、南阳等 11 保，前岐镇辖岐南、岐北、彩澳一、彩澳二、双屿、柯湾、照澜、安仁、澳前、滨阳、佳阳、佳山、大路、西宅、龟岭、小岳等 16 保。

　　1949 年 6 月福鼎解放初期，全县划为"四区一镇"，前岐改设第一区，辖原前岐镇、沙埕乡、桥亭乡、佳阳乡。

　　1949 年 11 月，全县划为 5 个区，前岐改为第二区，管辖区域不变。

　　1952 年 5 月，全县划为 11 个区，并进行顺序调整，前岐仍为第二区，将沙埕从第二区划出，增设为第三区。

　　1956 年 1 月，各区以区驻地取名，改称"前岐区"。

　　1958 年 8 月成立前岐人民公社，1961 年 6 月复为前岐区，1968 年 8 月又成立前岐人民公社，1983 年改为前岐区，1987 年改为前岐镇。

　　2001 年 1 月 5 日，分设佳阳乡，将原前岐镇下辖的佳阳、罗唇、双华、后阳、佳山、周山、蕉宕、三丘田、安仁、龙头湾、上庵、象阳等 12 个行政村划归新设立的佳阳乡管辖。分乡前，前岐镇面积为 153.9 平方千米，常住人口 69000 人；分乡后，前岐镇面积为 99.4 平方千米，常住人口 47800 人。

旧志中的"前岐"

    董贶永

前岐原是海滨港口，浙江明矾大都经此水路运转。20世纪70年代，前岐、双岳围垦后，成为小平原。20世纪50年代初期，前岐发掘出土的新石器时代遗存——棋盘山遗址，充分表明在四五千年前就有人类在此居住。然而，福鼎置县之前有关前岐的史料极少。《明史·地理志》载："州东北有小澜巡检司，后废。"小澜即今前岐镇照澜村，现还保存有明代的建昌宫。福鼎置县后，我们可透过清嘉庆《福鼎县志》、清光绪《福鼎县乡土志》和民国《福鼎县志》中的点滴记录，了解旧时的"前岐"。

前岐于1940年设镇，2000年划出佳阳、周山、象洋、双华等12个村设佳阳乡。今日前岐辖区若以清嘉庆《福鼎县志》载，大致涵盖一都的三叉河、前岐、大小岳、上屿、下屿、谢豹尖，二都的西宅、龟岭、武垟、阳边、蔡阳、薛家澳、大澜、蔡澳、埕头、括底、余家坪、凤桐、王承、桥亭、熊岭等。旧志中这些村庄的名字，现在看起来都有些似曾相识，当地人以闽南话呼之，音同字异而已。

民国《福鼎县志》载："西至彩澳外寨仔山，与一区共界；北至望山，与平阳五岱界；东北至龟岭，与浙平兰宋阳及矾山界；西北至凤桐外，与一区凤山界。九山以望山所占地位为最高，盖承浙平南雁山脉之入吾邑东北境为少数山脉者，突兀凌空，四望无际，青潭、熊岭、武垟、文林诸山悉列其南望之下，又有龙首、老峰两山，前岐镇市集在焉。"

前岐，旧为一都总汇之市镇，商业以矾为大宗。矾产浙平赤阳，经此地出海，囤积挑运享其利者千数百家。有溪源出武垟经西宅，亦至是入海。濒海而居者，东有柯湾、梅洲诸村，西有彩澳、狗头鼻诸村，中则有鲎屿，其居民皆利饶蜃蛤。清嘉庆《福鼎县志》载，当时前岐埠税为银八两。《福鼎县乡土志》载，本都民数计九千余人，东南一带渔家杂处，东北傍山多以耕凿是务，物产除鱼虾蜃蛤外，植品以茶烟为多，其风俗民情亦俭朴是尚云。二都以武垟为中心，民数计八千余人，士居百之一，工居百之二，商居百之三，余率以农为业，惟彩澳傍海，兼有各种海利，俗尚大概与一都同。由此可见，光绪年间的前岐是十分繁华的，社会业态以商为最，民风淳朴。

由前岐市而上行，迤而东为龟岭，逾岭为浙平兰宋阳及赤阳（即矾山）。又东为鹤顶山，其里人呼为覆鼎山，距吾邑界外数十里，昔人讹为福鼎山，谓吾邑命名以此，盖误。

前岐山水有独特之美。有石壁高百丈余，洞泉飞泻，直入三叉河，曰金赤漈；有源出五岱，汇清潭，水色上蓝、中黄、下黑，深二十余丈，阔六丈，又有石马、石船、石鸡诸胜，可谓一奇；至桥亭，有禄潭、竹枯潭；南流九鲤，南至大岳，分三渠入海，曰三叉河；有源出武垟，由西宅到前岐入海，曰前岐溪，今称福东溪，海之左、溪之右有桥，曰福东桥，过桥为临水宫，桥之首为前岐市，市有堡，塘汛具焉。清嘉庆《福鼎县志》载有"前岐堡、蔡澳堡"，曰"福东桥，始于嘉庆十年（1805），里人林中秀、林炳蔚、李文晋倡建"。由岐市而左行，有溪曰大澜，源出赤阳，至崎岭汇吴家溪，由大澜入海，龙凤山近焉。大澜之南为小澜，越一山为象阳，有明遗民义杀清兵之游希曾家于此。

前岐民风，向称纯朴。时至光绪年间，信仰多元。《福鼎县乡土志》载："若天主、若耶稣，近二十年，其教始行；天主教于光绪二十四年始开会社，计入教者：一都前岐，一百余人。"民国《福鼎县志》载："民国九年（1920），英基督教士来，设圣公会于县治之回春社。前十数年，城中已有耶稣教堂之设，但赁屋而居耳。是年始购地建筑，外乡若前岐、白琳等处先后成立。"在旧志，还可看到两件事：清乾隆二年（1737）七月，吴家溪山崩，压死73人；清嘉庆八年（1803），大岳村有毛虫千万为群，大如拇指，遍食松楸至枯，赴涧饮水人不敢逼视。

前岐历史上名人辈出，旧志中多有孝友、义行之人，以下聊举数例：

游红五　　象阳人。人性至孝。父殁，擗踊过节，绝而复苏者再。及葬，庐墓三载，人谓其父墓曰孝子墓。

郑绍成　　字仪九，二都平美人，增贡生。平美地近平阳五岱山，山为盗薮，往往乘间窃发，邻里患之。绍成编联保甲日夜防堵，复侦缉盗魁，恝于官、置诸法，余党悉平。

王嘉善　　字家平，桥亭人，业农。平日解纷排难，有鲁连风。桥亭地近浙平，平鼎两邑有鼠雀争者辄赖其劝解，往返至数百里之遥，调停至数十日之久，不辞劳，亦不受报。晚年输粟贡成均，好善益力。里党有饥寒者或无力嫁娶者，不吝解推以助。

蔡烈斌　　字书文，彩澳人。廉节自持，笃修内行。父疾半载，母疾二十余年，日侍汤药，不离左右。及殁，呼吁擗踊，邻里为之动容。待诸季亦友爱。

周墀 　佳山人，庠生，博涉经史，为文多奇气。曾为李拔征修《福宁府志》序，拔置第一。聚徒讲授，贫士来学者，率给以衣食或周恤其家。又筑义冢于其都之珪璋。

前岐山川秀美，物阜民丰，从旧志中，我们看到先民在这片土地上默默耕耘，也看到了岐阳古街曾经的辉煌。新时期，随着薛家山隧道建成通车，前岐加快融入福鼎"城市组团"，一座滨海小城必将迅速崛起，续写前岐的新篇章。

照澜巡检司

夏　林

前岐镇照澜村，地处前岐照澜溪入海口处，旧称小澜。"照澜"一词语出《孟子》，取"观水有术，必观其澜；日月有明，荣光必照焉"之义雅化为村名。照澜开发较早，早在宋代就有街道，还设有巡检司。据考证，照澜巡检司始设于宋熙宁五年（1072），迄今近千年，司署遗址在前岐镇照澜村马鞍山麓、三井溪畔的"城子里"。它也是福鼎域内最早设立的巡检司之一，归长溪县节制。巡检司始于五代，盛于两宋，金及西夏也有类似设置。元因宋金遗制，所设巡检司主要为州县官署。明清巡检司为军民兼顾的军事机构。

照澜因其位于闽浙交界处，在闽浙古驿道上，是古代浙江进入福建的重要通道，附近有海港码头，水路交通便利，向北通浙江矾山、南宋往平阳县、温州府，向东往沙埕港和浙江马站、霞关，向南走水路经罩城登岸通往长溪县、福州府。史料记载，宋代照澜就出现了福鼎域内第一条街道——亭子街，街上有商铺、饭店、酒肆、客栈、茶馆、染坊、诊所，还有3个大型古水碓碾米场，商贾云集，商业业态比较完善。所以，设置巡检司对此地进行管理非常必要。于是，宋熙宁五年（1072）朝廷在照澜始设巡检司。当时长溪县共设立6个巡检司，其中在今福鼎域内的就有3个，其他两个分别设在桐山、蒋阳（今磻溪镇蒋阳村）。照澜巡检司从宋代设立后，随着朝代的更迭，历经存废。据宋梁克家《三山志》记载，闽东域内所设之巡检司，大多行使"巡检兼烟火，及捉私茶、盐、矾"之职，可见宋代巡检司主要还是和平年代维持社会治安的职能机构，本质上还是一个州县所属的官方派出机构，这一点与后来的明朝巡检司有较大的区别。

明代巡检司较之宋元已有变化。明代实行卫所制度，《明太祖实录》载："缘海卫所，戍兵以防倭寇……置巡检司……分隶诸卫，以为防御。"沿海巡检司与卫所一起，组成了明代沿海的海防体系。明朝巡检司作为防倭体系的一部分，军事上受卫所节制和调度，是一个军民兼顾的军事机构。对于明朝巡检司的职能，明太祖朱元璋曾敕谕天下："朕设巡检于关津，扼要道，察奸伪，期在士民乐业，商旅无艰。"也就是说，明朝巡检司的职能主要分为平时和战时两个部分，平时主要是负责地方治安，沿袭宋代巡检司的职能；战时则负责消息联络和战事督催。

明代，闽浙交界处的照澜人口密集，大宗物资集散地的区位优势上升明显，遂成为海贼倭寇袭击的重要目标。因而，明朝初年恢复设立照澜巡检司。据明万历《福宁州志》记载："州东北有小澜巡检司，后废。"这一段简单的历史记载并没有说清楚明朝照澜巡检司设立于何时，后来又因何被裁撤，但我们放眼当时的全国形势可以找到一些线索。明万历《福宁州志》记载："洪武初，命江夏侯周德兴经略海徼备倭，置卫所巡检司。"又据《明史》："周德兴至闽，按籍金练，得民兵十万余人。相视要害，筑城一十六，置巡检司四十有五。防海之策始备。"由此可见，明朝照澜巡检司复设于明洪武初年，目的是防备倭寇。同时复设的还有蒋阳、桐山巡检司。而照澜巡检司裁撤时间大概是洪武十三年（1380）十月，吏部裁汰天下巡检司，"凡非要地者悉罢之"。

照澜巡检司城墙遗址（夏林 摄）

如今，悠悠千载时光流逝，照澜巡检司遗址残墙尚存，静静地湮没在马鞍山麓、三井溪畔的蔓草之中，等待世人来探究其深厚的历史文化。

岐阳古街

🖋 夏 林

20 世纪 80 年代前，岐阳古街一直都是前岐镇的主街。据考证，岐阳古街是闽东最古老的集市和街区之一，也是迄今为止闽东保存最完整的明清城镇建筑群之一。

岐阳古街沿福东溪东岸而建，逶迤而下，古朴庄严，玄远清幽，人文景观源远流长，内涵丰富，历经岁月沧桑，依然独放异彩。

古街北起岐阳亭大榕树下，南至海尾妈祖宫，全长 1000 多米。街道两边的房屋相对而建，沿溪的一侧房屋一律坐西朝东，沿山一侧的房屋一律坐东朝西。古街往龙头岭和照澜括底洋方向各延伸出一条小巷——龙头岭巷和凤桐街，与岐阳古街垂直，呈东西走向。如果说岐阳古街像条巨龙，龙头巷和凤桐街则像龙爪，它们一起造就了丰满大气的气势。岐阳古街的建筑独具风格，既气势恢宏，又典雅庄重，同时注重实用。整条古街除了三进四合院式的李家大院、城堡式的林家大宅、欧式风格的"居之安"等 3 户大宅院显得与众不同外，其他建筑的构造基本一致：两层两进民居，一层临街一面全部为商铺式结构，前边为店铺，不砌围墙，采用通栏木门，后边为厨房，卧室一律设在楼上。毫无疑问，这种建筑格局与当年古街的繁荣鼎盛密切相关。这种建筑格局一直沿袭下来，至今前岐百姓盖房仍然采用这种格局，只是将通栏木门改成卷帘门而已。

岐阳古街分为上街、中街、下街，上街以上部分叫街头顶，下街以下部分叫海尾。上街、中街、下街各修筑一道坚固的石城门，各街以城门为界。因此，岐阳古街实际上是由 5 个部分组成。古街房屋的建筑大都保持明清时的风貌，少数几间民国时期建筑为砖墙黑瓦结构，建筑精美，其木雕、石雕有很高的工艺水平，梁柱、斗拱、檩椽各具特色，墙面雕梁画栋。屋内楹联虽非出自名家，但其治学治家、为人处世的劝诫富含哲理。特别值得一提的是，前岐古建的木雕镂刻水平高超，许多宅院窗户、厢房墙壁上的人物木雕堪称精品，常以《三国演义》《红楼梦》《西厢记》等中国古代文学作品的人物形象、故事情节作为雕刻主题。其中李家大院、周氏宗祠中的双面木刻浮雕、"群鼠争食"镂刻和三国人物形象组雕等，受到专家的高度称赞。据杭州规划设计咨询有限公司专家组在修编《前岐镇城镇总体规划2013—2030》时考证，前岐工匠的雕刻、镂刻技术在乾隆年间闻名遐迩，达到闽浙边界最高水平。街道上铺设的"三合土"街面和石板工艺技术精湛，城镇排水系统完善，街巷空间布局合理，建筑有进有退。古镇整体风貌既丰富多彩又和谐统一，给人以美的享受。

岐阳古街建街确切的年代已无从查考，据《福鼎文史资料》第7辑载，晋永嘉二年（308），中州板荡，林、黄、陈等八姓入闽，史称"衣冠南渡"，后有一分支落脚前岐。后来，中原战乱频仍，盗匪四起，前岐几经兴衰。明世宗嘉靖年间，有许多下府（今泉州、安溪、兴化、永春、同安等地）百姓为逃避倭寇入侵，纷纷迁徙到此地居住，人烟逐渐稠密。清顺治十五年（1658），郑成功驻沙埕港，于六月初四从前岐港登陆，进攻分水关，经平阳县扬尘北上。同年九月，福建巡抚宣永贵上奏朝廷曰："郑贼扬波闽地，张名振互相鼓煽……劫掠沙埕，杨家屿（姚家屿）、潘家埠（双岳），打破前岐。"史书上所说的前岐港就是前岐旧港，即现在的福东桥和前岐中心小学一带。可以确定的是，古街现有的格局在明代已经形成。

岐阳古街（夏林 摄）

岐阳古街的繁荣可以追溯到清康熙年间。据明弘治《温州府志》载：明矾的开采始于明洪武年间，精明的商人从浙江矾山发现明矾矿藏中发现商机，组织人员进行商业开采，果然盈利颇丰。此后，开采的商人越来越多，所开采的明矾从前岐港装船经沙埕运往全国各地，岐阳古街也因此得到快速发展。前岐从康乾时期起，商业异常繁荣，街上住户日众，生意兴旺，上街和中街有上百家各式商店，下街有 28 家矾馆。清晨天刚蒙蒙亮，小贩的吆喝声、叫卖声不绝于耳，街上人群川流不息，甚至到了深夜，街上还依然灯火通明，织成一幅人头攒动的生活图景。当时，前岐以明矾为业者甚众，有办矾厂的、开矾馆的、挑明矾的、挑柴竹的、编矾篓的、装矾包的和码头工、船工等上千户人家依靠矾业生活。难怪当时有人说："前岐人的饭粒，富含明矾的味道。"不但前岐街道上许多人以明矾业为生，从矾山到前岐的古驿道上亦有许多专门为明矾挑夫和客商提供服务的茶馆、酒肆。现在，在龟岭村闽浙分水岭头上，还有当年官府设立的古关隘城墙和茶馆遗址，它们见证了漫漫矾路上挑夫和客商的繁忙岁月。

岐阳古街当时的商业布局合理、科学，街头顶为客栈、旅店，上街为小吃铺、理发店、茶楼、酒肆，中街为南货店、百货店、布店、药店，下街为五金店、杂货店、矾馆，海尾为堆货码头。当时前岐港有 3 个埠头，其中一个是福东桥边的"破城坎"，潮涨时，福东溪和海水顶托可以让装载几百担货物的帆船穿过福东桥，直上街头头顶的"碇步头"停泊。碇步头是建材、杉柴的卸货点，破城坎是海蜇皮、甘蔗、鱼杂等的卸货点，海尾码头则经常千帆云集、樯橹林立，是大宗货物的装卸点。史书记载，清康熙二十四年（1685），朝廷在前岐港设立闽海关；清乾隆九年（1744），苏州、宁波商人在浙江矾山设厂炼矾，日产 50 吨，所产明矾全部取道前岐港装船转销全国各地。清嘉庆《福鼎县志》将"前岐市"列为福鼎县十大"市集"之首，可见岐阳古街当年之盛极一时。

岐阳古街上人文景观荟萃。坐落在街头顶的岐阳亭就是一处先人巧妙利用自然之态建构的人文景观。由北向南的福东溪在此突然向西转东回流，形成一个大弯，每当下暴雨发山洪时，溪水湍急，甚至漫过街道，泄入岐阳古街，沿街百姓深受其害。于是，先人因地制宜修建了岐阳亭，一是为阻拦水患，二是为百姓提供休闲场所。岐阳亭的建筑十分巧妙，和旁边一棵有几百年历史的大榕树融为一体，形成一道独特的"榕、亭、坝"三合一的风景。每当夜幕降临，这里就聚集着许多群众观看"傀儡戏"（木偶戏），欣赏唱嘭鼓。亭上对联道出了造亭人的用意："曲栏磐道参天树，明月清风接水亭。""前山春万里鹿峰美酒能留客，岐水月千家亭树清风更醉人。"（"鹿峰"指前岐街东边的鹿峰山，此处借代"前岐"）和岐阳古街北端的岐阳亭遥相呼应的是坐落在南端海尾的天后宫。天后宫始建于清康熙五十四年（1715），迄今已309年。整座宫观呈四合院结构，建筑占地面积达2000平方米，为福鼎市现有宫宇规模之最。宫殿灰砖青瓦，泥塑装饰，砖木框架，古色古香，粗犷豪放，具有浓厚的明末清初风格。走进宫门便是戏台，由4根方石柱撑着八角顶，顶上绘画依稀可见，木雕镂刻尚在。"文革"初期，天后宫前石碑、戏台前石笔及正殿内重要文物均被毁。2003年，地方热心人士为保护古镇历史、弘扬妈祖文化、促进闽台交流，筹资重修天后宫。坐落在下街的福东桥是岐阳街的另一道风景，建于清嘉庆年间。古桥所在地曾是前岐港繁忙的码头，如今被围垦填成陆地，当年千帆云集的景象不再，现在，这里成了镇上老人休憩的场所。巧的是，福东桥桥头也有一棵上百年的大榕树。桥头上的对联"不雨桥常润，无云水亦阴"，似乎在告诉人们这里的人事沧桑。

明矾经济的繁荣一直持续到20世纪80年代。随着明矾业的衰落以及前岐集镇中心向福东溪西岸转移，岐阳古街渐渐远离往昔的喧嚣，成为一条宁静的古街。

挑矾古道

～夏　林

前岐地处闽浙边界，毗邻浙江矾山、南宋等地，地理位置独特，那条挑矾古道，自古以来就是浙江出入福建的重要通道之一，无数客商经过此路走南闯北。今天，挑矾古道已经湮没在荒烟蔓草间，不再有行色匆匆的客商，但曾经的悠悠岁月它见证许多人间沧桑。

现存挑矾古道有两条：一条的起点在浙江矾山镇水尾村，终点至福建前岐镇岐阳街海尾路妈祖庙旁的矾馆，东西走向，路线为"水尾—石门—上港—枫树坪—峡岭溪—龟岭亭—南岭头—西宅—桥亭头—前岐街道—妈祖宫旁的矾馆"，全程约 20 千米；另一条的起点在矾山镇溪光村，路线为"溪光—大宗垟心亭—埔坪街道—柯岭脚马仙宫—大岭头隔亭—跑死马—龟岭头亭—南岭头—南岭脚—西宅—桥亭头—前岐街道—妈祖宫旁的矾馆"，至柯岭脚、深家坑石门与前岐的古道相接后重叠合并，终点亦在前岐妈祖宫旁的矾馆，全程约 13 千米。走这两条古道都要翻过 3 座山，并经过龟岭头亭，所以当地人又称二者为"龟岭挑矾古道"。挑矾古道路面用石头铺设，各路段因山势原因道宽长短不一，平均道宽为 1.8 米。

据《世界矾都》记载，矾山至前岐的挑矾古道是历史最悠久的明矾运销通道之一，开通于清康熙九年（1670），目的是补偿矾山明矾采炼给前岐造成的污染损失。前岐还在途经的明矾中抽头，以补偿农业损失。清光绪《福鼎县乡土志》载："（前岐）商贾率以矾为大宗，矾矿出浙平矾山赤洋，销场惟岐最旺。"前岐与矾山已然结成了矾业经济协作体。明清时期，矾山明矾输出路线有 3 条：浙江两条，是用人力挑运到浙江平阳藻溪或赤溪（今均属苍南）的矾馆之后，由矾商用船只运往福州、泉州、宁波、上海等地销售，第三条是福建的前岐线，是将明矾用人力挑运至前岐街上的矾栈包装后，转运至沙埕港装船，运往福州、上海、香港、台湾等地。

清康熙年间，挑矾古道渐趋繁忙，每天有成千上万的挑矾工奔波在挑矾古道上。每天拂晓时分，众多居住在前岐和矾山附近的农民就出现在挑矾古道上，他们大多是青壮年，一般都是成群结队，五六个甚至几十个一起，用箩筐或土箕挑着上百斤晶莹剔

前
岐

透的明矾晶体，翻山越岭，艰难行进，个个汗流浃背，气喘吁吁。他们穿着破衣烂衫，或干脆赤膊，袒露着胸脯和长期被重担压弯的驼背，不时地用随身的破汗巾擦着大汗淋漓的身体。经过两三个小时的翻山越岭，挑矾工们筋疲力尽，终于到达前岐街头顶。在经过狭窄拥挤的老街时，他们又振作起精神，一路吆喝，成为那个时代一道独特的景观。

挑矾古道上的龟岭古关隘（夏林 摄）

　　矾山至前岐是挑矾古道中坡度最小、路途最近的一条，只有 13 千米。前岐为沙埕港的内港，涨潮时海水可一直涨到前岐街杉柴寮的碇步。前岐在海尾建有码头，大潮时可停靠上千担的船只。因此，前岐一直是矾山明矾最繁忙的出口地。经过 300 多年的不断修建，特别是清康熙九年（1670）的一次大规模修缮后，龟岭挑矾古道从最初狭窄的山间小道成为当时的通衢大道，时至今日还保留有一条完整的石砌大路。在各个山顶或半山腰，建有供挑矾工和来往客商休息的路边亭，旁边还有人经营小客栈，为过路客商和路人提供茶水、烟酒和零食，供行人食宿。浙江入闽做生意的客商、流动手工业者也经常从这里经过。挑矾古道在经过山涧、溪流的地方都砌有碇步。1949 年后，埔坪、上港和南岭脚的碇步都改为大石桥，更方便了挑矾工和行人的来往。前岐与沙埕港既有水路相通，又有明矾外运码头，再加上当时沙埕港是闽浙边界主要物资集散地之一，全国各地来往的船只较多，从前岐转运明矾费用相对较低。因此，矾山至前岐的挑矾古道是矾山明矾运输最经济的通道，据清光绪年间福建三都澳海关记载，矾山日产明矾约 50 吨，90% 经沙埕港运销国内外。

　　1957 年 4 月，矾山至灵溪公路开通后，明矾全部改用汽车运输，挑矾古道全线停运。如今，挑矾古道大部分路段已经失去原有的功能，人迹罕至，且遭受台风等自然灾害破坏和农村道路建设，显得有些残破，但只要将沿途的路亭、桥梁、古碑刻等基本节点连起来，还能将古道串成较为完整的路线。古道沿途还保存有 1 座古关隘、2 条碇步、3 座路亭、6 座山神庙和 30 多间石屋，据此仍然可以想见当年古道沿途的景象。

前岐古茶亭

☞夏 林

　　前岐，地处闽浙边界，福温古官道穿境而过，是浙江入闽的重要通道之一。古代道路崎岖，车马难行，商旅往来必须翻山越岭，数十里地不见人烟。为了给客商提供一个休憩、避雨的场所，前岐乡民在蜿蜒曲折的古道上修建了一座座茶亭。这些散落于古道上的茶亭，宛如沙漠上的绿洲一样，疲惫的旅客在歇息喝茶的同时，亦感受到一种精神上的温暖和慰藉。

基本特点

　　茶亭大约出现在唐代，是一种建于交通要道上、具有施茶功能的建筑。前岐的茶亭形制不一，但是基本都是供商旅歇脚之用，大多数茶亭直接跨建在道路上，前后皆敞门，砖石为墙，上铺瓦，单檐双坡，亭内有数对立柱，两侧有横木，可作条凳，供旅客坐歇，道路则从亭中贯穿而过。据福鼎民俗专家马树霞介绍，福鼎域内的茶亭有三要素：一是供神，二是施主，三是守亭人。先说供神，每个茶亭必有一个神龛，所供之神有观音、伽蓝菩萨、四方佛、田都元帅等，与当地民俗及茶亭所处的环境相关，取庇佑之意。一些地处要道或临近村舍的茶亭，还会将神龛扩大为庙。再说施主，绝大多数茶亭都属民间自发修建，一般由附近村镇的某个大家族捐建，此即施主。施主除建亭外，另于茶亭周边捐地数亩，以保障长期供养。在古代，捐建茶亭与修桥铺路一样，皆为备受推崇的民间积善之举。最后说守亭人，他负责日常为过客煮水烹茶，并顺带贩售一些干粮点心。亭中的茶水一概免费供应。茶叶一般是守亭人于亭边自种自采自晒，故而守亭人往往也是茶人，擅于制茶，历来不乏有人发展为专业茶师或者茶商。1949年后，公路逐渐延伸到偏远的村落，绝大多数古道已失去存在的意义，古道上的茶亭也随之荒废，任由蔓草侵蚀。随着岁月的流逝，许多茶亭崩塌，保存完整的古茶亭越来越少，残存的茶亭也大都摇摇欲坠。每年台风过后，都会有一两座茶亭在暴风雨中倒塌。近年来，随着人们对传统文化的重视，一些原施主家族的子孙出于对祖先行善的纪念，出资修缮当年捐建的茶亭，使一些古茶亭得以重新恢复旧貌。令人遗憾的是，由于对古建筑修缮知识的缺乏，有些修缮是破坏性的，将亭子推倒重来，水泥一刷，原有的古韵荡然无存。

保护现状

据福鼎市长期关注茶亭文化的黄河查阅相关资料和实地考察，前岐历史上修建的古茶亭在福鼎各乡镇中是数量较多的，目前修缮保留下来的古茶亭也是福鼎域内最多的。据统计，福鼎除嵛山岛之外，各乡镇均有古茶亭，全市共有古茶亭100座，拥有古茶亭数量最多的是前岐，共有13座，分别是吴家溪亭、保安亭、桥亭、岐岭溪亭、牛车岭亭、友谊亭、南岭头亭（已毁）、横溪亭、柳树垄亭、岭头凉亭、上庵亭、笋五亭、虎丘亭。下面，选介两座有代表性的古茶亭。

吴家溪亭

吴家溪亭位于前岐吴家溪村口外数百米处，是早年挑矾古道上的一个重要节点。吴家溪亭是前岐最有代表性的古茶亭之一，亭中龛台上原来供有泗洲文佛、土地神和白马明王，由乡民谢仁珪、谢友交父子于清同治元年（1862）捐基倡建，光绪十二年（1886）重建。

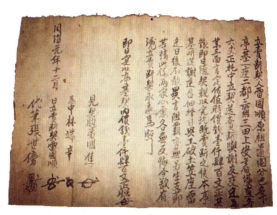

同治年间的吴家溪亭基地契（谢志雄 供图）

从谢氏后人谢志雄先生提供的一张用清秀的行楷写在棉宣纸上的地契，我们可以大致了解吴家溪亭最初建造的经过：乡民谢友交（字鸿模，号善斋）于同治元年（1862）十二月买下这块田地，以其父谢仁珪的名义捐为亭基，旋即建亭。地契记载，亭基横直各6丈，价1400文，折算下来大约是一亩2300文。在同治初年，这个价格并不便宜——同时代一些临近县城的沃田，也只不过三五千文一亩，吴家溪亭所处之地在当时还是荒僻之处。

查《谢氏宗谱》，谢氏父子皆务农，世代勤俭，长年积累而成中产富农。宗谱中《璋圃公传》一文记载："少务农，穷年胼胝，不辞劳瘁。家故不丰，公竭力措置，日积月累，渐至饶裕焉。"另一文《谢善斋先生跋》记载："好施于里中，有葬娶乏资及孤苦无告者，悉倾囊不吝。如整道路、建津亭、修庙宇以及公益义举，咸属先生倡首。"可见，谢友交为人乐善好施，经常将辛苦积攒的家资投于各种善举。吴家溪亭落成后，在挑矾道上屹立了上百年，给挑矾古道上的旅人，特别是挑矾工提供了遮风挡雨的休憩之所。20世纪八九十年代，挑矾古道上其他茶亭都已被毁，吴家溪亭是仅存的一座。"文革"间吴家溪亭被破坏，"文革"后村民曾简易重修。2006年8月"桑美"超强台风肆虐，吴家溪亭被摧垮崩坏。2017年，吴家溪谢氏后人谢志雄出资铺灌村中公路时，听说吴家溪亭是祖上义举，决定出资重修。新亭由黄河、林建等负责古建修缮技术及美学指导，于2018年1月10日开工修缮，历时数月修缮完工，成为福鼎市第一个保护性修复的古茶亭。福鼎文化界人士为茶亭作了楹联："斯世维新独留此地挑矾道，茶亭如旧遥想当年煮水人。"还为吴家溪亭立碑，碑文如下：

重修吴家溪茶亭记

吴家溪亭，处挑矾古道要冲。里人谢仁珪、谢鸿模父子肇基于清同治元年。光绪十二年重建。畴昔过客熙攘，劳憩渴饮，瞻若沙漠之绿洲。建国以来，因公路另辟，丙戌更历台风，日渐圮毁。方今行旅便捷，古道抛荒，茶亭其功用亦寡矣。然先民之筚路蓝缕，可指顾而追缅；乡风之淳朴良善，待阐发以延承。由是观之，则茶亭其价值亦广矣。丁酉冬月，地方贤达倡复此亭，谢仁珪六世孙谢志雄秉沿祖风，扶倾补缺，稍觑旧观。惟其旨以保护，

修复后的吴家溪亭（夏林 摄）

修旧如旧，堪为遐迩之典范，兹勒碑旌表，彰诸往来，以志久远。

保安亭

保安亭，位于桥亭村与黄仁村交界的公路旁边。古时候，贯穿保安亭的古道，一路沿乌溪北上，过黄仁、五凤，是前岐通往浙江古驿道的一条支线。

修复后的保安亭（林劲松 摄）

保安亭是标准的双拱门十六柱亭，其形制、构件在前岐乃至福鼎的茶亭中都极具代表性，福鼎现存或已消失的许多茶亭，大都类似此格局或稍有变化。保安亭也有自己的特色。首先，它是福鼎迄今为止所发现的唯一一座泉井出于亭内的茶亭。其次，它是所有双拱门十六柱亭中唯一一座四墙全垒石茶亭。保安亭建于清同治年间，当时福鼎古道茶亭遍布，当年的倡建者可能希望通过因泉设亭和外墙垒石的差异化设计，展示其与众不同。

据考证，保安亭修建于清同治七年（1868）三月，因亭子所在地偏僻，百年来未曾遭受人为破坏，一直遗存至今。值得庆幸的是，当地村民保护意识较强，当初修公路时绕开了几米，保安亭才没有被恣意推倒毁坏。亭子虽还屹立，可由于年久失修，许多立柱都已朽坏，两条主椽栿皆朽蚀，瓦椽毁坏严重，亟须修缮。保安亭外观粗犷，纯垒石结构，内部梁柱井然，剞劂精美。走进亭内，可见石碑尚存，人们由此得知其名及建造的时间、人物等信息。据碑文记载，该亭基为一位叫徐晋成的人所捐建。

在徐氏族长徐文山先生倡议下，清潭徐氏集资修葺保安亭。修复工程于2019年初开始，进展顺利。在黄河、林建等人指导下，修复工程做到"修旧如旧"，保持了原亭的建筑风貌，并规划了亭子周边的环境美化，使之成为一处休憩观景的通幽佳处。修葺工程完工后，王恒鼎等人撰联"上溯百年无我辈，前行数里有梅花"，挂在往黄仁方向的拱门处，遥向那株著名的黄仁老梅树。重修后立碑纪念，碑文如下：

重修保安亭记

徐氏世居清潭，于同治七年捐基砌保安亭，周匝诸姓亦勠力焉。斯地傍溪凌谷，风景清幽，南接桥亭，北通五凤，昔为闽浙孔道，行人络绎，皆凭此歇乏止渴。原亭历百五十年，迨因闲置荒废，蒿草湮埋，柱蚀梁颓，族人合议翻修，遵旧构，还原貌，怀先祖之功德故也。兼理近旁涧壑，疏林曲水，葺以为观瞻之胜。亭虽不复施茶，犹能藉之以追想，故里开辟之功，先辈积善之举，固万世而不朽矣。

老街古井

夏　林

　　前岐老街百姓在 20 世纪 80 年代镇自来水厂建成通水之前，都是饮用井水。十几口古井，长时期满足全街人口的饮用之需。现选介其中部分古井。

　　街头顶水井　　位于前岐岐阳街街头顶拐角处的大榕树下，建于清乾隆年间，为夏氏族人所建。水井用"三合土"构筑，圆形，井口直径约 1.5 米，井深约 2.5 米，主要供街头顶居民饮用。20 世纪 90 年代，附近居民翻建新房及整修街道时出于安全考虑将其填平。

　　夏厝里水井　　位于岐阳街夏厝巷，建于清乾隆年间，为夏氏族人所建。水井用鹅卵石砌成，圆形，井口直径约 1.2 米，井深约 2 米，是夏厝里夏氏族人及附近居民共用水源。

狮墓头双层方井（郑雨锋 摄）

三官堂水井　　位于岐阳街凤桐巷三官堂附近，建于明朝末年，为林氏族人所建。水井用石片砌成，圆形，井口直径约 1 米，井深约 2.5 米，是凤桐巷和括底垟周边居民的饮用水源。

狮墓头双层方井　　位于岐阳街龙头巷 96 号民宅后门，因附近有一座狮子形的大墓而得名，建于清乾隆年间，为吴氏族人所建。水井用大青石构筑，为上下两层方形结构，上下两个井口均为正方形，但砌成 45 度角，这样的双层不重叠井口结构设计有利于保护井水不受污染，还能保护提水人的安全。水井井口直径为 1.5 米，井深约 3 米，是龙头巷及附近居民的饮用水源。狮墓头方井的水来自东山冈山泉，水质清冽甘甜。冬季时从井底涌出的水温高于外界温度，在井口上方形成十几米高的水雾，被当地的人们视为奇观。因狮墓头方井的水质特别好，以前常有人舍近求远到狮墓头方井挑水喝。

肖厝里四角井　　位于前岐肖厝里，建于清康熙年间，为肖氏族人所建。水井为四角形，井口直径为 1.2 米，井深约 2.5 米。

古碇步

夏　林

　　碇步是一种特殊结构形式的桥梁。前岐溪流、山涧众多，在水较浅的溪流中，聪明的先民们用块石或条石，筑起一个接一个的石蹬，形成堤梁式的碇步，方便人们出行。前岐现有 5 处碇步桥遗址，共 307 齿，全长 189.7 米。

　　大岳碇步　　位于前岐镇双岳溪，计 101 齿，长 62 米，为清乾隆年间周家山一妇女独资兴建。20 世纪 70 年代，碇步因双岳围海造田而废弃。

　　照澜碇步　　位于前岐镇照澜村，建于清代，南北走向，由青石构成，一字形排列，计 69 齿，齿间距 0.3 米，全长 41.8 米。南端桥面有 17 级台阶，长 7 米。桥旁有石碑 2 个，分别刻于乾隆十八年（1753）和道光十七年（1837），碑身镌刻有修建碇步捐款人的姓名。

照澜碇步

桥亭碇步　位于前岐镇桥亭村，建于清代，东西走向，呈一字形排列，由青石构成，计49齿，齿间距0.3—0.4米不等，长38米。碇步下方有长20米的水坝。

岭脚碇步　位于前岐镇黄仁村岭脚，建于清代，南北走向，由青石构成，呈一字形排列，计47齿，全长26米。

青潭碇步　位于前岐镇黄仁村青潭，建于清代，东西走向，由花岗岩石块构成，呈一字形排列，计41齿，齿间距0.34米，全长21.9米。

青潭碇步（夏林 摄）

古碑刻

夏　林

前岐域内遗留下来的碑刻主要有示禁碑、宗教碑、墓志碑、功德碑等。本文选介部分能够反映前岐当时经济社会发展状况，具有历史文化研究价值的碑刻。

奉宪勒碑

奉宪勒碑（白荣敏 摄）

该碑位于前岐镇妈祖宫内，刻于清同治七年（1868）。碑身通宽0.57米，高1.7米，厚0.1米。前岐，清代为一都乡治，前岐溪源出武阳，由西宅至此入海，入海处有集市和渡口，为福鼎重要的商业市集之一。据《福鼎县乡土志》载，浙江平阳所产之明矾，皆由此处出口。本碑刻内容，系当地林姓族人因明矾贸易与商贾发生冲突，呈请有司仲裁的过程和结果。其碑文内容如下：

奉宪勒碑

署福鼎县正堂加十级纪录十次余　为出示晓谕：

严禁私抽，勒碑永革，以靖地方事。缘前岐地方，自乾隆年间公议，每矾货百斤抽钱贰文以资公奉天后宫香灯之费，原属善举。同治六年二月间，民人林爱卿、林阿春、阿贵等呈称，以明矾由伊海埕下水，矾屑淹害，蛏蚶不生，荒业赔粮，向议每矾货百斤抽钱贰文，以作伊等津贴粮项之需，年久无异。迨来新开矾馆，意图停止津贴，呈请陈前县任内再行出示抽收，尚未准行，旋据生员李庆翰，监生林汝启、王宗哲，职员夏宗耀等佥称：道光廿五年，林公印、林拱原等借粮影射请示私抽。嗣据贡生李绍莲等控诉，业经高前县讯结，永革在案，现有告示可凭。各等情，现经本县饬传集讯，查得林爱卿之子阿礼复敢率众在埠逞凶，恃强勒抽！本应从严究治，姑念乡愚无知，从宽断令林阿礼等每年清明、中元、除夕三节，每节向天后宫首事于公项内领取钱一千文，收为祭祀之用。不准林阿礼并伊族内人等，恃强先期私向各矾馆陆续支用，亦不准各再行借端私抽滋事，除取具两造各遵结，附卷完案外，合行给示严禁，立碑永革。为此，示仰该处居民商贩并林阿礼合族人等知悉。尔等须知：私抽规费大于例禁，此后凡有矾货百斤只准依照旧议抽钱贰文，公奉天后宫香灯之费，仍于所抽公项内，每年提出钱三千文给林阿礼等收为祭祀之用，此外不得擅行私抽肥己。如林阿礼族内人等仍敢故违，复蹈前辙，希图私抽，扰累商民，许即具呈纪送赴县，以凭从严究办，决不宽贷。各宜凛遵毋违。特示！

右仰晓谕。

大清同治七年戊辰四月　日给

小澜碇步碑

乾隆版小澜碇步碑
（夏林 摄）

道光版小澜碇步碑
（夏林 摄）

前岐

小澜，今称照澜，清代属二十都。小澜碇步碑有两座，碑体和碑座均为石质。一座位于今照澜村三井溪边亭子街一侧，即今照澜街43号民居附近，系二十都小澜建造碇步的捐款功德碑，碑上捐款者以游姓为主。首事者贡生游学海是乾隆年间福鼎著名乡绅，也是福鼎置县的首倡者，正是在他的积极推动下，福鼎于乾隆四年（1739）置县。据此，可以推测在这一时期，游氏家族在此地当颇有影响。

另一座同样是二十都小澜新造碇步的捐银功德碑，距离碇步碑乾隆版反数米之遥，刻于清道光十七年（1837）。该碑刻上姓氏较为分散，没有哪个姓氏占据明显的主导地位。据此可知，照澜村及周边地区自乾隆以来百余年，不断有新居民迁入，游姓在地方事业发展中不再占主导地位。

桥亭府碑

桥亭府碑立于前岐镇桥亭村亭子街桥亭内67号，位于闽浙古官道上，石碑旁原为国民党政府乡公所。碑文内容在"文革"时遭到破坏，残缺不全，无法判断其准确的立碑时间。碑刻标题仅存"福鼎县"3个字，落款时间残留"□□□□□八月□日给"。明季以来，矾山、前岐等地因矾而兴，桥亭地处闽浙边界，毗邻矾山与前岐，人员商贸往来频繁，带动了当地商业的繁荣发展，牙户也在桥亭周边村庄出现。牙户，又称牙行，是古代市场上为买卖双方说合、介绍交易并抽取佣金的商行或中间商人。牙行的设立，一般经过官方的批准，对管理商业秩序起到促进作用。但是，也有一些地方势力私设牙行，横抽商户，由此造成的矛盾纠纷屡见不鲜。福鼎县知县在桥亭村亭子街立碑，就是针对当时乡里私设牙户的情况，对往来商户强征税收现象进行规范，以保障商户合法利益，维护正常商贸秩序。碑文如下：

桥亭府碑（夏林 摄）

藉矛枪勒等示案□

奉府宪饬讯林世贤呈控忱给等串名判充牙埠一案，业经查讯分别杖责禁笔缘由详覆：

府宪在案续据林世贤等以□禁私设横抽等事，词称切前岐沿海埠头奉宪设立官矛，以代□□公平贸易，□□抽税杜□□绝争斗也。各乡□等并凤桐地方，既非沿海之区，又非埠头之所，原系山村民居，耕种田园，例无设立牙户，扰害乡民所有。种收薯丝烟业并民所养猪牛，或买或卖，应听乡民自便。例无牙需索希图□诚勒抽，乃有忧寒山认□。前岐牙埠贪婪无度，私设凤桐□牙，郑凤佑违例横抽各乡村民，难以堪命。业经呈控并地老乡民金禀案业讯明，究追当堂钧谳侯发告示，严□以后不许私设凤桐埠，抽各乡民。但恐法久弊生若不恳思严行示禁，准贤各乡勒石监碑以杜狡猾。诚恐久法增弊，伏乞恩浩荡，示严加禁革并恳勒碑等情前来，除准给示勒石处合□出示严禁为此示□□民人等知悉，嗣后务应遵例前岐埠户，不得在于凤桐等处私设牙户，横抽各乡民。如有仍蹈前辙，许该地保练立民人等□名禀明，以凭□究其有客商采买土产什货装船出港者，仍应照向例归牙抽，用输课不藉端□□至干并究各宜凛遵毋违持示。

福东桥

✑ 梁 燕

　　"岐水清，岐水长，岐水绵绵入岐阳……亭下境中古味早，福东桥头醉夕阳。"
这首脍炙人口的《前岐谣》，反映了福东桥在当地老百姓生活中扮演的重要角色。福
东桥不但承载着前岐东西两岸人员的来往，也完美地衔接了新区与旧区，见证着前岐
发展的点点滴滴。福东桥是前岐现存的古桥之一，也是前岐桥梁的代表。"福东桥头
醉夕阳"的美好意境，也成为前岐一道美景。

　　最初的福东两岸并没有桥梁连接，当地老百姓为了方便往来，自发筹款建造了一
座碇步，但是碇步仍旧满足不了人们的日常出行，也无法保证安全。清嘉庆十年
（1805），里人林中秀、林炳蔚、李文晋倡建此桥。据说，当时还特地请了泰顺的 20
多名能工巧匠，耗时一年多才兴建而成。最初的桥面是由特选的巨型青石板用大锤略
加敲打后垒砌而成，全长 33 米，宽 1.9 米，高 3.5 米，7 孔。桥两旁的栏杆、扶手都
以青石板为材质，雕刻着一些富有寓意而又美观的图案，如柚子、石狮、佛手、葫芦
等，共 4 对 8 个，在栏杆上呈对称分布。原先的前岐港潮涨时，借由福东溪水和海水
顶托可以让装载几百担货物的帆船穿过福东桥，直上街头顶的碇步头停泊。早年每逢
端午节，当地老百姓都会聚集在桥两边为龙舟队伍呐喊助威，福东桥自然而然也成为
福东溪划龙舟的终点和领奖点。到达终点后，人们纷纷向龙舟抛掷物品以庆贺胜利。

福东桥雪景（夏念长 摄）

潮涨福东桥（夏念长 摄）

历经百年的福东桥随着风雨沉浮多次。在清咸丰年间爆发的一场洪水中，福东桥受到冲袭，整个桥身出现严重的损毁，发生了第一次垮塌。修葺后，桥面从原来的 3 块石板增加到 4 块，从而加大了桥身的宽度和重量，更加安全、稳定。1958 年，前岐出现百年不遇的洪水，前岐港沦为一片汪洋，这座古桥又一次轰然倒下。事后，当地老百姓在原貌的基础上对其进行整修。2006 年，"桑美"台风让这座古桥彻底坍塌，在原有基础上的修补已无法挽救古桥的原貌，于是，在岐阳居委会的倡议下，当地的老百姓投工投劳，集资 30 多万元，历时一年多，终于在古桥原来的位置上建起一座钢筋水泥大桥，桥上仍然刻上那对古联"不雨桥常润，无云水亦阴"。

旧貌换新颜，福东桥这位历经风霜的老人在饱受风雨洗礼后迎来了新的世纪、新的曙光。现在，福东桥成为当地老百姓纳凉茶话的好去处，在桥上，人们可一边聆听着桥上的见闻，一边享受清凉溪风带来的惬意。

照澜溪流域的两处工业遗址

夏 林

照澜古法碾米场遗址

照澜古法碾米场遗址位于照澜溪畔大厝基，始建于宋代，通长300多米，通宽20多米，总面积6000平方米，计有7个碾米作坊，利用照澜溪水流作动力，转动水车碾压谷子、小麦等，是前岐最早采用机械手段加工农产品的作坊，系照澜村的简、陈、黄、游、周、施等姓氏居民共建。古法碾米场的兴建见证了照澜村的繁荣，早在宋代照澜村就有了前岐历史上的第一条街道——亭子街，街上有5间年糕店、11间饼店、3间染布店、米粉店等各种商铺，开店的多为游姓和周姓人家，至今照澜还流传"前街游姓，后街周姓"之说。照澜古法碾米场后毁于战乱，清代照澜村民予以重建，现遗址为清代所建。

按原貌恢复的照澜古法碾米场（夏林 摄）

矾矿厂遗址

矾矿厂遗址位于西宅村照澜溪两岸。清代明矾大规模开采期间，照澜溪两岸建起了许多矾矿厂加工明矾，受战乱影响几度兴衰。民国年间，前岐商人、企业家再次在照澜溪两岸兴建矾矿厂加工明矾。抗战期间，日本人封锁沙埕港，明矾业再次陷于停顿之中。1949年后恢复生产，一直持续到20世纪80年代。由于明矾加工污染照澜溪，河流两岸农业损失惨重，大部分矾厂关闭，现仅存烟囱4个，沉淀池1组，占地面积10000平方米。

照澜溪清代矾矿厂遗址（林秀链 摄）

柚乡八景

🌿 夏 林

　　前岐山清水秀，胜迹众多，昔时有仰狮晨钟、鹿峰夕照、狮峰观日、三井映霞、九鲤戏珠、古寨留芳、梅庐春晓、霜染丹枫八大胜景。

仰狮晨钟（周兆祥 摄）

　　仰狮晨钟　　仰天狮，坐落于前岐镇大澜溪畔，在名优特产四季柚发祥地——大澜内自然村后山，是福东胜景之一。它犹如一只仰天长啸的雄狮，仰伏于大地上，故而得名。在这座山周围的溪流，溪水呈乳白色，远远望去，宛如一条镶嵌在巨狮腰上的玉锦带。半山腰有座古刹，名曰隐西寺，幽静别致。从大澜果场徒步沿着石径登阶而上，只见山道两旁柚树成林、松柏青翠。至隐西古寺，伫立寺前，眺望山下，前岐集镇尽收眼底。转向寺后观望，一只雄健生威的"仰天狮"便屹立在眼前。与仰狮峰并列的是玉蟾峰，它俩组合成前岐一对最有灵性的"双乳峰"，站在远处眺望，令人不禁感慨大自然的鬼斧神工。

鹿峰夕照　　鹿峰山，又名老鹰山、老峰山。鹿峰山面朝东海，北依鹤顶山麓，南望太姥山。登上鹿峰之顶，放眼四周，茫茫一片如沧海，巍巍千仞的太姥山，乘风万里的鹤顶山……诸多美景尽收眼底。古人曾经留下"登上鹿峰观日落，一轮西沉夕照红"的诗句。凡登上鹿峰顶上观赏过太阳西下的游人，无不被那一幅天工点化的"夕照燃红遍天下"的画面所吸引与迷醉。山顶的腹地有一座村庄，名叫大坪头，周围松苍竹翠、果茂茶香。山脚下棋盘山像一个大棋盘，据说是当年仙翁对弈的地方，形态逼真，犹如神工巧作。

狮峰观日　　在沙吕公路大澜桥西端，有一座葱翠的山峰，形似朝天巨狮，英姿勃勃，威武地盘踞在海岸上。隔海有只巨大的野象，人称"象山"，与狮峰终年默默对望。古来有"狮嘴对象鼻"、夜合昼分的传说。这雄狮的身上林海莽莽、果树连绵，好像是长在雄狮身上的金毛。此峰周围十几里，均盛产四季柚。由于这里气候温和，水分充沛，土质得天独厚，因而在狮峰周围所生产的柚果，味道特别甜美。人云"四季柚花常飘香，最妙狮顶观日上"，真是一点也不假。登上峰巅，别有洞天，狮头部数丈高的悬崖峭壁是狮嘴，还有岩石洞乃狮耳，洞宽可容纳近百人，正好可供登山者休息之用。因狮峰坐落在西边，每天早晨一轮红日从东山冈冉冉升起，登上狮峰顶巅可观日出之景象，实在妙绝。

三井映霞　　又名"三井飞霞"，位于沙吕公路三井桥上侧，左三井溪上游。此地林茂果丰，绿草为茵，风景幽美，两山夹缝处，突然飞泻 3 层水，形成 3 道瀑布，流入 3 口井中，故称"三井"。三井之 3 层飞瀑水帘，水花四溅，日间受阳光照耀为万串金珠，夜间被月辉映照如 3 条玉帛，美不胜收。

九鲤戏珠　　九鲤，位于前岐镇桥亭村与薛家村的交界处。所谓"九鲤"，指的是这山间自然形成的 9 处苍堃，突出地面，朝望蓝天，宛如 9 条在溪流中争跃戏珠、欲跃欲游的鲤鱼，带岐川襟牛岭，绵延数里，势欲跃入牛头溪。古人据其形状，美其名曰"九鲤"，又有"九鲤戏珠"之雅称。

古寨留芳　　古寨，位于前岐镇彩澳寨仔山之巅，沙吕公路边。相传从前有土匪在此山上立过山寨，故得此名。此山天降瑞氛、地纳灵光，山上林竹繁茂，山下柚树成林，南面是茫茫东海，西边邻福鼎城郊，风光秀丽，景色令人迷醉。

梅庐春晓　　梅庐是林时勉烈士故居，位于前岐镇岐阳街凤桐巷，坐北朝南，面临安塘溪。因院落的里外、前后多种梅树，故称"梅庐"。它始建于明嘉靖年间，清顺治六年（1649）扩建成一厅七厢合院，四周护墙环筑，南面是正门，门顶外向是蔡元培先生亲题的"梅庐春晓"4个大字，里向有广东"岭南诗社"社长江梅雪先生的题词"诗声远播"。正中间是一条用乱石砌成的甬道，直通正厅。甬道的两旁种植着冬青树，茂密苍翠，把左右两片庭园分了开来，左庭园种植蜡梅，右庭园种植杏梅。在庭园中，还种植了石榴、白枣、柚子、葡萄等。除围墙外和后山有杨梅外，还在院落的里里外外栽柑、橘、桃、李、荔枝、香蕉等果树，桂花、芍药、紫薇、月季、水仙等花卉。院后和左右有大树、竹林环抱，使庭院显得更加典雅、古朴。

霜染丹枫　　这是一处红色革命遗迹，位于前岐镇李家山村口。1935年，刘英、粟裕率领工农红军挺进师进入闽浙边区，见此地山高地险、林密竹茂，利于打游击战，便选为驻地。从此，合抱枫便和赤色政权结下不解之缘。红军入闽不久，成立闽浙边临时省委，建立苏维埃政府。同年8月17日，浙江伪保安5团一个连进犯李家山，妄图一举歼灭红军。刘英、粟裕率领省委特务队，在鼎平县游击队共同配合下，协力作战，全歼来犯之敌，并俘敌连长及士兵83名，缴获长短枪80支和一批弹药。当时，刘英同志为庆祝这一重大胜利，在合抱枫下欣然命笔赋诗纪念："重重山，叠叠峰，李家山挺立两株合抱枫。债累累，租税重，千心万眼盼红军。合抱枫，姿态雄，千年生根摇不动。穷人众，力量宏，红军带领万人从。万人从，红军红，李家山下灭国军。合抱枫，年年红，火烧山头遍地红。"后来，刘英同志服从中央的决定，赴浙南一带坚持地下革命斗争，依依不舍地离开了李家山。1949年后，百年合抱枫长得愈加苍翠茂盛，人们时常来此缅怀先辈。

姚家屿红树林自然保护区

✎夏 林

在福鼎市前岐镇姚家屿海域生长着一片美丽的红树林，它们就像一群忠诚的海岸卫士，日夜守卫着前岐大堤。众所周知，红树林是地球上珍贵的湿地生态系统，必须加以保护。根据《福鼎市前岐镇城镇总体规划（2013—2030）》，前岐镇政府设立姚家屿红树林自然保护区，并将其列入前岐镇城镇总体规划加以保护。姚家屿红树林自然保护区范围：北至前岐垦区沿海防洪堤，东至柯湾村姚家屿，南至双屿岛，西至大屿东，面积3.17平方千米。姚家屿红树林自然保护区是以红树林湿地生态系统、濒危动植物物种和东南沿海优质水产种质资源为主要保护对象的湿地生态系统类型保护区。根据有关规定，红树林自然保护区内不得新增与红树林保护无关的开发建设项目，不得新增渔业养殖设施，同时应逐步减少渔业活动；允许修建少量观光游览辅助设施，为游人观赏红树林风景提供便利。

红树林是生长在热带、亚热带低能海岸潮间带上部，受周期性潮水浸淹，以红树植物为主体的常绿灌木或乔木组成的潮湿滩地木本生物群落，由草本、藤本红树林组成。它生长于陆地与海洋交界带的滩涂、浅滩，是陆地向海洋过度的特殊生态系统。红树林最引人注目的特征是密集而发达的支柱根，很多支柱根自树干的基部长出，牢牢扎入淤泥中，形成稳固的支架，使红树林可以在海浪的冲刷下屹立不动。红树林具有防风消浪、化淤保滩、固岸护堤、净化海水和空气的功能，其发达的根系能有效地滞留陆地来沙，减少近岸海域的含沙量；其茂密高大的枝体宛如一道道绿色长城，能有效抵御风浪袭击。

前岐姚家屿红树林保护区是北半球纬度最高的红树林自然生长地，是红树林自然生长的北限。姚家屿红树林属红树科秋茄属海生木本植物，是世界上最耐寒的一种红树林。在北半球的日本和印度等国家海域发现的自然生长的红树林，其生长地的纬度都低于前岐姚家屿海域。在我国，姚家屿海域以北的浙江海域生长的红树林为人工移植的品种，温州则是我国红树林人工引种的北限。全球变暖给红树林的引种北移提供了契机，温州市乐清西门岛（28°20′N）至今还保存着1957年引种的秋茄属红树林。

前
岐

高纬度地区的红树林已经成为研究生态系统对全球变化响应的热点对象，所以，红树林研究者常以福鼎为观测基点。近年研究者还发现一个有趣的现象：姚家屿红树林有向陆地漂移的趋势。

随着纬度升高、温度降低，红树林高度变为 1—5 米，构成红树林的种类也减至3—5 种。姚家屿红树林里的动物主要是海生的贝类，常见的有筛目贝、砗蚝、栉孔扇贝、糙鸟蛤、马蹄螺、凤螺、粒核果螺和几种寄居蟹。红树林水域有多种浮游生物，常见的有根管藻、角毛藻、半管藻、辐杆藻、三角藻、圆筛藻等浮游藻类，和新哲水蚤、波水蚤、真哲水蚤、丽哲水蚤、隆哲水蚤、真刺水蚤、胸刺水蚤、平头水蚤等动物。红树林内枝叶等残落物的分解有利于各种浮游生物的滋长，随之而至的是浅海鱼群在红树林带的出没。红树林里有不少鸟类，多半属水鸟和海鸥一类，也有一部分陆栖鸟类。红树林里也有狸类及鼠类等小型哺乳类出没。红树林里还有蜂类、蝇类和蚂蚁等虫类栖息，它们对红树植物的传粉起着一定的作用。红树植物是群落中的主要生产者，其花、叶、枝条散落泥水中，被微生物分解，又为底栖动物提供了营养物质。红树以凋落物的方式，通过食物链转换，为海洋动物提供良好的生长发育环境；同时，由于红树林区内潮沟发达，能吸引深水区的动物来到红树林区内觅食栖息，生产繁殖。由于姚家屿红树林地处亚热带地区，并拥有丰富的鸟类食物资源，所以成为候鸟的越冬场和迁徙中转站，各种海鸟的觅食栖息、生产繁殖的场所。此外，红树林的工业价值、药用价值等经济价值也很高。

姚家屿红树林（周兆祥 摄）

姚家屿红树林海岸具有一种动态的美。高潮时，海水浸淹滩涂，红树林仅有树冠露出海面，如同碧波荡漾中的一座座绿岛，在水中飘浮摇摆。低潮时，植株像挺立在海滩上的一个个威武战士，各种水鸟或集群飞翔，或分栖树梢，或独自漫步浅滩，或成群在水面游嬉；潮间带各种海洋动物频繁活动，弹涂鱼蹦跳林下，潮汐蟹神出鬼没，整个红树林海岸呈现一派生机勃勃的动态景象。

姚家屿红树林不仅给沙埕港内湾增添了一道优美风景，还给福鼎这方水土丰厚的生态厚礼。

前岐地名趣谈

🌿 夏　林

　　前岐依山面海，山海资源丰富，在地名的命名上也反映出不同文化的交融性和多样性。

　　古诗文雅化　　如"照澜"，原名"小澜"，取于《孟子》"观水有术，必观其澜；日月有明，容光必照焉"，合"照"和"澜"雅化而成。

　　与聚族而居的姓氏相关　　如夏厝里、李厝里、林厝里、吴厝里、傅家店、姚家屿、薛家、敖家山，都是用最早居住在此地族群的姓氏来命名的。

　　结合澳、湾、岭、脚、边等山区丘陵地形特点　　如熊岭、龟岭、龙头岭、澳里、柯湾、亩底湾、岭脚、狮山脚都是。值得一提的是湾，指水流弯曲的地方。前岐一些地方如柯湾，围海造田或地理变迁后不再临水，但作为地名却沿袭下来。

　　具有地理特征　　如海尾，岐阳街妈祖宫一带原来就在海边上，闽南语称为"海尾"；过海石，大澜溪入海口有一块大石头，大石头过来是溪，过去是海，故称；武垟、括底垟，都是丘陵中的田地。类似方式命名的还有双屿、大岳、小岳、三叉河、坪尾、青潭、东山冈等。

　　因地形像某种动植物或物品　　如：鲎屿，位于前岐港口，一大一小，望之若鲎鱼；仰天狮，像一只仰天长啸的雄狮。类似方式命名的还有狮山、凤山、凤冠尾、棋盘山、牛头溪、九头鼻、蝴蝶岭等。

　　与当地物产相关　　如蚶疗埔，位于薛桥村，

"过海石"为河海交界处（郑雨锋 摄）

以前当地盛产泥蚶。

与当地植物相关　　如枫树岭、凤桐、松柏岚、茶湾、花坪等。

与早期标志建筑物相关　　如：寨仔山，以前山上有土匪寨，今遗址尚存；狮墓头，以前这里有一座狮子形的大墓。其他类似方式命名的还有桥亭、碇步头、闸基、瓦窑头、茶馆、古井头、亭子内、上宫边、中宫边、下宫边等。

与历史人物或事件相关　　如：黄仁，据传当时有强人在此构筑城堡，意图称王一方，起名"王承"（又称"王臣"），百姓口耳相传，后衍变成"黄仁"流传下来；吴家溪，以前曾有五兄弟在溪上修桥，桥修好后，五兄弟却不幸去世，故当地群众称之为"无家溪"，后衍为"吴家溪"流传下来，实际上村中历来无一人姓吴；邦山，在吴家溪村，据《福鼎县志》记载，清乾隆二年（1737）七月此地突发山崩，压死73人，闽南语"山崩"叫"崩山"，为"邦山"沿用至今。

与当地农田面积或产量相关　　如三亩田、三箩七、四斗、八斗、二箩、三斗面、五斗、箩七、箩八、三丘田。值得一提的是，大岳、武垟、吴家族都是叫"八斗"的自然村。

与姓氏族房或村组的顺序相关　　如三房内、下四组等。

两个地名合并　　如薛桥，是以薛家和柳桥两地名各取一字而成。

鹿山地名的由来

✑陈绍云

　　在福东溪的东岸,有一座俊秀的山峰——鹿山,它默默地屹立在东海之滨,像一位慈祥的母亲注视着这方百姓,陪伴他们度过一个又一个寒来暑往。说起"鹿山",它和一段历史有关。

　　话说明朝末年,福建泉州一带连遭水患,多地灾情严重,饿殍遍地,民不聊生。有林氏一家,以乞讨为生,随逃荒人流,背井离乡,一路北迁,欲寻一处安身之地。林氏一家历时数月来到岐阳,见这里枕山面海,茂林修竹,景色宜人,便在山上结庐起火,垦荒造田。经过数十年的辛勤劳作,林氏一家人丁日渐兴旺,逐渐走出困境。林家人不忘当年逃荒时的贫苦,时常接济乡民,布施爱心。有一年春天,大雾笼罩村寨,林家男丁一大早就荷锄下地,主妇在家纺纱织布,忽然听到"笃笃"的声响,只见一只小麋鹿慌慌张张地闪进茅屋。村寨外,传来一阵狗吠,伴着急促的马蹄声和猎人沙哑的呼喊声,嘈杂一片。主妇看躲在机杼下的小麋鹿,两眼似乎噙着泪珠,一副惊慌失措、孤单无助的样子,顿生恻隐之心,赶忙放下手里的活儿,撩起宽大的裙裾,让小麋鹿躲进裙底。片刻工夫,猎人气喘吁吁地赶到茅屋前,询问小麋鹿的去向。主妇镇静地指着屋前的一片茂林说:"好像有一只野兽沿着小路逃往丛林了。"猎人便循着她所指的方向追去。待到嘈杂声渐渐远去,主妇从裙底下抱出小麋鹿,为它清洗了创口,又忙着捣药研末,敷贴伤处。一个月过去了,眼看小麋鹿健壮如初,一家人把它带到村口,放归山里。临别时,小麋鹿频频回头,似乎恋恋不舍,但最终还是一头扎进林子。

　　又是几年,主妇早已把当初发生的事淡忘。一日午后,天气闷热,林氏卸下玉簪,解开发髻,正准备盥洗,突然一只体态健硕的麋鹿闯进茅屋,叼起玉簪就往村外逃去。林氏大呼一声,惊动了一家老小,大伙一齐往外追去。翻过几道山梁,眼看就要追上了,麋鹿突然折回身子,放下玉簪,消失得无隐无踪。一家人大感诧异之时,却见天昏地暗,雷声大作,大雨瓢泼。林家人急忙往回赶,到了村口,却见搭建的茅屋早已被泥石流冲毁淹没。一家人回过神后,无不感念这只麋鹿。为了世世代代不忘义兽的救命之恩,遂将林家寨易名为鹿山。

鹿山（郑雨锋 摄）

如今，鹿山以其独有的灵性庇护着前岐百姓，也成为前岐百姓休闲、健身、纳凉的好去处。为进一步丰富前岐百姓的精神文化生活，前岐镇党委、政府决定依托鹿山优美的自然景观和动人的传说故事，在这里建设一座占地 350 亩，集休闲健身、果树采摘、文化展示于一体的人民公园，并起名"鹿山公园"。相信在不久之后，在鹿山之上，公园必定能与鹿山的美丽传说相互辉映，成为前岐的一道亮丽风景。

经
济
·
社
会

讨海人

夏 林

靠山吃山，靠海吃海。20 世纪 70 年代以前，前岐海堤和双岳海堤还没有修建，现在的万亩前岐垦区还是一片海域，前岐以及柯湾、彩澳、薛桥、双屿、小岳、大岳等都是沿海村落。这里的居民站在家门口就能看到大海，他们的生活与大海息息相关，大多数村民靠讨海为生，在潮汐间隙（潮水退后）带着特制的工具，到浅海滩涂上捕捉海蜈蚣、螃蟹、章鱼、跳鱼、海鳗等海鲜，拿到前岐街上卖，再买回生产生活用品，衍生出一代又一代的讨海人。讨海是一件单调、艰苦甚至危险的活，用讨海人的话来说就是："初一十五，吃饭下涂。"特别是天气转冷的时候，连续几个小时踩在冰冷的海水里干活不是一般人吃得消的。

2014 年的深秋时节，我采访了前岐镇薛桥村的李信旺。他时年 55 岁，17 岁开始跟随父亲讨海为生，是村里为数不多的几个继续以讨海为生的老讨海人。他给我们讲述了讨海人的生活。

讨海是一件技术活，不但要会计算潮汐，看云识天气，知道各个季节海生动物的生长周期，掌握海生动物昼夜出没规律，还要具备在海水和滩涂中发现海生动物的巢穴和"出其不意，手到擒来"的技能。这些本领必须在长期的讨海实践中练就。比如捉海蜈蚣。海蜈蚣长一两米，常躲在浅海滩涂中，巢穴洞口就是一个小气孔，没有经验的人很难发现。捕捉时，要先把它的出口用一只手堵住，另一只手从中间插到滩涂中，将它从腰部勾住"拖"出，这样海蜈蚣就跑不掉了，否则灵活的海蜈蚣"哧溜"一下就钻到滩涂深处跑得无影无踪。捉到海蜈蚣后，把它放在渔卡篓里。渔卡篓是一种用来盛放海生爬行动物的竹编器具，它的盖子设计得很特别，是倒圆锥形，用席草制成，圆锥尖不封死，用以盖住渔卡篓，人的手可以随意伸进伸出，而装在里面的海蜈蚣、螃蟹、章鱼、跳鱼等动物却爬不出来。一个老讨海人一个半天可以捉十几斤海蜈蚣，而一个生手只能捉几两，甚至空手而归。

讨海人（谢闽江 摄）

　　每年农历的二、三月是捕捉章鱼的季节，这时候刚好小麦生长，当地渔民就把这个季节的章鱼叫作"麦章"。一个熟练的讨海人一天可以捉到十几斤的章鱼。章鱼是名贵的海产品之一，也是酒宴上的珍品，在20世纪70年代一斤也要2元钱（当时跳鱼每斤2角6分，海蜈蚣每斤5角）。按现在物价水平作比，一天的劳作约有3000元的收入，相当于一个普通工人一个月的工资。"麦章"的捕捉可以持续到四月底。

　　讨海人最繁忙的季节还是夏秋两季，这也是一年之中海鲜最肥美的时期，尤其是七月到十月，各种海产品"旺发"，螃蟹、海蜈蚣、海鳗、跳鱼、寄居蟹等成群结队地出没在滩涂和礁石上。每当潮水退去，滩涂上就喧闹起来，笑声喊声交织成一幅丰收的热闹景象。讨海人每天踏着泥土的海腥味，随着潮起潮落，风里雨里忙碌。一次次满载而归，收获带来的喜悦消除了他们一天的疲惫。在这个繁忙的季节里，由于人手不够，家庭妇女也加入讨海人的队伍里来。她们利用涨退潮间隙，在礁石和滩涂上挖些海蛎、苦螺、蛤蜊等小水产，拿到市场出售，补贴家用。整个夏秋季节，她们的脸庞晒得黝黑，头上裹着红头巾，一方面是为了遮挡烈日，另一方面也是为了安全。红色的头巾让她们在灰黑色的滩涂上特别显眼，好互相提醒，避免因太投入而错过时间，发生危险时也方便互相营救。她们挖回来的海蛎、苦螺、蛤蜊一般舍不得自己吃，多数拿去出售或煮熟后晒成干货。到了冬季，天气转冷，这是讨海人休整的时候，他们会把以前晒制的没有卖完的各种海产品整理一下拿到市场上出售，或作为过年走亲戚时馈赠亲友的礼品。剩余的时间则整修工具，准备过春节，为来年的讨海做些准备。

　　20世纪70年代中期，前岐围垦成功后，这一片海域变成了2万多亩人造平原，前岐、柯湾、彩澳、薛桥、双屿、小岳、大岳等沿海镇村经历了一次沧海桑田的巨变，成为"内陆"。在这里居住的世世代代的讨海人不得不改换生计另谋出路，他们有的成为种地的农民，有的改从事水产养殖，有的搬迁到前岐街上做小生意，有的外出打工。李信旺等几人割舍不下他们干了半辈子的营生，选择了坚守。但是，家门口的滩涂已经消失了，他们只好每天乘车到沙埕港外甚至浙江霞关等地的滩涂上讨海，这无疑增加了讨海的成本。

　　李信旺说，他们将是前岐镇沿海村落的最后一代讨海人，由于这活劳动强度大，技术要求高，再加上近年海洋资源慢慢枯竭，收益少，年轻一代再也不愿意从事讨海工作，随着年龄渐长，他们的身体也难以负荷。讨海人的生活经历，必将成为一代人的回忆。

前岐沿海的扦竹养蛎

周兆祥

牡蛎是生活在海水与淡水交界海域的软体有壳附生动物，南北沿海地区皆有出产，前岐人把牡蛎称为"蛎仔"。前岐位于沙埕湾内，是福东溪、照澜溪、大岳溪等淡水河流的入海口，涨潮时海水茫茫，退潮时滩涂绵延。航道旁堤岸石壁或滩涂礁石上长满野生牡蛎——石蛎。石蛎虽然味

扦竹养蛎（周兆祥 摄）

美，但开采不便，且产量有限。因此，前岐自古就有人工养殖牡蛎的独特做法——扦竹养蛎。扦竹养蛎是用一手指粗细的竹子，截成约一人高的竹段，经整枝、晾晒、捆扎、堆放便成"蛎竹"。农闲时，每户蛎农都会备上成千上万斤的蛎竹。扦竹养蛎就是将大量的蛎竹像种庄稼一样扦插在滩涂上，让牡蛎附生在蛎竹上。成熟后，人们只要把长满牡蛎的竹子从海里拨回，用小铁锥撬开蛎壳，刮出牡蛎肉。

生产流程

扦竹养蛎在前岐起源于何时已无法考证，但从周边地区的贝丘遗迹、古墓、古建筑、三合土对蛎壳的应用情况，和前岐民间诸多与竹蛎有关的俚语来看，扦竹养蛎起源很早，其衍生产业对前岐建筑、造船、海洋活动、闽浙边贸有直接影响，对沿海乡村经济发展、改善民众生活起了重要贡献。

扦竹养蛎的生产过程为引苗、移养、育肥、拔蛎 4 个主要环节，生产周期约两年。

前岐

引苗

　　引苗是扦竹养蛎生产的最关键环节，就像在农田里插秧播种。牡蛎繁殖期受精卵在海水中发育成会游泳的缘膜幼体，大多活跃在距薛桥村码头较远的外航道海水中，遇到礁石、竹子之类的硬物会吸附其上。吸附在硬物上的缘膜幼体 3 天后将失去游泳能力，永久寄生在硬物上，叫小成体，即牡蛎苗。牡蛎引苗就是在滩涂上用蛎竹搭成一排排"蛎崮"来模仿礁石，让牡蛎苗固着在蛎竹上。

　　海水中缘膜幼体肉眼是看不见的，为及时把握引苗时机，小满到芒种之间，蛎农通过夜间观察到港道潮头水中蓝绿色荧光，便出海搭蛎崮引苗。受潮汐影响，一次出海作业要 8 小时左右。为能完成当天引苗工作，蛎农会选择早潮且是大潮水的日子出海。一旦潮起，薛桥村、柯湾村等村庄码头附近的划桨声、马达轰鸣声此起彼伏，顿时打破清晨的宁静，包括部分点头镇、白琳镇的蛎农也将满载蛎竹的小船驶入前岐港中，前岐港航道上百舟争流，热闹空前，甚是壮观。

　　搭蛎崮需要一定技巧才能减轻体力消耗。到达引苗位置后，首要任务是把蛎竹卸到合适的位置。由于不像陆地上那样方便，蛎农需要等到海水退到滩涂将要露头时，才能驾驶小船沿着航道侧壁附近，按一定间隔，尽快地将一捆捆的蛎竹抛卸到滩涂上。大潮水退潮速度快，来不及抛卸的一些蛎竹，蛎农只能等退潮后踩着膝盖深的泥泞将蛎竹扛到滩涂上方。蛎崮通常搭建在航道侧壁附近，这里较为陡峭，海水流速快，为了蛎崮能抵抗潮水冲击和台风侵袭，蛎农会将航道侧壁上的海泥整成比较平坦的"蛎埕"。蛎竹在蛎埕上簇插成一排排蛎崮，每排蛎崮长度数米到几十米不等，截面为人字形，底部相距 1 米左右，上方交叉处用细绳捆牢。蛎崮远远看去像是低矮的小茅屋，无数蛎崮仿佛是童话里的小人国都城。蛎崮的内部空间在涨潮和退潮时会形成海水的缓流区，这样能使牡蛎苗更好地固着在蛎竹上，从而提高引苗率。

移养

　　经过一段时间后，蛎竹上的牡蛎苗长到米粒大小，表示引苗成功。逐渐长大的小牡蛎会在海水中张开贝壳捕食浮游微生物。由于航道附近水流较急，小牡蛎容易吸入泥沙导致死亡，一些鱼类、螺类也会捕食小牡蛎。所以，农历十月左右，蛎农要拆掉蛎崮，把蛎竹移到滩涂的中潮区，并将原来簇结构的蛎竹分开，按一定间距像种水稻一样将蛎竹插在滩涂上，这个过程叫移养。移养后的蛎埕来年可以再次引苗。

　　中潮区位置相对较高，海水流速相对缓慢，退潮后蛎竹完全裸露在滩涂表面。生活在这里的牡蛎大多时间裸露在空气中，冬季要经受严寒侵袭，夏天要经受烈日暴晒，只有涨潮后才有机会进食，因此生长十分缓慢。生活在这里的牡蛎，因泥沙和其他生物对它们的影响有限，几乎不会遭受过病害，管理工作简单。牡蛎在中潮区生长的1年左右时间，是其优良品质形成的重要阶段。

育肥与拔蛎

经过一年多生长后，为使蛎仔更鲜甜，第二年十月蛎农需将蛎竹再次移植到盐分更低的内港水域中，增加牡蛎进食时间，使牡蛎更加肥美，更具甘甜度，这个过程叫"暂养育肥"。育肥时牡蛎可以密集簇插，既能提高滩涂利用率，又便于牡蛎采收（俗称"拔蛎"）。立冬至第二年清明是牡蛎采收的最佳季节，采收牡蛎的方法很简单：蛎农等海水平潮后出海，当潮水退到蛎竹露出水面时，便可直接拔出长有牡蛎的蛎竹。装满牡蛎的小船，等海水再次涨潮时返航。

扦竹养蛎的生产周期长，暑去寒来，每个生产环节都与潮汐有关，小船每次出海作业都需要数小时，劳动强度大，蛎农无论是在滩涂泥泞中，还是在狭小的小船里，都无法躲避海风吹、日晒、雨淋、小黑蚊叮咬，长时间劳作还需要忍受饥渴等困难，所以，蛎仔的甜美是蛎农用颗颗汗珠换来的。

扦竹养蛎是前岐人长期生产劳动的智慧结晶，蛎农根据前岐海域的特点，采用外港低潮区引苗、中潮区稀植、内港低潮区暂养育肥的方法生产，让牡蛎不同生长阶段都有合适的生活环境，这样既可以提高产量和品质，又可以减少管理成本，同时还能把滩涂各个部分加以合理循环利用，充分发挥海涂的功能。同时，扦竹养蛎的蛎竹会给底栖贝类、螺类、滩涂鱼、章鱼、海蜈蚣等滩涂生物提供良好生长环境，涨潮时还能为一些鱼类提供觅食和繁殖场所，牡蛎养殖区域也成了海鸟的天堂，成为人们讨海的好地方。另外，牡蛎壳可以集中用于烧制蛎灰，作为传统建筑、造木船补缝的重要材料。使用过的蛎竹经过简单处理，来年可以再次使用。可见，扦竹养蛎技术是一种可持续发展的生产过程，也是一项满足人与社会和谐发展的生产方式。因此，扦竹养蛎被前岐沿海渔民认为是一种高效、生态、经济的传统渔业活动，千百年来沿袭至今而历久不衰。

牡蛎采收季节，前岐沿海乡村路边到处可见开牡蛎的小棚子，开蛎者大多是妇女、老人。前岐蛎仔不仅满足福鼎市场需求，也销往浙江苍南、矾山等地，一般家庭养蛎年收入可达数万至十几万元。

由于扦竹养蛎生产周期长，生产过程劳动量相对大，经考察，目前大规模"扦竹养蛎"生产的牡蛎仅见于前岐海域，其他沿海地区大多都是用笼子或绳子把牡蛎苗吊挂在海水中养殖，这种牡蛎叫"挂蛎"，只需 4 个月至半年便可出产。前岐蛎仔具有个小壳薄、肉瘦不腴、味甘不腥的特点，而挂蛎相对个大，肚鼓、肉腴、味腥。前岐蛎仔可煮、可煎、可炒、可生吃、可做汤、可腌制，可做主菜、可做配料，不仅是一道家常美味，也是各种传统宴席上不可缺少的食材，逢年过节人们往往会把牡蛎做成蛎饼、蛎羹等祭拜祖先和敬奉神明的祭品、供品。

挑矾工

🌿 夏　林

　　在闽浙边界地区的福建福鼎和浙江苍南的古村落里，曾经有一个非常特殊的职业——挑矾。挑矾工们为了生计挑着几百斤的矾担长年累月奔波在弯弯曲曲的山道上，赚取微薄的工钱养家糊口。有一首民谣在闽浙边界乡村流传很广：

> 矾山挑矾心烦穿，半暝起身真困难。
> 走到矾窑砻滚滚，装矾来去要一天。
> 一担挑起二三百，总赚一块三角钱。
> 楮脚一楮高路下，唱歌念曲过甘岐。
> 风子哩哩温州崛，歇暝吃昼算柘头。
> 通身流汗是龟岭，仙人挨米山河溪。
> 老鼠造路碇步险，目屎如珠滴水岩。
> 路关难走是险口，无人搭救吴家溪。
> 私招女婿西宅王，英雄好汉将军脚。
> 翻身又看占望底，对面高山是龙门。
> 蛟龙落水过南山，仰头观看桥亭头。
> 经商买卖街头顶，海尾矾馆会团圆。

挑矾工塑像（林建　作）

这首《挑矾歌》，民间也叫作《挑矾诗》，是挑矾工集体创作出来的闽南语歌谣。2012年6月，"世界矾都"——浙江矾山镇申报温州矾矿遗址为"世界工业文化遗产"。同时，温州矾矿博物馆也正式开馆，展出各种反映矾矿发展的资料和实物。在矾山矾矿700多年的开矿史中，这被挑矾工长期传唱的《挑矾歌》也列为非物质文化遗产，再次引起人们对当年挑矾工的关注，掀开了挑矾工们尘封的那段心酸记忆。

700多年前，矾山还是人烟稀少之地。元朝末年，天下大乱，四川难民秦福带着妻儿逃难到矾山鸡笼山一个石洞下避雨，一家人搬来几块石头堆灶做饭。几天以后，他们惊奇地发现，搭灶烧火的石块被雨水淋透后风化成了沙砾，而且还夹杂着许多透明小珠子，在阳光照耀下熠熠生辉。秦福放几粒到嘴里尝尝，味道酸涩，顺手扔到身边的浊水洼地，小珠子溶化了，浊水却澄清了。秦福的儿子中暑肚痛，喝下一碗小珠子溶化的清水竟然就好了。秦福认定它是一种仙丹妙药，将其取名"清水珠"。从此，秦福常常来这里烧制"清水珠"，拿去给人澄清浊水或解暑。消息传开，村人纷纷效仿，明矾宝藏就这样被发现了。精明的商人从中发现商机，组织人员进行商业开采，果然盈利颇丰。此后，开采的商人越来越多，所开采的明矾从前岐港装船经沙埕运往全国各地销售。据明弘治《温州府志》记载："矾，平阳矾山（今属苍南）有之，素无人采，近民得其法，取石细捣提炼而成，清者为明矾，浊者为白矾。"这是关于矾矿开采、生产最早的文字记载。

当时矾矿生产的所有明矾，都是用人力挑运到浙江平阳藻溪、赤溪（今均属苍南）和福建福鼎前岐3个地方的矾馆，再由矾商用船只运往上海、宁波、福州、泉州等地销售。平阳县藻溪、赤溪和福鼎县前岐，分别在矾山的北、东、西3个方向，与矾山相距30至50里路。这样，就有了矾山至平阳藻溪、赤溪和福鼎前岐3条著名的挑矾古道。福鼎沙埕港是福建重要的港口，全国各地的船只来往较多，虽然人力挑运明矾到前岐费时费力，但从前岐港装船运输的费用相对较少，因此成了明矾外运最经济、便捷的通道。这条道，也叫矾前古道。随着明矾的大量开采，一个新的工种——挑矾工在矾矿所在的闽浙周边诞生了。

清嘉庆《福鼎县志》载："苏州、宁波商人在浙江矾山设厂煎矾，日产50吨，所产明矾均取道前岐港至沙埕港口，转销全国各地。"由此可见，挑矾工的需求量很大。当时前岐街从街头顶到海尾有几十家大大小小的矾馆，街上有一半的人都从事跟明矾有关的工作，此外还有一支几千人的挑矾工队伍每天起早贪黑地奔波在矾前古道上。

我们可以从一名老挑矾工李若华的一生，了解那一代人挑矾生活的艰辛和不易。李若华老人是浙江苍南埔坪人，出生于1927年。他家三代都是矾窑工人，李若华的祖父在矾窑干过司秤工，李若华父亲在矾窑当过烧火工，李若华 12 岁那年就开始当挑矾工。李若华出生于一个多子女的贫困农民家庭，李若华的父亲 31 岁时李若华的祖父母先后去世，留下 3 个弟弟和 1 个妹妹需要李若华的父亲照料，而李若华的父亲还要抚养自己的 8 个子女，生活的重担一下子全压到李若华的父亲的肩上。作为家中长子的李若华，为了帮衬父亲，分担生活的重担，尚未成年的他像大人一样，在稚嫩的肩膀上压上矾担，每天起早贪黑地走在挑矾道上。

在闽浙边界的前岐、矾山、埔坪、南宋等乡村，那个年代像这样的挑矾工家庭还很多。即便要找这样的一份工作，也是不容易的。在挑矾古道埔坪路段，有一块立于清咸丰七年（1857）的"奉道宪严禁"碑，可以佐证当年矾山等地百姓靠矾业为生的艰苦：

> 平邑三十一都山多田少，不宜稼穑，惟山高出产明矾，居民向以煎矾为业，运销觅利，事极辛苦，凡无田产者藉此为业……依历有示禁，不许奸徒勒索窑户，贫民得以安业，且矾系本地土产，须运往别省销售，出口纳税均遵旧章，则千万家得以安业。

由上述碑文内容可见，在闽浙边界地少人多的乡村，靠矾谋生虽然艰苦，但却是一份相对稳定的生活保障，可以维持家庭的生计。所以，当时有一段顺口溜在闽浙边界乡间流传甚广：

> 矾山矾流势好（指明矾销售好），矾山人的"西衫"（毛线衣）比前岐人的襄衣多，矾流势差，矾山人的讨米拐比前岐人的蜓子竹多。

李若华儿子李敏水在一篇回忆父亲的文章中写道，父亲清晰记得，12 岁时第一担挑矾 32 斤，第二担挑矾 36 斤，工钱是铜板十数片，可买二三斤的番薯丝。李若华挑矾的线路是：上墩寮—柯岭脚—三头岗—大岭头—龟岭—前岐矾馆。他都是前一晚上把明矾挑放在三头岗，第二天早起再挑到前岐矾馆，然后再从前岐返回时挑回柴草给矾窑，这样可以多挣一份工钱。有时一天来回挑两担，路上就吃早晨出门时带的拳头大的番薯当午饭，返程的路上肚子饿时就喝路边的山泉水解渴充饥，路上一分钱都不舍得花。

李若华的童年和中年是辛苦劳累的，自己要抚养 7 个子女，还要照料未成年的弟弟，一生操劳，先后干过挑矾工、烧矾工、保砂工，也当过工会委员、副乡长，编过土箕、当过砂堆工、看管过矾矿浴室等。直至晚年，他才有一份固定的退休金。加上抚养的一众子女成家立业，儿子李敏水等还成为国家干部，这才与妻子过上了安稳的晚年生活。晚年他热心公益事业，到处捐资牵头修桥造路，直到 2020 年 12 月去世，享年 93 岁。不管做什么，勤劳善良的他，总是给乡亲们留下好口碑，至今大家说起他都称赞不已。

　　住在前岐老街的林细妹老太太是一位挑矾工遗孀。她年轻时，在前岐街头顶开一家饭馆，挑矾工们经常在她开的饭馆里吃饭。她回忆说，当时前岐地少人多，靠近矾山一带的乡村许多人没有生活出路，为了谋生，年轻力壮的就去当挑矾工，到矾山挑运明矾赚几块钱养家糊口。干这活儿有太多麻烦，挑运明矾来回的路途十分遥远，三更半夜就要起来挑着箬篓，从前岐出发，翻山越岭走 30 多里地到矾山矾窑排队等候装矾。装了矾再挑回去，就要用去一天时间。最有气力的人，一担能挑两三百斤。就像《挑矾歌》唱的那样，矾窑中窑水滚滚，上千名挑矾工在窑前排队，在那令人窒息的气味和氛围中焦急地等待装矾。好不容易装上明矾，从前岐到矾山再挑着两三百斤的担子，气喘吁吁地走在崎岖不平的山路上，爬岭爬得通身大汗淋漓。尤其是龟岭、吴家溪有一段路特别难行，就像老鼠筑的路，既要过陡峭悬崖，又要涉水过山涧，一不小心掉下去或脚底打滑就被水冲走，别人想出手相救都来不及。冬天寒风凛冽，夏季烈日炎炎，碰到雷暴雨天气，山洪暴发，台风来袭，更是苦不堪言，有人就在挑矾路上丢了性命。挑矾工历尽千辛万苦终于把矾担挑到海尾埠头交差，才可领到工钱。可是，工钱实在少得可怜，辛苦一天只赚一块多钱。《挑矾歌》是挑矾工真实的历史写照，是一首咸酸苦涩的诗。"目屎如珠滴水岩"，说的是悬崖上滴水岩的水，一滴滴往下落，好像挑矾工的眼泪，这正是挑矾工艰苦生活的写照。"私招女婿西宅王"是挑矾工们排遣路上苦闷时光讲的笑话，说的是西宅村有个漂亮的王氏姑娘待嫁闺中，既然挑矾这么累，不如留在西宅当王家上门女婿算了。"对面高山是龙门"则是写挑矾工们对生活的向往，多想跳过"龙门"，迎接新的生活呀！

　　1957 年 4 月，矾山到苍南的矾灵公路开通后，明矾改为通过公路运输，挑矾作为明矾商品流通中重要的一个转运环节已经被现代化的交通工具所取代，挑矾工因此失业，不得不转行，从此渐渐淡出人们的视线。挑矾工这个从明朝洪武年间开始出现，闽浙边界几代穷苦人都干过的职业，在经历了 6 个多世纪的风风雨雨后彻底消失在历史舞台上。

旧时的手艺人

◇范则谊

"锔缸补鼎有没？""磨剪子耶，戗菜刀……"这是昔日那些操着闽南语走街串巷手艺人的吆喝声，听起来是那么亲切，那么熟悉。这些 20 世纪 80 年代以前经常出现在人们视野的流动挑担者，大部分是来浙江泰顺、平阳等地的手艺人。

矾山至前岐挑矾古道（矾前古道），开通于清康熙九年（1670）。溪光至前岐挑矾古道，早先并不完全为挑矾而建，它与溪光至藻溪古道（苍南域内）相连，为古代闽浙沿海交通大动脉之一。民国《福鼎县志》说："前岐商业，以矾为大宗，矾产浙平赤阳，经兹地出海，囤积挑运，享其利者千数万家。"矾山与前岐镇山水相连，前岐镇水路与沙埕海港相通，有明矾外运码头，前岐港因此成为明矾的主要商品集散地之一。清嘉庆《福鼎县志》将"前岐市"列为福鼎县十大"市集"之一，可见前岐商业曾盛极一时。随着以海商为业者的逐渐增多，他们将明矾、茶叶、陶瓷、桐油、纸品、鱼盐等土特产品通过前岐装船直接运输或从沙埕转运，销往全国各地。因费用相对较低，矾前古道是矾山明矾运输最经济的通道，也是最热闹的古道，每天有成百上千的人起早贪黑奔波在矾前古道上，除了挑矾工、旅客、商贾，还有走南闯北的手艺人。

先说一下锔缸补鼎的师傅。泰顺、平阳很多老一辈的农民，年轻时都学过锔缸补鼎的手艺。他们趁着农闲，沿着挑矾古道，肩挑行当走南闯北。他们一般是一个人独行，扁担一头挑着棉被、衣服、毛巾等生活用品，另一头挑的是风箱、炉子、锤子、板凳等行头，一路穿村过巷，叫喊："锔缸补鼎，补碗补洋瓷缸喽……"人们搬出家里破洞裂口的锅碗瓢盆，师傅开启炉子，扯拉风箱，生起熊熊的炭火开始修补。他把锅架在膝盖上，左手拿着一把铁锤从下方顶住锅的漏口，右手拿着细小的尖嘴锤从上面轻敲铁锅的破损处，敲去漏口边的锈铁。加炭生火，把一个放有铜丝铜片的泥制铜窝放于火中加热，随着炉火越烧越红，铜渐渐熔化为液体，如鸡蛋清一般。取来一块塑胶鞋皮，洒上一些草灰，用钳子夹出炉中铜窝，把铜水轻轻倒于鞋掌上。左手取来一片补锅钱，堵住锅的漏口，为防止烫伤，补锅钱外面要垫上一层布。右手将附有铜水的鞋掌从另一面压在锅的漏洞上，铜水注满漏口，不一会儿便与铁锅粘合在一起。随后，将锅的内壁补痕修理平整，再试试会不会漏水。铜匠除了补锅外，还会锔缸锔碗，把残破的陶器修补完好。

除了锔缸补锅，还有补鞋、补伞、配钥匙、修手电筒等行当。那个时候，农家勤俭节约，日用品修修补补，谁家的橱柜里没几个补过的瓷碗茶缸？谁家的角落里没几双补过的水鞋？过去由于物资匮乏，百姓过日子能省就省。老话不是说吗，新三年，旧三年，修修补补又三年。家里的锅盆漏个孔，扔了可惜，找换锅底的换个底还能接着用。腌菜缸裂了找焗缸的焗一下，锄具坏钝了找打铁的……这些手艺人走大街、串小巷、进村庄，给人们的生活带来便利。各种手艺人都是有季节性地找活干，逢年过节磨刀师傅的吆喝声传遍大街小巷；快入冬了你会听到那"嘣、嘣"的弹棉花弓弦在奏鸣。说起弹棉花，当时，农村里很少能弹到新棉花，多半是将家里的旧被子拆开，将旧被套拿出来，送到弹棉花的那里，让手艺人重新弹一下，等于是翻新吧。尽管是翻新，但弹过的棉被还是会蓬松很多，盖上会温暖一些。

儿时记忆中甜蜜的味道就是能尝一下绵软香甜的麦芽糖。卖麦芽糖的，被我们称为"兑糖客"，因为没钱的小孩子们都是从家里找来一些旧凉鞋、牙膏壳，用"物"兑糖。兑糖客肩挑两个箩筐，筐中装着回收的破鞋烂铁等旧物，上面各盖着一个篾筛，放着糖盘，用透明油纸包着。"叮当当，叮当当，敲糖换糖吃喽……"小馋虫拿着糖用舌头舔几下，糖又硬又脆，放入嘴中一咬就断，细细咀嚼，甜美入心。当麦芽糖卖完后，为了减少往返奔波之苦，晚上，兑糖客也会住在前岐客铺，赶紧连夜加工制作麦芽糖，等两天又可以走村串户，或从前岐港乘船到下一地点。那个年代，有他们的无奈，有他们的艰辛，也有那一代人美好回忆。原来生活可以如此简单，一块糖可以甜润清贫如水的少年时光，一担旧物可以慰藉漫漫旅途的辛酸。

还有那些流动的理发师，他们常常手提竹制屉笼走村过户。屉笼是他们谋生的百宝箱，有两三个隔层，可以拆卸开来，放着理发刀、刮须刀、剪子、梳子、刷子、毛巾、白色围布等。理发师挨家挨户上门服务，工具设备简易，没有镜子、洗发水等，大人在自家门口随便搬来一张凳子坐直，理发师给他围上白色围布就开始修剪头发。小孩子则直接站着剃头，不少剃"和尚头"，这样就可以连续 2 个月不用剃头，每个小孩子理发需人民币 5 分。

到 20 世纪 80 年代，人们分田到户，一些手艺人厌倦了四处做手艺的生活，安心在家务农。随着时代的变迁，新产品的不断涌现，各种先进及智能物件早已淘汰了曾经的用品，物件或衣服损坏了人们也不愿意去修，因为有的物件维修的价格比购买更贵，坏了丢掉拉倒。随着人们购买力的增强，日用品年年换新，过去许多修表、修伞、修锅、修碗等手艺人也从人们的视野里逐渐淡出，只留在人们的记忆中，这是历史发展的必然。人们记住他们，是因为那承载一代人的记忆，无论是清苦，还是甜美，经过岁月的沉淀后，滋味愈加浓郁芬芳，令人回味不尽。同时，人们还应时刻记住，勤俭是一种美德，也是中华民族的优良传统，它犹如甘霖，能让贫穷的土地盛开富贵之花，结下智慧之果。

前岐

畲银老字号——打银浒

🌿 夏 林

　　20世纪八九十年代，在前岐镇岐阳古街有一家闻名闽浙边界的畲族银器制作老字号——打银浒，其手工制作的银器工艺精湛，图案精美，寓意吉祥，深受人们喜爱，闽浙周边的福鼎、柘荣、苍南、泰顺、霞浦、福安等数县百姓都听说过这个名号，常慕名登门前来打制各种银器。

打银浒银饰作品（夏林涛 摄）

打银浒银牌（夏林涛 摄）

打银浒银锁（夏林涛 摄）

　　打银浒的创始人名叫蓝盛鉴，生于清朝，原来是前岐柯湾村大坪头自然村的农民，家里世代以种地为生。蓝盛鉴虽然是庄稼人，但心灵手巧，对制作各种器具很感兴趣。说起他从一名庄稼汉，到半路起家成为出名的银器制作艺人，完全是一种巧合。白银是贵重金属，除了当货币使用外，还可以制作成银器使用，是人们日常生活使用的贵金属中最普遍的一种。但是，银器并非生活必需品，只有富裕的家庭在日常生活中才用得起，所以，明清时期前岐少有制作银器的手艺人。后来，因为挑矾古道开通，前岐商贸异常繁荣，各行各业兴旺发达，银器在前岐也成为一种商品，许多普通家庭也可以购买银器，市场非常需要制作银器的能工巧匠。头脑灵光的蓝盛鉴看到了这一点，觉得学习银器制作前景一定比单纯务农好。有一次，他结识了一位游方和尚，听说和尚擅长制作各种精美的银器，就诚心诚意地要拜和尚为师。和尚见他心灵手巧，是学习制作银器的好手，也不推辞，就答应收他为徒，悉心传授他银器制作。经过一年多的刻苦学习和不断揣摩，蓝盛鉴终于学会了银器制作技艺。拜别师傅后，蓝盛鉴回家置办了一副货郎担，农闲时节挑着货郎担走村串户招揽银器制作生意，但由于没有什么名气，几天下来都没有接到一单生意。盘桓之际，蓝盛鉴挑着货郎担来到了霞浦，遇到一户大户人家家里刚发生火灾，财物损失巨大，家里储存的许多"大头银"（即银圆）也在火灾中融化成为一块丑陋不堪的"土疙瘩"。主人家见一名银器货郎担手艺人从门前经过，抱着试试看的心情问蓝盛鉴："这个能加工吗？""能！能！能！"蓝盛鉴没有多想，立即答应下来，心想先把这好不容易到手的第一单生意接了。小心翼翼地把"土疙瘩"带回家里后，蓝盛鉴把自己关进作坊内，把师傅平生所教的技艺全部用上，夜深人静时一个人待在作坊中反复揣摩。一个月之后，这块灰不溜秋"土疙瘩"被打制成一件件洁白光亮的首饰和精美的银器。主人家非常满意，对蓝盛鉴的手艺赞不绝口，要付给蓝盛鉴高额的报酬，但蓝盛鉴婉言谢绝，坚持按市场标准收取工钱。主人家见蓝盛鉴不但手艺好，人品更好，就给他介绍了许多生意，蓝盛鉴的名气开始在周边传扬开来，生意也一天天好起来。于是，蓝盛鉴便不再从事农业生产劳动，挑着货郎担行走在闽浙边界，制作各种银器，成为一名靠手艺吃饭的民间手艺人。蓝盛鉴为了让自己辛苦学来的手艺能够传承下去，就让儿子蓝进浒跟随自己学习银器制作技艺。蓝进浒像父亲一样心灵手巧，在从小耳濡目染中很快就成为一名技艺娴熟的银器制作艺人。蓝盛鉴年老以后，就把生意全部交给蓝进浒打理。随着银器制作生意越来越好，20世纪50年代起，蓝进浒在前岐镇岐阳街租了店铺，开了一家"蓝玉华银器店"，除了制作银器外，还兼营一些珠宝等。

蓝进浒是个爱思考的手艺人，在银器制作上善于推陈出新。他能够根据不同客户群体的需求，设计打制不同的银器产品。到他店里打制银器的客户中有不少是当地畲族村民，蓝进浒便根据畲族群众的审美需求和文化背景，设计"凤凰""牡丹"等元素的首饰、银器产品，在图案造型上结合当地畲族群众生产生活条件及审美特点进行不断创新，形成了一种别具特色的"畲族手工银器制作技艺"。而对于汉族群众，他就以"八仙过海""福禄寿喜""鲤鱼跃龙门"等汉族群众喜闻乐见的元素制作银器产品。他对上门订制银器的每一位客户的需求都会认真进行了解，对经手的每一件作品，不论是手镯、脚镯，还是银牌、发簪等，都力求做到造型独特、图案精美、雕工精致，充分呈现中国传统文化之美。由于他制作的银器色泽洁白光亮，寓意吉祥美好，深受当地畲汉同胞的青睐，人们也亲切地称蓝进浒为"打银浒"。随着时间的推移，"打银浒"这个非正式名号，成为前岐乃至闽浙边界数县百姓口口相传的百年老字号，至今为前岐一带的中老年人所熟知。

据介绍，打银浒银器制作主要工序有十几道。一是选料，各种银块的成色，直接决定银器制作的难易度和质地。二是熔炼，对银块进行提炼与配兑。三是敲片锤揲，用锤敲打银块成片状。四是制模，制出初模，将银片放在初模上锤打出初步形状。五是充模，向银坯里注入松香等填充物。六是錾刻，用钢錾和小锤在银的表面敲錾出錾痕，形成各种纹理。七是拉丝，将银加工成丝，经盘曲、掐花、填丝、堆垒等手段制成首饰。八是铸错，在器物表面铸成凹槽图案，凹槽内嵌入金银丝、片，用错石磨光。九是熔化，通过高温将松香等填充物去除。十是组合焊接，把制成的纹样拼成完整首饰。十一是清洗，用醋、酸等将银坯上的杂质清除。十二是打磨，用锉刀等把不平整的地方磨平。十三是抛光，将半成品浸入清洁剂中，用铜丝刷进行刷洗。经过这十几道的工序后，一件件精美的银器就呈现在人们的面前。

蓝进浒师傅年纪大了之后，其技艺又传承给儿子蓝文俊。蓝文俊和儿子蓝光华后在前岐福东街购买了店面，将"蓝玉华珠宝店"搬迁到福东街，继续传承祖辈的畲族银器制作手艺。进入21世纪后，由于机器生产取代了手工制作，银器制作也渐渐没落了，但是作为非物质文化遗产的银器制作技艺，其价值仍不容忽视。今天，当我们再次把玩一件件打银浒制作的银器，依旧啧啧称奇。

前岐老街的老字号

✑ 夏 林

明清和民国时期，由于浙江矾山明矾经前岐港转运全国各地，前岐街商贸和服务业非常繁荣。当年，数百家商铺顺着福东溪从街头顶到海尾码头左右对开，各式商品琳琅满目，街上行人川流不息，叫卖声此起彼伏，绘成一幅江南小镇版的"清明上河图"。各家商号为了站稳市场，注重诚信经营，注重品质，一些商号逐渐积累形成了世代传承的产品、技艺或服务，具有浓郁的地方文化底蕴，得到社会的广泛认同，形成了商业品牌。现择几个老字号介绍如下。

林记协和糕饼店

林记协和糕饼店在前岐街法爷宫边（今岐阳街 210—212 号），创始人为林崇旺（1858—1940）。林记协和糕饼店在前岐街铺面大，经营的糕饼品种齐全，批零兼营，平常主要经营继光饼、软烧饼、马蹄酥、肉酥饼和各式面条等，逢中秋节、七月七、七月半等节日还生产经营中秋饼、薄脆、饼干等节令食品。林崇旺为人急公好义，仗义疏财，常接济困难乡亲，深受乡邻和宗亲的爱戴，被大家称为"旺公"。平时邻里如有纠纷，大家都会请林崇旺出面调解。林崇旺处事公道，不偏不倚，每次都能把事情处理得很妥帖，让当事双方心服口服，并说："旺公都这么说，我们没意见。"林记协和糕饼店传到第三代，因 1949 年后林家后人改做其他行业，铺面被盘给他人。

颐寿堂

颐寿堂中药店在前岐镇岐阳街林宅（今岐阳街 175 号），据《福鼎县卫生志》记载，它是民国时期福鼎县五大老中药店。

颐寿堂中药店创始人林章銮，原籍浙江省平阳县（今苍南县）百丈乡，清光绪十三年（1887），17 岁的林章銮只身到前岐徐裕春药铺学艺，学成后于光绪十六年（1890）独立租店经营。开业资金最初由其兄弟林章僧、林章归、林章转等共同投入。经过多年的创业积累，生意逐渐兴隆，林章銮在前岐购置了店铺，建了新房。清末民初，温州至前岐的路上，常有盗贼拦路行劫，许多店铺常遭厄运，颐寿堂吸取同行的教训，由林章僧、林章归兄弟在家乡发动林家族人，携带利器结队进行贩运，并以平阳百丈祖家为中转站，分批零担护送至前岐，从而避免了遭劫之灾。除本店零售和批发给前岐各药店外，颐寿堂还在碇门、秦屿、岚亭、霞浦等地设立分号。20世纪20至30年代，林章鍪以雄厚的资金、充足的货源、廉价的药材、严格的工艺，在前岐药材市场与同行竞争，致使张大德堂、洪德生堂、徐裕春堂、王济仁堂先后倒闭。1932年，为了宣传颐寿堂精制药丸能力，特购了一只公鹿，在前岐敲锣打鼓巡游一趟，然后举行杀鹿仪式。此举使颐寿堂名声大振，全鹿丸及各种药丸畅销。林章鍪病故后，颐寿堂中药店由其长子林世守继承掌管，于1944年分为颐寿堂敏记、颐寿堂宽记、颐寿堂恭记，其中宽记在1949年停业。1953年6月实行公私合营，敏记、恭记与其他中医中药店一起，并入医药合作商店，成立前岐联合诊所，林世守为联合诊所负责人。1958年8月，全县农村大办人民公社，前岐公社在联合诊所的基础上，从社会上吸收社会医药人员，建立前岐公社保健院。颐寿堂部分原有职员进入前岐公社保健院任职，参加公立医疗机构工作，至此，颐寿堂的历史画上句号。

王义泰布店

王义泰布店在前岐下城门边（今岐阳街203号），创始人王泽西（1893—1977）。王义泰布店主要经营各种棉布和从外国进口化纤布匹，特别是一些外国进口的化纤布匹色彩鲜艳、时尚、新潮，受到新潮男女的欢迎。1956年，王义泰布店并入前岐合作社商店经营。

合顺渔行

清末至1949年初，前岐街合顺渔行生意十分兴隆。合顺渔行开在前岐夏厝里祖屋前，创办人夏祖敬（1863—1928）。合顺渔行主要经营黄瓜鱼、鳗鱼、鲳鱼、带鱼、墨鱼、马鲛鱼和咸鱼、腌制海蜇、带柳等海产品。由于夏祖敬诚信经营，童叟无欺，生意越做越大，前岐中街半条街店面都是合顺渔行的。1912年，前岐街发生一场大火，烧毁这条街许多房子，合顺渔行的铺面和货品也在这场大火中被烧光，合顺渔行随之破产。

华成布店与天和药店

华成布店与天和药店店址分别在今岐阳街 173 号和 171 号，创办人夏服羔（原名夏克诚，字服羔，1911—1988）。华成布店主要经营大众化棉质布料及其他布料产品，1956 年并入前岐合作社公私合作经营。天和药店经营项目以中药为主，西药为辅，中西医结合，兼营针灸。

夏服羔在前岐是一位颇有名气的全科医生，人称"服羔先生"，他除了经营天和药店外，还坐堂看病。有时病人行动不便，他就主动出诊，解放初期还积极参与创办前岐卫生院。夏服羔擅长针灸，一些久治不愈的病症经过他几次针灸之后便能明显好转或者痊愈。夏服羔在长期的行医生涯中曾配制一些特效秘方，疗效十分显著。比如，他配制的一种"喉痛散"药粉，对治疗喉咙肿痛有特殊疗效。他先将药粉装在一端削尖的小竹管内，病人张大嘴巴，他用力一吹，把药粉吹到病人喉咙肿痛部位，过几刻钟喉咙肿痛就渐渐消失。1953 年 6 月，实行公私合营，建立前岐联合诊所，天和药店并入医药合作商店，建立中医中（草）药诊所，夏服羔等一批医生先后加入联合诊所。

据周瑞光《摩霄浪语》载，民国年间的前岐街老字号商铺除了上文介绍的林记协和糕饼店等 6 家商铺之外，还有广润新、李舒泰、黄信和、顺发、公信光、乐天奉、新益奉、王义泰、林瑜记、华城、新益盛、黄茂兴、双义盛泰记、陈福泰、百利恒、乾记、亨泰、同泰、徐永丰等，他们都为前岐商业的繁荣做出了贡献。

东山冈 "米粉村"

夏 林

东山冈是前岐镇前岐村的一个自然村，坐落在东山冈山脊上，地处前岐集镇的东边，是集镇的制高点，站在冈上可以俯瞰整个集镇。由于地处集镇最高点，这里常年光照充足，山风习习。东山冈村不大，全村就 150 多人。但是，说起东山冈村，在福鼎和苍南、平阳一带却颇为出名，它有一个响亮的名字——米粉村。

这个名字的由来要追溯到清光绪年间，当时东山冈村有十几间米粉加工作坊，全村几乎每家每户都有人从事米粉加工。东山冈村生产的米粉口感好、品质优，畅销福鼎和平阳等地。米粉加工成为东山冈村民一项主要的副业收入，由此东山冈村被人们称为"米粉村"。

东山冈 "米粉村" 旧址（郑雨锋 摄）

林颜雀是东山冈第一个做米粉的村民，年轻时他曾经外出学过米粉加工手艺，后来因要照顾家庭回到村中生活。东山冈土地资源有限，每人仅几分地，农闲时节许多村民无所事事，东逛逛西看看，或者打牌消磨时光。种地效益不高，生活困难，一些村民开始考虑搞点副业增加收入。闯过江湖、见过世面的林颜雀想，米粉是一种大家都喜爱的风味小吃，前岐当时无人生产米粉，东山冈风和日丽，是一个加工米粉的理想地方，为何不在东山冈办一个米粉加工作坊？林颜雀和家人商量后就和几个村民办起东山冈第一家米粉加工作坊。林颜雀感觉以前在外地吃的米粉口感不尽人意，而且烹制出来的米粉食品容易糊化、断线，为了使自家加工的米粉能够在市场上打开销路并广受喜爱，头脑活络的林颜雀在米粉的每一道工序上反复揣摩，不断改进。林颜雀的孙子林敬椿，现年 64 岁，13 岁开始跟随爷爷林颜雀和父亲林文溪学做米粉，是东山冈 "米粉世家" 的第三代

传人。据他介绍，他爷爷林颜雀在米粉加工过程中总结出一套优质米粉的加工工艺，保证了米粉的品质，再加上东山冈得天独厚的米粉晾晒环境——这是后来东山冈在清末迅速发展成为远近闻名的"米粉村"并一直持续到20世纪80年代的主要原因。

林颜雀在生产过程中形成一套规矩，食品必须是全流程纯手工加工。首先是选料，选用晚米或粳米。这两种大米淀粉含量高，加工成产品后黏性好，烹制时不容易出现糊化、断线等，吃起来口感也比较筋道。如果用早米来加工米粉，则需要添加三成的糯米，以保证口感和品质。其二是磨米浆。大米要洗3遍，去除各种杂质，浸泡之后用石磨磨成米浆；每100斤大米磨成的米浆，再配"母头（大米蒸出来的新鲜饭团）"7斤，合到米浆中搅拌均匀后沥干备用。其三是搓粉条。放在大盆中搓成15厘米长的米粉条，再放在四方形的米粉炊框中蒸上一个多小时到蒸熟为止。其四是挤粉丝。放在米粉挤压筒里，挤压成3.5米长的米粉丝后，再蒸上一个多小时。最后是晾晒，放在竹匾上晾晒至水分完全脱干为止，包装后即可待售。由于是纯手工制作，当时4个人每天只能加工100斤米，产量有限。

东山冈米粉质量上乘，很快就赢得市场的青睐，成为畅销产品，出现供不应求的情况。许多村民也纷纷向林颜雀学习米粉加工技艺，林颜雀和林文溪父子为人热心豪爽，毫无保留地将米粉加工技艺传授给村民们，让其他村民也办起米粉加工作坊。很快，东山冈村的米粉加工作坊发展到十几家，大部分村民忙完农活，就到米粉作坊加工米粉，赚些钱以贴补家用。东山冈的米粉畅销福鼎全县和闽浙周边平阳、苍南等几十个乡镇，不愁销路。平时一个作坊每天可加工五六百斤大米，一些人家红白喜事置办酒席等都会直接上门购买，逢年过节或者碰到结婚旺季，许多大客户还会提前来批量订购米粉。米粉加工最繁忙的季节还是过年前的三个多月，闽浙周边各地每天都有几批客商上门订货，作坊每天都要加工四五百担。东山冈米粉作坊对零散客户每斤收取加工费一角二分钱，像前岐粮站这样的单位客户每斤收取加工费八分钱。那些年，"米粉村"的美誉使村民们尝到了许多甜头，村民的生活水平也有了明显的提高。直到1980年，东山冈村民林初足购买米粉机，办起米粉厂，改用机器生产米粉，每天大批量生产米粉，且所需要的人手不多，十几家纯手工制作米粉的作坊竞争不过米粉厂，相继倒闭关门。为了不违背祖父规矩，林敬椿的作坊坚持用手工技艺为一些老客户加工米粉，但是随着年龄的增长，产量也逐年递减，直到年老力衰实在干不动了才关门。林敬椿有些遗憾地对我们说，现在的年轻人不愿意学这门辛苦的手艺，这门手艺最终在我们这一代人手里失传了。

辉煌一时的前岐海运

◎范则谊

前岐，环山面海，东连天然良港——沙埕港，西通福鼎城区，南临福鼎内海，与世界矾都浙江矾山为邻，海岸线长 18 千米，浅海滩涂 2 万亩。前岐在明代末叶就与外地有频繁的贸易往来，清康熙年间，为了适应海上贸易运输的需要，在前岐港设埠，收取埠银税。前岐的海运曾创造了福鼎县的多个"第一"：福鼎第一家轮船公司是前岐人开办的；福鼎泊位第一大的码头为姚家屿 500 吨级浮码头，码头库场面积共计 8300 平方米；20 世纪 20 年代初，前岐镇柯湾村后取自然村造船师傅许乃应，曾带领技工众徒，建造福鼎历史上第一大吨位的木帆船（载重量为 150 吨）……

昔日繁华的前岐港

前岐港历史悠久，曾是福鼎县最繁忙的港口之一。水道经姚家屿达前岐镇，港面宽 40—120 米，水域面积约为 440 万平方米，大潮水深 2.7 米，小潮水深 1.3 米，潮退则为海涂滩地，40 吨以下船只可乘潮沿水道驶入港内。前岐港有 3 个埠头，一是福东桥边的"破城坎"，二是街头顶的"碇步头"，三是海尾码头。由于前岐镇与浙江省矾山镇相邻，自清乾隆九年（1744）起，矾山日产千担的明矾，绝大部分取道前岐港入海转运各地；而矾山煎矾日需 100 多吨的柴草，大部分又是由前岐转运进去。在前岐港海尾码头上，经常可看到千帆云集、樯橹林立的景象。1951 年，矾山改用新技术炼矾，年产量增至 3 万余吨，前岐港也因此更加繁忙。1956 年，浙江省修通矾山至敖江公路，矾山明矾改由汽车运至敖江海运出口。1957 年 4 月，矾山到灵溪的公路通车，明矾运输又有了新的快捷通道，设在前岐等地的矾馆（栈）被取消，此后前岐港也随之日渐萧条。1972 年 5 月 1 日，前岐围垦工程动工，1976 年 9 月竣工，至此，颇负盛名的前岐港改装换颜，变成万顷良田。

水深港阔的姚家屿码头

前岐港航道出口处西南方的海中小岛——姚家屿，地处沙埕港航道内北汉水道深槽末端，海口宽 1400 米，码头前沿水深 6.5 米。港区水域面积（自前岐闸基起至企力自然村路头止）为 45 万平方米，陆域面积（自企力自然村头起至港区大门口止）为 3.2 万平方米，在未开发前是前岐港大吨位船只深水停泊点。为了发展水运事业，促进地方经济的发展，自 1979 年起，县交通部门着手开发姚家屿港的前期准备工作，此后 3 年每年从港航事业费中提取 5.17 万元，征得土地 3.2 万平方米，修筑了疏港公路和港区用地围墙。该码头于 1982 年 9 月破土动工，总投资 95.4 万元，1984 年竣工验收。1986 年 9 月，港航管理部门拨款 5 万元，在浮码头南侧砌驳岸 200 米，修建煤料堆场，使之与码头驳岸连成一体。至此，有 500 吨级浮码头和长 246 米的石结构重力式码头各一座，石面堆场 1425 平方米，码头道路 1050 平方米，货物仓库 2 座共902 平方米，并设有闽东港航管理处姚家屿港航管理站。1987 年，港口吞吐量为 2.4 万吨。20 世纪 90 年代，由于体制改革和陆上交通发达，以姚家屿码头为转运站的货物大量减少，经营亏损严重。随着闽东港航管理处姚家屿港航管理站等单位撤离，姚家屿航运业逐渐凋零，退出了历史舞台。

姚家屿码头（夏念长 摄）

风光一时的前岐水上货运

前岐水上运输历史悠久，在公路交通变得便利之前，前岐的生产生活和人员往来难离舟楫。明清时期，矾山明矾运输路线有两条，其中一条是前岐线。明矾由挑矾工挑运至 15 千米外的前岐矾栈包装后，转运至沙埕港装船，运往上海、香港、台湾等地。始设于清康熙年间的闽海关前岐埠税，也为水运创造了良好的条件，使前岐水运渐趋繁忙。据《福鼎县志》《福鼎县交通志》等记载，清光绪十六年（1890），日本轮船通过台湾船只，向沙埕港运进煤油、杂货等物，运出的就有矾山生产的明矾。光绪年间，矾山日产矾约 50 吨，大部分经前岐转沙埕港运销国内外。1928 年，前岐商人李怀珍租用"新瑞平"350 吨货轮，在前岐镇西南方的姚家屿等地装载转运明矾，航行于上海、温州、香港之间。1930 年春，福鼎县前岐和沙埕等地商人李锡庚、林肇晖、陈公辅等人，联合沪兴公司在沙埕合资开设"谦益南北货栈"，经营航运业务，拥有"新瑞平"350 吨和"老瑞平"300 吨两艘轮船，运载茶叶、明矾到上海，带回面粉、大豆等，每月往返 3 趟……可见当时前岐水运的盛况。抗日战争爆发后，由于福建海面被日本军舰封锁，本国轮船无法航行。于是前岐"李坤记"等商行，先后向厦门英商德意利轮船公司租用"海阳""海坛""新海门"等载重为 400 吨位的货轮，装明矾外销。由于封建时期农村经济衰弱，前岐水上客运发展相对落后，从前岐外出的旅客、商贾须随货船而行。外海运输船只，在民国时期乃至 20 世纪 50 年代，还是以木帆船为主。至于内海运输与生活的工具则是溜板、竹排、舢板、漂白仔、木帆船等。20 世纪 70 年代末，随着前岐围垦工程竣工以及陆上交通逐渐便捷，前岐水运不复往昔兴盛。

历经风雨的前岐航运分公司

20 世纪 50 年代初期，前岐水上货运基本上属私人经营。1956 年 5 月 1 日，当地部分私人船只作价成股金（每股 200 元），联合成立前岐运输合作社。全社共有 24 艘木帆船，共 299.3 吨位，社员 133 人，从事外海运输。但因入社船只陈旧破损，入社不久就有 5 艘船停航待修，加之 1 艘木帆船运明矾时在温州港外松门沉没，运输社困难重重。1956 年底，开始对损坏的船只进行维修，并建造新船，到 1959 年参加组建运输公司时，全社共有木帆船 17 艘，共 300 吨位，资产 3 万元，职工 108 人。前岐航运分公司自组建以来历经风雨，至 1987 年，实行"船只折价承包"制，对船队的体制进行改革。改革后，还清欠款 11 万元，并贷款 33 万元、自筹 3 万元，向浙江省瑞安造船厂定制一艘 210 吨的钢质货轮。当年共有 3 艘机动运输船，共 475 吨位，马力 435 匹，固定资产 72.5 万元，营收 32.9 万元，职工 55 人。20 世纪 90 年代，由于经营管理不善，效益不高，前岐航运分公司也退出了历史舞台。

前岐道路交通发展述略

🍃 范则谊

　　距今 5000 年前，前岐就有原始人类生息，先民除通过舟楫行水路与外界来往外，还开辟出一条条山区乡村小径。随着历史的发展，时代的变迁，目前前岐镇交通便利，省道沙吕线横穿东西，姚矾公路纵贯南北，已形成水陆相连、陆路相通的交通网络。

古道

　　矾前古道　　浙江省苍南县矾山镇至前岐镇的挑矾古道是历史最悠久的明矾运销通道之一，开通于清康熙九年（1670）。清光绪《福鼎县乡土志》载："（前岐）商贾率以矾为大宗，矾矿出浙平矾山赤洋，销场惟岐最旺。环其地各村落有藉肩运以糊口者，有藉转售而赡家者。"矾山大部分的明矾由挑工挑运至 15 千米外的前岐矾栈（馆），矾前古道渐趋繁忙。矾前古道有两条，一条起始点在矾山镇水尾村，终点至前岐镇妈祖庙旁的矾馆，东西走向，途经石门—上港—枫树坪—峡岭溪—龟岭亭—南岭头—西宅—桥亭头—前岐街道—前岐矾馆，全程约 40 里，大多由乱石铺设路面，平均道宽 1.5 米；另一条起点在矾山镇溪光村，途经溪光—大宗垟心亭—埔坪街道—柯岭脚马仙宫—大岭头隔亭—蹭死马—龟岭头—南岭头亭—南岭脚—西宅宫桥—桥亭头—前岐妈祖宫矾馆，全程 25 里，行程两头平坦，中途要翻越几座陡峭大山。后一条古道与溪光至藻溪古道（苍南域内）相连，为古代闽浙沿海交通大动脉之一。

　　前岐支路　　福鼎县内支路是以福鼎县城为中心，与县、乡间的交通要道。据《福鼎县乡土志》载，前岐支路自治东南隅和旸门，出萧家坝，渡二桥，至梅溪；越养气亭，下郭洋坪，逾岭溪桥，至水埠；登岭头亭，直抵一都岳口，到前岐，计 15 千米。由前岐右过括底、大澜，上王家洋，至下炉，过岩坑界牌，逾岭，至县蒲门横阳古道（浙江省苍域内）相接，计 15 千米。

乡村道路

　　乡村大道（亦称拖拉机道），自 1958 年开始修筑，基于原来的村小道上开辟。大

前岐

道宽 2.5—6.5 米，沙土路面，比较平坦，可通行板车和拖拉机等小型车。主要有：

兰田至彩澳线 自山前街道兰田起，经前岐、薛桥至彩澳，全程 11 千米，路基宽 4.5 米，1972 年 2 月开工，12 月竣工。

照澜至三丘田线 途经照澜、象阳、三丘田，全程 6.5 千米，路基宽 4.5 米，1987 年 1 月开工，12 月竣工。

公路

沙吕线桐沙公路 沙吕线是指沙埕至霞浦县吕峡公路，属省道，横穿前岐镇，是前岐镇对外交往的交通要道。沙吕线中的桐山至沙埕公路（简称桐沙公路），1957 年 10 月由福建省公路局勘测设计，路基宽 6.5—7.5 米，路面宽 5—6 米。该公路自国道福分公路肖家坝桥东端起，经灰窑、曾坪、梅溪、百胜、大岳、小岳、前岐、照澜、佳阳、罗唇、流江、旧城、马道至沙埕新街，全线长 45.50 千米。工程量有土方 67.1 万立方米，石方 30.9 万立方米，桥梁 13 座共 419.5 米，涵洞 216 道共 2053.2 米，渗水路堤 18 处共 180 米，过水路面 1.2 万平方米，石砌驳岸 1.2 万立方米，泥结碎石路面 15.9 万平方米，石护栏 4000 根，共投入劳力 82.2 万工日，耗钢材 135 吨，水泥 180 吨，白灰 170 吨，炸药 32 吨，雷管 6.7 万只，木材 700 立方米，预算造价（按民工建勤造价）141.4 万元。桐沙公路工程前后分 4 个阶段修建。第一阶段是桐沙公路桐山至前岐路段。1958 年 9 月 2 日第一批民工进场，至 9 月 27 日 6500 名民工全部进场开始动工。工程期间，由于公路民工陆续转战其他建设工地，至 1959 年 3 月 24 日，桐沙公路桐山至前岐 14.7 千米路段才竣工，1959 年 5 月 1 日正式通车。其余 71.84% 的公路，只完成土方的挖掘。

姚家屿至龟岭公路 该公路从前岐镇的姚家屿码头起至前岐镇的龟岭村，横穿省道沙吕公路与浙江省矾山公路连接，全长 11.377 千米，工程造价 45.76 万元。该公路分两次修建，1982 年 10 月在修建姚家屿码头时修筑姚家屿码头至前岐镇路段，长 6.01 千米，途经柯湾、梅湾，路基宽 6.5 米，路面宽 4.5 米，工程造价 12.5 万元，于 1983 年末竣工。1984 年动工修建前岐至龟岭路段，长 5.367 千米，路基宽 6.5 米，路面宽 3.5 米，桥梁 2 座，途径西宅、龟岭村，并与浙江矾山公路对接，工程造价 33.26 万元，资金来自贫困乡公路建设款 23 万元和支农公路款 9 万元。姚龟公路 1988 年 1 月 6 日全线正式通车，符合山岭重丘区四级公路技术标准，可通行客车。

西宅至桥亭公路 公路里程 7.6 千米，从西宅开始至桥亭村，途经武垟，路基宽度 4.5—6.5 米，投资金额 12.1 万元，1978 年 1 月开工，12 月竣工。

百胜至姚家屿公路　公路里程 5 千米，从山前街道百胜村开始，途经前岐镇双屿、柯湾至姚家屿，路基宽度 6.5 米，投资金额 2.4 万元，1980 年 1 月开工，12 月竣工。

"村村通"及路面硬化工程　旧时期，前岐镇通往各山区村及与邻村相接连的小道，路面仅 1—1.5 米宽，均由石块铺成。2002 年后，前岐镇"村村通"工程使前岐镇水泥路网建设更加完善，路面硬化工程 118 千米，共投入 3500 万元。熊岭村、黄仁村村道还与浙江苍南县村道相连，公路向外省延伸。

路亭、桥梁

前岐域内山峦起伏，溪涧众多，人们建造路亭、桥梁、碇步，为交往提供了便利。如今这些有悠久历史的路亭、桥梁、碇步，有的迄今尚能继续使用，有的已随岁月消逝，无踪迹可寻。

前岐镇主要路亭一览表

亭名	坐落地点	结构形式	修建经过
南岭头亭	岐砚古道	双向式砖木结构，长 9 米，宽 6 米	1821—1850 年民众集资
西宅亭	西宅村	双向式木石结构，长 10 米，宽 3.5 米	1860—1873 年王姓族人倡建，1956 年重修
洋尾亭	武垟尾	双向式砖木结构	1870—1908 年建
乌溪亭	桥亭村	双向式木石结构	1821—1850 年建
友谊亭	下中车村	双向式砖木结构	1958 年王烈完倡建
大岳亭	大岳村	四向式	1958 年重修
吴家溪亭	吴家溪	双向式砖木结构	1860—1873 年谢友交倡建
半岭亭	王家洋村	双向式砖木结构	1850—1887 年照澜施姓建
枫树岭亭	枫树岭	双向式砖木结构	1874—1908 年建

前岐镇乡村道路主要桥梁一览表

桥梁名称	坐落地点	数据及结构					倡建人	修建年月
		长（米）	宽（米）	高（米）	孔数	结构		
福东桥	前岐小学前	33	1.9	3.5	7	石平板桥	林中秀、林炳蔚、李文晋	1805 年
乐安桥	西宅树南岭下				3	石平板桥		1851—1861 年

桥梁名称	坐落地点	数据及结构					倡建人	修建年月
		长（米）	宽（米）	高（米）	孔数	结构		
福星桥	吴家溪	36	1.9	1.9	11	石平板桥	谢友交	1862—1874 年
安庆桥	桥亭街南	6.6	1.8	3.4		石平板桥		1862—1874 年
安福桥	西宅横溪	1.2	1.9	2	4	石平板桥		1862—1874 年
安澜桥	大澜溪	7.2	1.9	2	24	石平板桥		
永安桥	桥亭村	11	2	3	5	石平板桥		
大岳桥	大岳溪上	46	1.6	1.2	16	石平板桥		1952 年
吴家溪桥	西宅吴家溪	40	2	1.5	13	石平板桥	陈亚再、郑礼池	20 世纪 50 年代

随着交通量和车辆载重的增大，公路和桥梁建设标准逐步提高，早期建造的桥梁已经不适应现代交通事业的发展，有的还存在安全隐患。近几年来，前岐桥梁建设有了新的发展，在市镇两级政府及有关部门的大力扶持下，沙吕线前岐段的公路桥如大岳桥、小岳桥、前岐桥、大澜桥、三井桥全部按现代交通桥梁的标准进行重建，乡村公路的桥梁如大澜头桥、吴家溪桥、桥亭桥也按新标准进行重建。

（本文参考了《福鼎县交通志》）

新时代前岐高效便捷的路网建设速记

范则谊

近年来，前岐镇抢抓机遇、顺势而上，立足小城镇改革试点建设，加快推进城镇化，努力对接市区东扩发展战略，加快交通基础设施建设步伐，加快交通"大动脉"联通，路网建设发生了天翻地覆的变化，城镇道路建设日新月异。

沙埕湾高速公路是福建省"三纵八横"高速公路网布局中的重要组成部分，是福建省强化与长江三角洲的经济交流与协作的重要通道，也是闽浙沿海最便捷的交通走廊。宁德时代及上下游产业落户在沙埕湾高速两侧，沙埕湾高速公路成为相关产业产品以及原料进出的快捷通道，可以说沙埕湾高速公路建成是吸引宁德时代落地福鼎的重要因素，其建设促进资本、资源、人才往福鼎聚集，推动当地社会经济发展。

福鼎时代锂离子生产基地项目能落户在宁德大湾区沙埕湾生态产业园前岐片区，除了前岐镇本身地处城市东郊的区位优势外，还得益于快捷的交通路网和广袤的城区发展空间。福东大道和纵一线（前岐段）犹如两条大动脉，贯穿该区域东西两侧，东部通过薛家山隧道与市区贯通，西部直接与目前的前岐集镇衔接，双岳大道像一条项链，连通百胜山、薛家山隧道，贯穿双岳工业项目区，向东与福东大道、纵一线相衔接，向西对接福鼎城区。加上省道沙吕线横穿东西，姚矾公路纵贯南北，海岸建有柯湾三级渔港和双屿三级渔港，与市区形成水路一体化交通枢纽，承接双岳工业项目区拓展延伸功能，前岐集镇道路已形成三纵三横的路网格局，为大项目、"金娃娃"项目落地开花提供了有力的交通运输保障。

薛家山隧道项目位于前岐镇薛桥村，是市重点工程项目之一，整个工程征地300多亩，拆迁房屋49榴，征地安置户143户，总户数达192户。薛家山隧道于2011年规划建设，采用二级公路技术标准，设计速度为50千米/小时，按双洞进行设计，隧洞净宽10米（两车道），与路基同宽，路面设计标准轴载为BZZ-100，左右洞平均长782.5米，其中右洞长769米，采用BT模式。该工程是福鼎市推进"产城一体化"的重要配套项目之一，工程总投资1.3亿元，2012年9月动工，2016年1月竣工通车。通车后双岳项目区和拓展区融为一体，为前岐镇提供更为便捷的联系通道。

　　福建省普通国省干线公路纵一线（国道228），是省重点项目，其过境道路全长11.95千米，其中主线9.18千米，支线2.77千米，项目一期过境道路总长4.06千米，其中主线1.3千米，支线2.76千米。项目共征地295亩，涉及坟墓拆迁16座，房屋拆迁71榴，空地基62榴，宫1座。2014年6月，纵一线218国道（前岐段）开始安征迁工作。中铁四局集团有限公司承建福鼎市象洋至前岐段A1、A2、A3工程，工程包含一条主线、两条支线（佳阳及前岐支线），主线路起于福鼎市佳阳象洋村，终到柯湾村。该线路按一级公路设计，设计时速为60千米/小时，路基宽度24米（双向四车道），采用水泥混凝土路面。前岐支线全长2.769千米，线路起于慈济中学背后，终点位于柯湾村与主线十字交叉，按二级公路设计，设计时速为60千米/小时、路基宽度12米（双向二车道），采用水泥混凝土路面。现下，纵一线象洋至前岐段已建成通车。

福东大道

　　福鼎市福东大道及薛家山隧道东连接线工程包含东西向的薛家山隧道东连接线及南北向福东大道。薛家山隧道东连接线起于环城西路，向东经西宅路、福东大道，跨过福东溪，终于环城东路，道路长1277.02米，宽度36米。福东大道起于前岐镇区，为南北走向市政主干道，向南经文化路、彩澳路、横四路、柯湾路、双屿西路、横五路，终于薛家山隧道东连接线（双岳大道），是前岐连接福鼎城区、实现镇区拓展的新干道，也是福鼎工业园双岳项目区前岐拓展区的主干道，与双岳大道、纵一线、薛家山隧道相互交织，是直通双岳工业项目区的咽喉工程。其中，起点至文化路，道路长 248.5 米，宽度 22 米，文化路以南道路宽 32 米，道路长 1838.474 米。该工程是福鼎市 PPP 重点项目，也是前岐镇与福鼎主城区、佳阳乡的主要联系通道，由中煤第三建设集团有限责任公司投资建设，是宁德市重点项目工程。项目采用 PPP 模式运作，工程造价约 2.83 亿元，主要包括福东大道道路工程、薛家山隧道东连接线道路工程以及 "K1+116" 大桥工程，道路总长约 2.7 千米，路面总宽度 36 米，设计时速为 50 千米/小时，机动车道采用双向四车道、分离式非机动车道设计，人行道、路面采用沥青混凝土。福东大道于 2016 年 12 月正式开工，2020 年 6 月底完工。2020 年 8 月 13 日，福东大道举行交工仪式。福东大道及薛家山隧道连接线项目建成通车后，缩短了福鼎城区至前岐镇的行车距离，对完善城市布局、促进东部片区乡镇开发、实施乡村振兴战略等具有重要意义。

前岐镇还大力实施集镇交通路网建设。2021 年，投入 2.7 亿元，完成环城西路、滨溪西路填方工程 800 多万立方米，扎实推进西黄线、桥熊线、滨溪东路、彩澳路、宏文路等路网建设。未来几年，前岐镇将以宁德大湾区沙埕湾生态产业园区（前岐片区）项目建设为契机，按照产城一体化的建设思路，继续构建 "外联内通" 交通体系，形成集商贸、商住、教育、服务等为一体的福鼎城区新兴次中心，进一步推进城市化蜕变，为福鼎市经济社会稳步快速发展打下坚实基础。

前岐经济与温州矾业的关系

❦ 周问奇

浙江矾山，原名赤洋山，旧属浙江温州平阳县，后归苍南县（1981 年从平阳析出）管辖。矾山因盛产明矾而得名，据《明史·食货志》和 1952 年版《平阳县志》记载，赤洋山明矾矿于明朝洪武年间开始开采和提炼，迄今已有 640 多年的采炼历史。矾山已探明的明矾矿石储量达 1.6 亿吨（占中国 80%、世界 60%），素有"世界矾都"之誉。闽东北的"滨海重镇"福鼎前岐，与上游的矾山接壤，地理相近，山水相连，语言相通（互通闽南语、畲语），是矾山明矾的重要集散地和分销场。

清光绪《福鼎县乡土志》载："（前岐）商贾率以矾为大宗，矾矿出浙平矾山赤洋，销场惟岐最旺。环

矾山矾窑遗址（夏林 摄）

其地各村落有肩运以糊口者，有藉转售而赡养者。"前岐与矾山已然结成了矾业经济协作体，风风雨雨数百载。两地矿业的关系大致可以分为三大阶段：

第一阶段　明清时期

明朝初年至建文帝，矾山农民炼矾，多用于治病和净水，只作为家庭副业进行零售。明永乐年间，温州等地已将明矾用于染色业，明矾业初具规模，明矾逐渐由海路运输到温州、宁波等地。清顺治时，因连年战乱，致使明矾停产多年。尔后，炼矾业又转繁荣，但因炼矾排放的矾浆污染水域、溪岸、稻禾，清康熙二年（1663）农民向官府提出控诉，于是朝廷下诏："赤洋山炼矾，恩准孤贫渡食，矾浆水必汇入海。"明矾业生产得以延续。清乾隆九年（1744），苏州商人建起矾山第一座矾窑（炼矾厂），矾山出现了第一代矿工。由于明矾用途益广，外埠销售日隆。明清时期，矾山明矾输

出路线有 3 条，两条是用人力挑运到浙江平阳藻溪或赤溪（今均属苍南）的矾馆之后，由矾商用船只运往上海、宁波等各地销售，一条是由人力用肩挑运至前岐矾栈包装后，转运至沙埕港装船，运往上海、香港、台湾等地。由于矾浆经福建省福鼎前岐入海，污染海域，造成损失，矾厂以海运劳务利益作为一种补偿。如此，矾（山）前（岐）挑矾古道渐趋繁忙。

清乾隆年间，前岐地方公议，矾税每百斤抽钱 2 文，以资供奉天后宫（即前岐海尾妈祖宫）宝灯。清嘉庆年间（1798—1820），明矾已成为前岐大宗交易商品。为规范和保护矾业发展，清同治七年（1868），福鼎知县竖"奉宪勒碑"于前岐，永革不肖奸徒恃强勒抽矾捐。该碑修复后现存于前岐妈祖宫内，碑上字迹清晰可辨。

清光绪十六年（1890），日本轮船通过台湾船只，向沙埕港运进煤油、杂货等物，运出矾山生产的明矾。光绪年间，矾山日产矾约 50 吨，大部分经前岐转沙埕港运销国内外。

第二阶段　民国时期

民国初期，明矾运输沿用明清时期的赤溪线和前岐线。民国中期，增辟了藻溪线。民国期间，明矾销售摆脱了宁波商人垄断，开始自营运销，但是也几经起伏。从新版的《福鼎县志》《福鼎县交通志》已知，早在 1928 年，前岐商人李怀珍租用"新瑞平" 350 吨货轮，在前岐镇西南方的姚家屿等地装载转运明矾；1930 年春，前岐李锡庚等商人联合沪兴公司，在沙埕合资开设货栈，拥有两艘 300 吨级轮船，运载明矾、茶叶等物资到上海；1932 年，前岐商人李怀珍开始经营申（上海）沙（沙埕）航线海运，从上海购入面粉、白糖等，又将明矾、茶叶等运销沪杭一带，年进出港物资达百万银圆。另悉，同期有部分前岐人还直接参与了矾山峰门窑、水尾新窑等矾窑的生产经营，前岐李坤记的"红狮牌"选珠明矾畅销港澳等地。

1940 年 3 月，平阳县县长和一区长擅自设立明矾输出管理处，以明矾过福建省（前岐—沙埕）有资敌之嫌为借口，强令明矾改道经赤溪外运，并在赤溪设卡，征抽矾捐。因为运输线路改变，致使前岐、沙埕等地民工、船工两万多人断绝了生计，引起福鼎各界不满，联名上告，最终促成饬令撤销。

抗日战争爆发前，福鼎年输出的明矾、茶叶、烟等产品约 3500 吨。全民抗战期间，沙埕港被封锁，航运受阻，前岐"明矾堆积为数甚巨"，经济贸易陷入困境，给矾业及福鼎人民生活带来冲击，前岐各业商号、福鼎矾业同业公会等社会团体纷纷向当局发起请愿。对此，周瑞光先生在其一著作中，援引了民国时期档案进行阐释：

窃以明矾关系民生，向由本地出水转运沪港销售；抗战以后敌舰骚扰，阻梗航行以致滞销影响民生特非浅鲜。所以，各界人士莫不冀望海运早日通航也。

近闻钧府对明矾出口不准放行，闻讯之下不胜惶恐之至。伏思前岐居民赖明矾生产者数达千百家，而商（号）等全年营业亦专赖明矾以资维持；按浙属矾山至明矾系由工人肩挑来岐，工人每日往来前岐不下千人，或购器具布匹，或购鱼鲜杂物，对商（号）等营业关系至巨，倘使明矾禁运则工人绝迹，市面凋零，商（号）等自必停业，生活前途何堪设想！不已沥情，哀恳钧长察核，恩准明矾开放，以恤商艰，而以民生群深感戴。

谨呈：福鼎县县长陈

具请愿书前岐各业商号：广润新、李舒泰、黄信和、顺发、公信光、乐天奉、新益奉、王义泰、林瑜记、华城、新益盛、黄茂兴、双义盛泰记、陈福泰、百利恒、乾记、亨泰、同泰、徐永丰

经过各方努力，当局表示同意沙埕港复航，准予囤积日久的明矾轮运。抗战胜利之后，矾业交流重获生机。

第三阶段 1949 年以来

中华人民共和国成立后，矾山明矾业走上新的发展道路。1951 年起，矾矿方面改用新技术炼矾，产量大增，带动前岐的明矾转销。福建福安专署还于 1950 年在矾山开办公私合营矾厂，并在前岐等地设分厂。1952 年，该厂及其分厂移交温州专署经营。

1957 年 4 月 15 日，矾山到苍南灵溪的公路通车，让明矾运输有了新的快捷通道，设在前岐等地的矾馆（栈）被取消。这就自然结束了数百年来"耗工多、成本高、过程险"的人力挑运的困苦历史。时移事异，前岐的明矾转销业不复往昔盛景。

为发展水运事业，造福地方经济，福鼎县政府自 1979 年开始着手开发前岐姚家屿港。1984 年 5 月，姚家屿码头竣工。1986 年 10 月，姚家屿码头连接矾山的公路（即姚矾公路）全线通车，明矾可以经该公路汽运直抵姚家屿码头，装轮出海，而这也成了明矾海路运输的新平台。

纵观历史，前岐与矾山这种"共融、双赢"的矾业关系，对两地的经济和社会发展均起着积极的推动作用。同时，两地在长期的交往中也伴生着跨省矾业污染纠纷。

矾山采炼明矾会产生矾浆、矾渣、废水等污染物，并随溪流污染到下游前岐照澜溪流域的农作物、海产等，从清康熙年间起，就有闽浙边界民众状告浙南矾矿的官司。这种官司断断续续一直持续到20世纪末。

近年开放的矾山矾矿博物馆资料显示，1973年矾矿赔偿福建前岐67.58万元，并在1980年、1982年、1983年、1984年进行补赔。不久，浙江、福建两省污染纠纷引起了全国人大的关注。1991年7月，由当时的国家环保局牵头协商，形成了《协调闽浙两省炼矾污染纠纷会谈纪要》。其后，矾矿投巨资用于污染治理，广大矾矿从业人员也积极配合。有的矾厂老板还不惜举债治污，并用打油诗表达了心声："情愿花费大资金，杜绝渣浆下溪流。不让后人受冤屈，保证下游得安宁。"乘着众志成城之势，矾业污染治理在20世纪末取得重大成果，闽浙交界的污染官司终于停息。

进入21世纪以来，矾山镇进一步谋划着"矿山大镇"的转型发展，巧作"矿山井巷之乡"文章，积极为历史悠久的矾矿申报"世界工业文化遗产"。同时，前岐镇也致力将"千年古镇"打造成为"宜业宜居宜游"的现代化新城镇，在海峡西岸经济区东北翼增长极建设中扮演着越来越重要的角色。

2014年，浙江有关部门出版了"温州古道"丛书，书中有矾前挑矾古道的图文信息，再现了自然与人文兼具的古道风貌。某种意义上，矾前挑矾古道有如中国西南的"茶马古道"，是商贸通道，是友谊之道，更是前岐与矾山矾业关系的重要见证。新的时期，前岐与矾山两大集镇将借助彼此间的"地缘、人缘、亲缘、文缘"等优势，加强省际交流，共求新的跨越。

前岐

前岐明矾业发展述略

➤ 李敏助

明清以来，一直到 20 世纪 80 年代，前岐一直是矾山明矾 3 个出口地（前岐、赤溪、藻溪）中最主要和最昌盛的集散地。明矾业在近代前岐经济发展中占据举足轻重的地位，其兴衰对前岐的经济和社会产生了很大影响。

作坊式生产时期

据浙江《平阳县志》记载，矾山明矾矿的开采和提炼始于明初洪武元年（1368），距今已 640 多年之久。当时明矾仅作为农家副业产品，产量低，用途也仅局限于净水和治病。明矾只是装在"捎马袋"中，挎在肩上，到农村集镇零售。明朝永乐年间，温州等地开始将明矾用于纺织染色业，明矾需求量增大。但由于交通不便、运输受阻，明矾生产曾停顿百年之久，至 1503 年才重新开始采炼，导致纺织染色工业停歇。至清朝初期顺治年间，明矾又因连年战争停产。十多年后，炼矾业又渐渐繁荣，明矾采炼收入逐渐成为百姓生活的重要来源。但其污染也给下游造成损害，被百姓控告。为了百姓生计，清康熙二年（1663）下诏"恩准孤贫渡食，矾浆水必汇入海"，使明矾生产得以延续。明矾在此前 300 多年的开采、冶炼，均是小规模的作坊式生产。

走向规模化生产

直到 1744 年宁波人到矾山办起首家明矾冶炼厂，明矾才走向规模化工厂生产。这些"甬商"以其雄厚的财力，一方面投资入股办冶炼厂，另一方面经营明矾的运输和销售，由海路运输到温州、宁波等地。他们长期垄断了明矾的生产和销售，以至于当时人们误以为明矾生产地在宁波。现在前岐妈祖宫还保留有清朝同治七年（1868）与明矾相关的碑刻"奉宪勒碑"，记载了从乾隆起，从矾税中每百斤抽 2 文钱作为供奉妈祖天后宫宝灯之资，抽 2 文作为滩涂贝类受损的补偿。从此，前岐就成为矾山明矾主要的集散地。据记载，清光绪年间，矾山日产明矾 50 吨，90%经前岐到沙埕港运销国内外。明矾出口国外是从1890年后开始的，日本轮船通过台湾船只在沙埕港运载由前岐转运的明矾。至1901年，每年从前岐码头运出矾山明矾约10万担（5000吨）到沙埕，通过台北、台南渔船转运到日本。

民国时期的兴衰

民国期间，明矾业经历了3次鼎盛时期，分别为1916年、1938年、1946年，每次均持续了3年左右。其时，明矾窑厂（冶炼厂）都激增至30家以上，年总产达2万吨上下。1948年明矾产量最高，达2.16万吨。据矾山史册记载，1940年矾山20家主要矾窑中有2家是前岐人所办，即李玉昆（李新珪）和陈伯舟。

"矾窑"是明矾冶炼厂的俗称，设在矾山。20世纪初期矾山人逐渐代替宁波、平阳等地外商经营，但前岐人很少涉及。"矾馆"设在明矾出口地的乡镇，如前岐、赤溪、藻溪等地。"矾馆"是明矾的销售机构，大多是明矾承销商经营，不属于"矾窑"所有，也有个别业主同时经营"矾窑"和"矾馆"。矾山"矾窑"的明矾成品每天通过成百上千的挑矾工用肩挑到前岐"矾馆"过称核实，存包。销出时再装包、过称，搬运下船，由小木船驳载到停泊在沙埕港的大型运输货船上，或直接用中型木帆船、机帆船由前岐启运，到达明矾集散城市温州、宁波、上海、汕头等地。1916年，民国明矾业进入第一次鼎盛期时期，年产量1.75万吨，出口达8950吨，占了一半以上。

民国时期，前岐商人开始自行租用运输船运载明矾，改变了之前外地货轮独揽运输的状况。1926年李新珪改营运输业，向福州租来"金陵"号小汽船1艘，运矾到温州、上海和香港。1928年，李怀珍租用"新端平"货轮用以运载明矾，到1932年又开始经营沙埕至上海海运专线，用小木船从前岐将明矾运至沙埕装船，到上海返回时又改运日常食杂用品至沙埕。李锡庚也于1930年与他人合资在沙埕埠头开设货栈，与沪兴公司联合，通过两艘货轮运载库存在货栈中的明矾和茶叶到上海，再运回福鼎急需的杂货，将其寄存在货栈，最后用小船转运到福鼎附近乡镇。

1939年，沙埕港开始封锁禁运，明矾改由赤溪和藻溪转敖江出口。前岐人所办的"矾馆"只有李新珪的"协盛"和陈伯舟的"协大"在矾山有自己相应生产明矾的"矾窑"分别是"义新"和"集祥"。于是，李新珪大儿子李若秀（又名李孔仪）和陈伯舟二人就随矾馆到新的明矾出口地赤溪、藻溪、敖江以及温州等地经营，至抗战胜利达7年之久。李若秀还被股东推选为经理。

由于明矾出口易地，致使前岐和沙埕等地的许多商号和搬运工、船工、挑矾工等

2万多人的生活陷入绝境，市面凋零。于是，前岐各行业商号联合俱名上诉县长，要求准予明矾开放。1940年3月21日，平阳县长和昆南区长擅自设立"平阳县明矾输出管理处"，在赤溪设卡征税。浙江省建设厅受托下令撤销"平阳县明矾输出管理处"，并于同年9月28日设立"浙江省明矾管理处"，用以管制明矾的采、炼、运、销，对明矾实行统收统销。在沙埕封港的7年（1939—1945）时间里，前岐矾馆关闭，经济衰落，市面萧条，百姓生活困苦。这时矾山明矾的销路也多方受阻，明矾产量下降，至1944年，"矾窑"只剩5家，年产量仅有1320吨。

抗战胜利后，"浙江明矾管理处"于1945年11月收场，明矾销售市场转移到温州，明矾出口全部回归前岐。每天成百上千的挑矾工一路吆喝，通过狭窄的街道，直奔海尾矾馆，各行各业又恢复了往日的繁荣。

面对抗战胜利后经济恢复的大好时机和自身的人才优势，李新珪父子决心把明矾业做大做好。二人成立"源生泰"明矾厂，实行自产、自运、自销一条龙，创出"红狮牌"明矾名牌，享誉东南亚。为便于接洽明矾产销业务，李若秀于1946年迁居温州，建立明矾销售网络，并在前岐成立源生泰运输船队，拥有七八艘大小船只，和3家布店、1家百货店。船队每5天由前岐往返温州一趟，运出明矾、茶叶，运回布匹、白糖等百货杂物。1949年后，李新珪又创办了前岐"建华电厂"、矾山"普光发电厂"，并与人合办福鼎"鼎光发电厂"等，迅速成长为福鼎最大的工商业户。

恢复与发展

1949年6月11日，福鼎解放。由于民矾业主对党的政策不了解，再加海盗猖獗，矾山明矾厂全部停业。李若秀积极响应政府恢复国民经济的号召，离开温州，孤身一人返回矾山筹备办厂。在他父子俩的努力下，恢复了员岗仔"源大"矾窑，二人还参股合办多家明矾厂。至1949年底，共有18家大窑和40余家小窑投入生产。1950年由于明矾过剩积压，大窑合并为12家，小窑合并为4家。

1950年，福安专署在矾山也出资开办了一家公私合营的工成明矾厂，由烈士陈伯恭的兄弟陈百舟负责经营，1952年该厂被移交给温州专署。这时矾山的明矾生产不仅恢复到了原有的生产水平，还迅猛地发展起来。

1950—1953年，明矾年产量可达2.2万吨左右，但由于美国的封锁禁运，国外市场停售，而国内也仅限于造纸、净水、制革、制药等用途，经土产公司经销和私商销售的明矾仅1.7万吨，明矾产品连年积压，导致亏损、减产、停产。这时，源生泰船队继续运载明矾到温州或上海销售，购进布匹、白糖等杂货返运回销。此时海盗猖獗，政府还配备了十几支步枪给船队，以保证航行安全，但先后还有 2 艘机动货轮和 2 艘木帆船在航行时被盘踞在沿海岛屿的国民党军所劫持。至 1955 年，船队全部停运。

至 1955 年公私合营前，矾山共有大炼矾厂（大窑）18 家，小炼矾厂（窑子）27 家，发电厂 1 家。1955 年 12 月 16 日，矾山明矾业全部公私合营，所有的明矾厂归并国家所有。1956 年 1 月 1 日，正式宣布成立浙江省平阳县明矾厂矿联合公司，并举行隆重的庆祝大会。

1957 年 4 月 15 日，矾山连接灵溪的公路通车，明矾的输出改由公路直接运输到敖江码头，通过海运出口。前岐再也见不到挑矾工，海尾一排排的矾馆也关门了，海面上来往运输的船只不见了，繁华的市面一下子萧条冷清。

1984 年 7 月 24 日，投资 94.5 万元的前岐姚家屿码头竣工，有仓库 2 间，可停靠 500 吨的轮船，年运输量达 1 万吨。1986 年 10 月 26 日，矾山至前岐姚家屿公路全线通车，此后矾山有一部分的明矾从该公路汽运直抵姚家屿码头，装轮出海。

前岐工业发展史略

⟨⟩ 范则谊　敖日贺

　　清康熙年间，由于当时平阳矾山（今属苍南）开采的明矾需经前岐运往全国各地销售，前岐的产业是以服务明矾运输为主的第三产业。随着工商业日渐繁荣，前岐手工作坊也随之发展，开设有铁匠铺、木匠铺、成衣铺、染坊、粉坊、油坊等。这些手工作坊，设备简陋、手工生产，生产者多以家庭成员为主，产品主要是满足当地市场需求。

　　1953 年，前岐集镇个体手工业者开始组成互助行业合作小组，如饼业小组、木器小组、铁器小组、竹器小组、缝纫小组、鞋业小组、染坊小组、五金小组等。1958年，在政治形势影响下，按照中央提出的工业方针，前岐掀起了工业遍地开花的浪潮，互助合作小组扩大为合作社，手工业合作化进入高潮时期，工人也相对增加。其时，先后成立食品社、木器社、农具社、竹器社、缝纫社、五金社、鞋业社、造船社、誊印社、染坊社、抽纱社、综合社、工艺社、运输社、搬运社等十几个工业企业。这些工业企业的科技含量低，与家庭作坊差不多。1950 年成立的前岐造船小组，1962 年扩建成前岐造船厂，当时修造最大的帆船为 70 吨，1972 年建造了一艘 240 吨木机动船，算是当时比较有影响力的厂。"文化大革命"期间，各企业一度处于瘫痪停产状态。

　　1976 年后，前岐手工业由合作社发展到工厂，工人大幅度增加。如：食品厂，有工人 38 名；综合厂，有工人 42 名；农械厂，有工人 87 名；竹器厂，有工人 32 名；制鞋厂，有工人 35 名；造船厂，有工人 42 名；工艺厂，有工人 24 名；抽纱厂，有工人 106 名；麻袋厂，有工人 52 名；化工厂，有工人 56 名；运输厂，有工人 46 名；搬运厂，有工人 63 名。但是，许多小规模厂包袱较重，面临诸多困难。根据党的"改革、调整、整顿、提高"的方针，针对工业的实际情况，政府先后关停了化工厂、工艺厂等厂，同时对优势企业进行扩张、技改，如农塑厂。

　　前岐镇原有工业基础薄弱，缺乏资金、技术、设备支持，办企难度大。党的十一届三中全会以后，富民政策极大地激发了农民发展农村经济、商品经济、大办社队企业的积极性。当时，福鼎县成立公社企业局（1980年10月改为社队企业局），前岐公社也相应成立生产组，由前岐公社革委会副主任李德兴兼任前岐公社生产组长。李德兴带着生产组组员范恒沂、林招权、江祖凯、张振农等人，主动对接福鼎县有关部门，根据前岐自然和经济的特有条件，积极争取和引进企业项目。在县公社企业局的大力支持和帮助下，前岐社办企业蓬勃发展。1984年3月，福鼎县公社企业局改称福鼎县乡镇企业局，社办企业改称乡（镇）办企业。在前岐镇企业办统筹下，镇企业的经营范围和经营形式进一步放宽，政府从税收、资金、资源开发和减少费用方面支持乡镇企业发展。到1988年止，福鼎市乡镇企业总产值达2000万元以上的乡镇有3个，前岐镇是其中之一。特别是前岐农塑厂，到1988年年产值已达420万元，为全镇企业总产值的三分之一。镇办企业为改变农村产业结构，就地消化剩余劳动力作出了贡献，成为振兴农村经济、繁荣农村建设的一支重要力量。

由于存在发展乡镇工业企业的总量和规模相对较小，能源、原材料紧缺，生产资料价格上涨，市场疲软的困难，再加企业核心竞争力不强、企业融资难、用地难，20世纪90年代后期，前岐镇大部分镇办企业开始走向衰弱。

近几年来，前岐镇坚持"工业富镇"发展战略，牢牢把握闽浙边贸工业园进一步向前岐拓展的战略机遇，全力推动双岳项目区前岐拓展区安征迁工作，为镇工业发展和城镇拓展打下坚实基础。镇政府一是进一步加大招商引

前岐镇彩澳化油器厂（郑雨锋 摄）

资力度，加大工业企业扶持力度；二是全力打造"服务型"政府，为乡镇工业企业良好发展积极营造"公开、公平、透明、高效"的"软环境"。比如，全力支持银龙茶业等企业开展技术改造和扩建，推动众城机车部件、福联注塑等企业实现投产，促进更多企业上规模；积极引导鞋服加工产业集聚发展，努力推进鞋服加工产业发展壮大。目前，前岐镇有规模以上企业15家，涉及化工、茶叶、食品、造船、鞋服、化油器等多个行业，完成规上工业产值8.836亿元。此外，还有小微企业100多家，种

类繁多，特别是"回归类"的小鞋服企业数量众多，达 60 多家，实现本地就业人员达 3000 多人，为当地居民增加收入达 2 亿元。

前岐镇办企业情况

序号	企业名称	办厂时间	职工人数	创办厂长
1	大澜果场	1969	28	李新梭
2	农塑厂	1975.9	350	丁振城
3	水电站	1975.3	23	郑宗周
4	车队	1976.2	8	陈明服
5	茶叶初制厂	1977.1	23	郑宗周
6	饲料厂	1977.3	80	李友平
7	锯板厂	1977.3	5	吴乃法
8	佳阳茶场	1977.10	30	刘发片
9	八斗林场	1978.3	18	潘兴国
10	淡水养殖场	1979.3	28	蔡子章
11	三草场	1979.7	5	蔡承欣
12	马兰草编厂	1979.8	500	蔡承欣（兼）
13	再生布厂	1980	130	张祖忠
14	鱼塑厂	1981.1	280	李忠厚
15	化工厂	1981.3	18	江祖凯
16	天湖山茶场	1982	39	周义加
17	自来水厂	1983	30	江祖凯
18	企业供销公司	1983	5	郑宗周
19	招待所	1984	6	许其凤
20	电影院	1984.10	15	刘朝谦
21	老区果场	1985.5	60	张振加
22	四季柚场	1990	12	蔡子章
23	新运车队	1993	8	王传明
24	井巷工程公司	1996	80	詹华团

前岐部分企业发展概貌

 范则谊　李玉婵

　　党的十一届三中全会之后，前岐镇办企业纷纷崛起，涌现出农塑料厂、再生布厂、马兰草席厂、茶厂等 10 多家镇办企业。20 世纪 90 年代前后，前岐私营企业迎来春天，服装、餐饮、百货等商贸服务业纷纷出现。特别是近几年来，前岐镇把个体企业发展与小城镇建设有机结合起来，实行党政领导班子挂钩企业制度，积极帮助辖区企业解决生产过程中的困难，助力企业转型升级，有服装、皮鞋、手套等 100 多家手工业企业的兴起，带动了大量人口就业，商贸繁荣，集镇兴旺，也为前岐成为福鼎城区次中心打下了基础。其中，影响力和规模较大的企业如鼎白茶叶、太姥食品、福胜船舶、银龙茶叶、福阳溶剂、荣泰工贸、苍特陶瓷、腾宏水厂、华福船舶、国宏鑫塑业、臻尚鞋业等。2021 年前岐工业总产值达 3.1 亿元，现择一些做个介绍。

　　福建鼎白茶业有限公司　　该公司前身为福鼎市福东茶厂，创建于 1985 年，厂址在小岳楼下 2—4 号，法人代表王传意。现已发展成为一家集茶叶种植、生产、销售为一体的综合性白茶专业企业。公司以坚持传统、崇尚自然为制茶理念，擅长于萎凋和炭火烘焙，在业内最早推行日光萎凋的传统制茶方法。所制成的茶曾在"中茶杯""宁德茶王赛""福鼎白茶斗茶赛""国饮杯"等几十个各级茶叶评比赛事中荣获茶王金奖。2015 年荣誉参选百年世博中国名茶评选活动，一举夺得最高奖项——金骆驼奖。公司长期坚持"精益求精　臻于至善"的企业精神，相续获得"福建省著名商标""中国白茶十强企业""中国茶行业百强企业""福建省农业产业化重点龙头企业""福建省名牌农产品"等荣誉称号。

　　福鼎市太姥食品酿造有限公司　　该公司创建于 1992 年，厂址在柘山路 16—6号，法人代表陈传善，主要从事农副产品的生产加工与销售，其产品有酱油、米醋、黄酒等。公司始终以"诚信为本，质量至上，开拓进取，不断创新"为宗旨，年产值从创办之初的十几万元，发展至今将突破 3000 万元，是福建省的龙头企业，也是福鼎市级农业产业化龙头企业和市规模工业企业，还是全国首批通过产品质量安全认证（QS）的企业。公司先后获得"中国质量检验协会国家监督专项抽查质检合格好产

品"企业、福建省"守合同、重信用"单位、宁德市"质量放心工程示范单位"等
荣誉，并多次被宁德市工商局或福鼎市人民政府授予"守合同、重信用"单位等
称号。

福建福胜船舶制造有限公司　　该公司前身为福鼎市福胜船舶修造厂，创建于
1999 年，法人代表许文胜，总经理许平。公司坐落在前岐镇柯湾村姚家屿 6—1 号，
占地面积 9.6 亩，建筑面积 700 平方米，主要从事钢质船舶制造、船舶维修、船舶拆
解、船舶改装等业务。1999 年 4 月 20 日，公司经农业部认可发证，批准建造 20 米以
下木质渔业船舶和 40 米以下钢质渔业船舶，2009 年 12 月升级为可建造 45 米钢质渔
业船舶的企业，并通过福建省海洋渔业局渔业船舶建造技术条件三级评价和福建省工
业和信息化厅"关于福建福鼎福胜船舶制造有限公司达到二级 IV 类钢质一般船舶生
产企业标准"评价。目前，该公司是福鼎市规模较大、资质较高的渔业船舶修造企
业，2009 年 9 月被市经贸委列为规模企业。公司创办以来，建造全国各地渔业船舶
200 余艘，维修保养 600 余艘，年产值达 1 亿多元。

福鼎市一泓（银龙科技）茶叶有限公司　　该公司是一家成立于 2003 年的集茶
叶种植、加工、销售、科研及出口为一体的宁德市农业产业化重点龙头企业，厂址在
大岳三罗七 57 号，法人代表陈星星，主要经营福鼎白茶、绿茶、白琳工夫红茶、茉
莉花茶、柚子花茶、代用茶。公司在福鼎市白琳镇柴头山拥有海拔 600 米的经德国
CERES 机构认证的 1000 多亩有机茶园。其自主研发的福鼎白茶"离地清洁化生产新
技术""阳光房生产新技术白茶"和"白茶自动化复工萎凋新工艺技术"等 12 项专
利技术及配套设施，通过科技成果鉴定，为国内领先新技术，填补了国内空白，成为
福建省首家高新技术茶企业。公司产品被认定为"福建名牌"，生产的白茶被评为中
国农产品金奖。2008 年，公司被北京奥运会中国茶馆选为福鼎白茶唯一专供茶，并荣
获"中国白茶推荐品牌"。

福鼎市福阳溶剂有限公司　　该公司成立于 2008 年，位于福鼎市前岐镇照兰村
罗六 36 号，厂区占地面积 11873 平方米，企业注册资金 500 万元，法人代表赵万春。
该公司以 1，2-二氯丙烷、正丁醇和 70 号溶剂油等原料生产非芳烃稀释剂，年产约
5000 吨。2016 年 4 月新增油墨项目，以非芳烃稀释剂、树脂、颜色粉为原材料生产
油墨，年产 380 吨。

福鼎市腾宏水产有限公司　　该公司成立于 2014 年 10 月 24 日，厂址在彩澳村松
柏岚 46 号，法人代表林宏稻。企业依托中国大黄鱼之乡——宁德，主要加工大黄鱼，
企业逐渐从无到有不断壮大，经营方式也从单一的零售发展到 2010 年的集大黄鱼养

殖、收购、加工、销售及开发为一条龙的综合性企业，企业规模发展到年产值 3000 万元。至此，一个以经营半野生大黄鱼等海珍品为主的企业集团雏形基本形成。该公司选取天然无公害半野生大黄鱼为原料，开发腌渍大黄鱼、条冻真空装大黄鱼、剁椒黄鱼等"凡鱼香"牌大黄鱼系列制品，填补了市场对野生大黄鱼需求的空缺。公司先后获福建省质量文化促进会"重质量守信誉"、宁德市"守合同重信用企业"、福鼎市"农业产业化市级龙头企业"称号。

福鼎市千岛鸥服饰（荣泰工贸）有限公司简介　　该公司成立于 2011 年，前身是成立于 2002 年的温州千岛鸥服装加工厂。公司位于前岐镇环城路柘山路 12-1 号，占地面积 11 亩，法人代表曾云涨。公司主要面向全国，年创产值 3000 多万元，客户群为品牌服装公司及全国服装批发市场。公司员工有 100 多人，经营模式为自主研发、生产加工，不断提升企业的核心竞争力，使企业在发展中树立起良好的社会形象。凭借专业的水平和成熟的技术，公司一直平稳健康发展。

福鼎市苍特陶瓷有限公司　　该公司成立于 2017 年 3 月，厂址在西宅村南岭脚，法人代表刘体涨，公司管理者吴正科。公司年生产高压熔管 400 吨、电阻管 500 吨、绝缘子 50 吨、避雷器套管 50 吨，产品广泛用于高铁、航空、军工、电力、自动化系统等，远销北京、上海、深圳、广东等省市，公司年产各类电力陶瓷产值达 500 余万元，有着广泛市场和发展前景。

前岐农塑厂

范则谊

20 世纪 70 年代，前岐经济以农业为主，工业基础相当薄弱。前岐乃至福鼎山上，木材资源十分贫乏，农民使用木制农具都要从外地购进，且价格昂贵，农业投入成本高。使用塑料品代替木质农具能解决本地缺乏木材的问题，具有十分广阔的前景。1974 年 6 月 15 日，丁振成带领生产组长徐本铃等 27 名职工，肩挑畚箕、手拿锄头，在前岐村第七生产队一座荒山野岭、骨骸成群的棺山边开山，筹建农用塑料厂。据周瑞光先生介绍，农塑厂的第一笔建设资金来自全国人大代表姚智梅的议案，国家化工部要求浙江矾山矾矿对前岐的污染给予的赔款。这笔资金后被用于兴办前岐农塑厂和化肥厂。丁振成指派财务周瑞光和前岐公社生产组长李德兴到乐清大荆农机厂购进 4206 台挤塑机床和其他设备，经过多次试制，克服重重困难，终于办起农用塑料厂，于 1976 年 4 月投入生产。当时只生产简单的塑料藤，年产值仅 4.2 万元。

前岐农塑厂从投产以来，通过不断积累，逐步发展。1988 年，前岐农塑厂就已拥有注塑、吹塑、压塑、机修车间等成龙配套设备 40 台和 8 部运输车，还开辟了第三产业，办起农药供应点、饭店招待所、食品加工车间。厂里生产的产品有各种尿勺、尿桶、插秧盆、工农 16 型塑料喷雾器、聚乙烯提桶、涂料包装桶、喷水壶、农用膜等各种塑料农具和日用轻工产品 50 多种，特别是塑料粪桶，有耐酸、耐腐蚀的性能，产品质量达到部颁标准，成为名优产品，深受消费者欢迎，销往全国各地。1988 年，农塑厂产值已达 420 万元，为前岐镇企业总产值的三分之一，年创利润 20 万元，上缴税金 10 万元。农塑厂为农民解决了必需的生产资料，又节省了木材，在产品质量和经济效益上多年居于闽浙边同行业的前列。

1990 年，前岐农塑厂发扬"艰苦奋斗，团结拼搏，求实奉献，创优争先"的农塑精神，提出"生产从严、生活关心、强化管理、增强活力"治厂方针，积极开展"质量、品种、效益年"活动和"双增双节"活动。当年工业产值实现 402.7 万元，实现税利 31.06 万元，在市场疲软、同行业竞争的情况下，不但维持生产，贷款和周转金下降 12.5 万元，还上交镇财政 10 万元，管理干部义务积累 6.8 万元。第三产业

业务承包柜台经营部超额完成任务，特别是饮食部超额完成利润 7500 元。供销科人员克服了材料紧缺的困难，促使产、供、销平衡，当年购进废旧塑料 1085 吨，高压乙烯 156 吨，低压乙烯 83 吨，确保了生产用料。生产车间克服了企业用料困难问题，认真抓好材料使用率，搞好材料的配方配比工作，同时抓好原料场的清理工作，废旧塑料得率提高 5.3%，节约成本开支 20.3 万元，全员劳动率达 17508 元，比 1989 年增长 5.7%。

　　20 世纪 90 年代中期是前岐农塑厂的辉煌时期，企业在"农"字上作文章，开发拳头产品，确定主攻方向，找好市场定位，使企业具有极大的适应性和顽强的生命力。如：开发 PVC 食品包装器，用透明粒料，填补省内空白；开发仿声童车，为国内首创；开发远销欧洲国家的老酒出口包装桶、盐水蘑菇包装桶……这些促使企业从单一农用制品，扩大到生产出口包装桶、人民生活产品等轻工制品共 60 多种。鼎盛时期，企业固定资产高达 780 万元，厂区占地面积 25 亩，厂房面积 9850 平方米，年产值 895 万元，销售 878 万元，税利 51.6 万元，连续 5 年产值、销售、利税 3 项经济指标达到同步增长。前岐农塑厂成为福鼎市重点企业，跻身省级先进企业，被农业部指定为生产以塑代木中小农具厂家之一，连续 14 年被宁德地委行署授予"重合同、守信用"单位。第二任厂长徐本铃还被评为省劳动模范、省优秀农民企业家。

　　如今，前岐农塑厂虽然不再辉煌，但在前岐乃至福鼎的乡镇企业发展史上还是留下了深深的印记。

前岐蘑菇产业发展历程

雷顺号 李克秒

前岐雨量充沛、四季分明，气候条件非常适合栽培食用菌。以前岐蘑菇为标准体的福鼎白色双孢蘑菇 2007 年 12 月申报国家级无公害农产品获得成功，获准使用无公害农产品认证标志和"绿色食品"标识，成为闽东首个获国家级无公害的农产品。前岐镇率先在国内推出夏季生产"高温蘑菇"，高海拔山区发展"反季节早蘑菇"，秋冬生产常规"层架蘑菇"，冬春发展"田春菇"，基本实现了周年栽培生产的目标。同时，前岐镇以独特的"专业合作社（扶持大户）+农户+基地"的模式，扶持农民发展蘑菇生产。产前资金、原辅材料扶持菇农，产中入户指导科学生产，产后包销所有蘑菇产品，前岐蘑菇产业走出了一条发展新思路，被称为"前岐模式"。前岐蘑菇取得以上成绩，是建立在 30 多年发展的基础之上的。

小小蘑菇换美金

1974 年，福鼎二中生物教师张德元培育的蘑菇菌种试验获得成功。1975 年，学校建立菌种生产站。1976 年，前岐镇开始发展蘑菇生产，由福鼎县外贸公司、供销社、罐头厂共同扶持和派出技术人员进行指导。当时，前岐镇供销社系统在农村发挥了重大作用，辅导员深入乡村，通过举办种菇培训班、开展菌种生产线、发放扶持贷款、组织产品收购等一系列措施，经历了风风雨雨、起起落落，促使前岐蘑菇产业蓬勃发展。在蘑菇原料不足的情况下，还曾经组织

蘑菇菌种制作（福鼎二中 供图）

人员赴内蒙古外牧场调运马粪。

扩大出口，增加创汇成为那个时期种菇的最大目标。当时，前岐为了搞好闽浙流通关系，把部分蘑菇原料提供给浙江的温州、乐清、瑞安等罐头厂。从20世纪70年代中期到20世纪80年代中期，福鼎蘑菇生产进入鼎盛时期，名列全省重点县市第三位，其中70%蘑菇产自前岐镇。

谈菇色变

1989年3月，我国蘑菇罐头因"葡萄球菌肠毒素"在美引发质量问题，10月13日美国卫生药物管理局（FDA）对我国出口的蘑菇罐头正式签发"进口警报"，实行自动扣留，随后冻结我国蘑菇罐头在美的销售。20世纪90年代初期，美国蘑菇业对我国出口的蘑菇罐头提出倾销指控，美国商务部裁定中国的蘑菇罐头在美倾销成立，对我国蘑菇罐头征收平均155%的惩罚性关税，对我国蘑菇罐头的出口造成沉重的打击。接二连三的"质量""倾销"等风波，致使前岐蘑菇产销一落千丈，陷入罐头产品压库、盐水蘑菇积压、鲜菇价格暴跌、贷款无法收回的被动局面。持续多年后，导致福鼎所有蘑菇罐头厂倒闭，大量工人失业，前岐菇农陷入困境，大家谈菇色变，全镇蘑菇生产从鼎盛时期跌入低谷。

瞄准大都市

开弓没有回头箭，蘑菇生产是前岐乃至福鼎的一大产业，外销靠不住，政府、菇农和营销人员便瞄准内销市场。这时，在蘑菇市场闯荡20多年的李克秒站了出来，他通过多方收集各地市场信息，发现蘑菇产品在国内有着巨大的鲜销市场潜力与空间。如上海人每食用两朵蘑菇，其中至少一朵是福鼎种的蘑菇。自1994年以来，在上海几十个大小农贸市场中，都有前岐包销的蘑菇摊位，仅前岐镇在上海就有800多人种菇，面积近1.67平方千米，总投资达2000万元，总收入近亿元。随着国内鲜销市场的扩大，前岐种菇能手和营销大户远离家乡，分赴西北、西南和东部的大中小城市建立蘑菇生产基地，他们以首都

分拣蘑菇（吴维泉 摄）

北京作为蘑菇营销中心，充分利用当地的资源和市场优势，搭起发展蘑菇产销平台，把"前岐模式"的专业化、产业化、商品化、科学化带至各地。

1998 年 11 月，在前岐镇党委、政府的支持下，李克秒带头投资了闽浙边界首家食用菌专业交易市场"前岐蘑菇专业交易市场"，建立了一支近千人的营销队伍，分布在全国近百个大中城市，设立营销窗口，建设营销网络和基地，使鲜蘑菇的营销份额约占全国的 20%。1999 年，前岐已经成为全国最大的"南菇北调"集散地，年交易量超过 1.5 万吨，交易额突破亿元大关。与此同时，在福鼎市的扶持下，前岐镇还与省内外多家外贸部门建立了良好的长期合作关系，为蘑菇产品进入国际市场打下了坚实的基础。

"前岐模式"的兴起和推广

随着国内蘑菇产销两旺的兴起，前岐镇率先在国内推出夏季生产"高温蘑菇"，高海拔山区发展"反季节早蘑菇"，秋冬生产常规"层架蘑菇"，冬春发展"田春菇"的周年栽培生产目标。在产业发展上，前岐镇以独特的"专业合作社（扶持大户）+农户+基地"的模式，扶持农民发展蘑菇生产。产前提供资金、原辅材料扶持菇农，产中入户指导科学生产，产后包销所有蘑菇产品，这就是国内同行所称赞的"前岐模式"。为前岐蘑菇生产沿着"标准化、集约化、规范化"模式进一步深入千家万户，也为提高蘑菇种植业科技含量，前岐人把蘑菇从室内扩展到田间地头的"塑料薄膜大棚"栽培，蘑菇培养料也从"半合成"转变为"全合成"的无粪科学配方，实现传统草基菌种为麦粒菌种等技术翻新；同时，积极推广高海拔山区种植"反季节"早产蘑菇，在沿海大面积推广"棚架式"蘑菇，晚季利用冬闲田种植"地栽蘑菇"，实现了福鼎蘑菇周年化生产。为了推广先进的栽培技术，前岐镇在福鼎市食用菌管理站的支持下，参与编写了福建省地方标准《福鼎白色双孢蘑菇标准综合体》，由福建省质量技术监督局发布。2001 年，《福鼎白色双子孢蘑菇标准综合体》被批准为福建省地方标准，并予发布推荐执行。2002 年，福鼎白色双孢蘑菇被省政府评为福建省名牌产品，这是国内各地蘑菇产品中第一个被省级政府正式命名的农产品。

双孢蘑菇生产基地这几年正逐步由南向北、由东向西发展。目前，包括宁夏、甘肃、新疆、西藏在内的西部地区都有双孢蘑菇的生产基地。可以说，双孢蘑菇在我国已是遍地开花，不再是前岐一枝独秀了。蘑菇种植基地的扩大，从大的意义上讲，保证了国际国内鲜蘑菇的常年供应，这对拉动市场需求，保持市场全年供需平衡有着较大的现实意义。由于双孢蘑菇的生物学特性，加上各地的气候特征差异，各地生产时间也有较大的差别。北方、高海拔地区春夏出菇，南方、平原地带秋冬出菇。总体而言，基地扩张对"前岐模式"造成较大的冲击，影响本地种植面积的扩大。不过，基地扩大后，消费市场也随之扩大，北方居民食用蘑菇也渐成习俗，这为福鼎市的蘑菇产品打入北方市场提供了难得的机遇。

前岐

前岐菇业：齐鲁大地续华章

范则谊 夏 林

2007 年 12 月，以前岐蘑菇为标准体的福鼎白色双孢蘑菇申报国家级无公害农产品获得成功。之后，前岐蘑菇逐渐进入北方市场，鲜蘑菇的营销额约占全国的 20%，前岐一度成了闻名全国的"南菇北调"专业市场。几年后，由于信息网络和配套设施不健全、缺少龙头企业、产品加工滞后，前岐菇业逐渐由兴盛转向没落，昔日风光不再。为了重振前岐菇业，许多人苦苦探索，寻找突破困境的良方。此时，在孟子故里——山东邹城市，出现了一家生产食用菌产品的超级工厂，它的创办者就是一位前岐人——林启相。人们没想到，没落十多年的"前岐菇业"在齐鲁大地焕发出新的春天。

一位前岐企业家和他的食用菌超级工厂

林启相是前岐镇彩澳村人，现任山东友和生物科技股份有限公司董事长兼总经理，山东省邹城市政协委员。他不到 20 岁便外出闯世界，至今已有 30 多年了，先后创建了友和生物、友硕生物、友泓生物 3 家食用菌智能化生产工厂，日产金针菇 360 吨，吸纳安置山东当地 1500 多人就业，实现销售收入 7 亿元，形成了以友和生物为龙头，集研发、制种、培训、种植、加工、销售服务于一体的现代化农业生产企业。其产品销售市场北到东三省，南至苏浙沪，无论是生产规模、产值，还是生产现代化水平，均位居全国同行前列。公司先后获得"省级农业产业化重点龙头企业""济宁市农业产业化重点龙头企业""山东省食用菌示范基地""2016 年度中国食用菌行业最具投资价值企业"等荣誉称号。林启相因自身在当地经济社会发展中所作的重大贡献，被邹城市授予"社会贡献奖"。

山东友和生物科技股份有限公司位于山东省邹城市，占地面积 33 万平方米，建设面积 20 余万平方米。友和菌业专注于做好绿色无污染产品，其金针菇的栽培原料是农产品的下脚料米糠、麸皮和秸秆，通过对原材料的粉碎、搅拌、装瓶、灭菌、接种、养菌、出牙等多道工序，经过高温高压蒸汽方式灭菌，采用纯物理方式培植，不使用化肥、农药、激素，经过 50 多天的培育，就可以品尝到味道鲜美、无污染健康的金针菇了。步入厂区，蓝白相间的厂房里的菌菇培育车间，几乎看不到工人的影子，投巨资引进的日本和欧美的生产流水线也听不到机器的轰鸣。在低恒温成品包装车间，这里是一派繁忙的景象：自动化输送线传送至包装车间的金针菇，由技术娴熟的工人运用真空保鲜技术分类包装，然后被装上冷链运输大货车，运往全国各地销售。

山东友和菇业企业全景（友和菇业 供图）

由于友和生物在业内享有极高的影响力和信誉度，赢得广大消费者的青睐，与京东、永辉超市、沃尔玛、美菜网等企业建立了长期合作关系，销售区域覆盖华北、华中和华东地区。

"前岐菇业" 试水齐鲁大地

2000 年前后，林启相怀揣着他的蘑菇事业，乘着国家发展食用菌产业的东风，和几个前岐老乡来到了山东博山区崮山镇，与当地几个菇农利用废弃防空洞、山洞、土洞种植双孢菇。为了打开销售市场，他带领菇农背着双孢菇北上京津冀，南下江浙沪，看行情，搞推销，点点滴滴，亲力亲为。良好的信誉，诚信的口碑，"林启相"三个字成了国内食用菌行业响当当的招牌，林启相也成为齐鲁大地名副其实的"菇王"。

2006 年，山东省邹城市把食用菌产业作为富民强市、发展现代化农业的战略工程实施，确定通过一批龙头企业，构建"公司+基地+农户"的发展模式，形成政府引导、市场运作、龙头带动、科技支撑，建立产销一体化经营、一二三产业融合发展的食用菌产业体系。在当地菇农圈中拥有良好口碑的林启相，也因此进入邹城市委市政府的视线。在当地政府的大力扶持以及和他一起打拼的前岐乡亲的默默支持、信任下，2008年，林启相抓住发展机遇，筹资2700万元在太平镇成立山东友和菌业有限公司，注册友和庄园商标，成立邹城本地第一家智能化金针菇生产企业，引进中国台湾的技术，生产瓶装金针菇，实现了工厂化的小规模生产。2014年，友和厂区扩建了1万吨金针菇二期项目。2016年，林启相自筹3亿元，总投资3.9亿元开工建设第一家全资子公司山东友硕生物科技有限公司。友硕生物在短短的150天内实现落成投产，被当地称为"友硕速度"。2017年，友硕生物可日产金针菇180吨，成为当时全国单产最大的瓶栽金针菇工厂。面对国内食用菌产业萎靡不振的行情，林启相没有退缩不前，自身投入资金3亿元，向银行借贷2亿元，建设了第二家全资子公司，即山东友泓生物科技有限公司。友泓顺利投产后，成为全国工艺最先进、智能化水平最高、单产最大的工厂化食用菌企业。

一心想把事业做强做大的林启相把自己的全部收益投入企业扩大生产、品牌铸造和实力提升上去。2013年，友和菌业与中粮集团建立合作关系，成为中粮集团重点合作伙伴和特约产品供应商。良好的经营运作，可靠的信誉保证，友和得到了社会各界的认可。友和的巨大变化引起了社会的广泛关注，各级政府领导多次莅临公司参观、指导工作，并对企业的发展寄予了厚望，美国、日本、荷兰等国际友人和专家也不远万里前来交流。

"科技赋能" 实现产业升级换代

食用菌产业是设施性较强的农业产业，基础设施建设是先期手段，科技水平是尤为重要的升级保障。在每个项目的规划中，林启相始终坚持以先进生产工艺的基础设施建设为主，不断提高设施的科技含量和智能化水平。根据企业发展需要，他和公司研发团队组建了集高产栽培技术研究、新资源开发、科技成果转化、食用菌信息处理和对外技术服务于一体的专业科研机构。公司与科研院所签订战略合作协议，利用科技投入，引进采用液体菌种等新技术2项，选育推广新品种2个。目前公司已授权专利49项，其中发明专利11项，另有20项发明专利已进行申报，专利拥有量在全国食用菌行业中首屈一指。公司承担了山东省重大科技创新工程项目《金针菇精准化生产关键技术研究与示范》，参与起草的《金针菇工厂生产技术规程》在全国正式实施。

装瓶、无菌、养菌、搔菌、育菇、包装六大独立生产车间，通过自动化传送带的输送，将8道工序（配比拌料、自动装瓶工序、高温灭菌、自动接种、恒温培养、自动搔菌、智能育菇、成品包装）连接成一条过程采用4G智能控制系统，模拟自然生态环境，调节二氧化碳、温度、湿度等环境参数，全方位的菌菇生产线，使原本复杂的工艺流程合而为一，大大节约了空间和时间成本，也完成了从工厂到餐厅的转换。生产工艺的革新，使蘑菇种植不再是单一的传统农业，而是成功集现代化生产、观光旅游、科普展示等多业态为一体的现代农业产业方式，刷新了人们对食用菌这一产业的认知。友泓生物就是食用菌产业由传统种植、智能化栽培到智慧农业高水平发展的具体展现。

产品质量是企业发展的生命线。林启相将品牌建设纳入公司长远建设中，注册了"友和庄园"这一农业品牌，不断"维护保养"，做大做强。林启相和公司团队依托农业、科技等部门，建设了金针菇原料质量监测室，对产品的生产指标进行严格检测，并委托第三方机构对产品进行专门检测，确保了产品质量，使产品从栽培、采集、加工、包装、储运到销售全过程实现无害化。公司通过 ISO9001 和绿色食品认证。友和庄园金针菇被评为中国食用菌产业十二五优秀品牌，被农业部评为全国名特优新农产品。公司先后获得"济宁市高新技术企业""山东省食用菌行业优秀龙头企业""山东省食用菌示范基地""中国食用菌产业十二五优秀品牌"等称号。

2019 年，济宁邹城市政府部门倾全力打造了大束"蘑菇小镇"项目。林启相了解情况后，亲自登门拜访联系有关部门，参与前期设计规划。为保证"蘑菇小镇"高标准、高起点、超前设计，他协调资金，主动联络上海同济大学，设计了"蘑菇小镇"规划，使小镇建设加快推进。仅仅用了 1 年时间，一个规划范围 3.5 平方千米，总投资 50 亿元，规划建设现代菌业生产区、城镇生活服务区以及绿色生态圈，统筹生产、生活、生态"三生融合"，打造以食用菌为主导产业的特色小镇拔地而起，初具雏形。友硕生物、友泓生物均位于蘑菇小镇园区内，作为蘑菇小镇的重要板块，预计将来可实现种植、加工、销售三产有效融合，辐射带动 6000 个就业岗位，惠及 3.5 万当地群众，实现"工作在厂区、生活在社区、休闲在景区、收入超城区"。前来参观的各界领导，听到一个企业家能积极参与当地谋划发展，无不点赞。2020 年，作为农业品牌榜样力量的邹城蘑菇小镇，被第五届中国农业博鳌论坛与第十八届中国国际农产品交易会评为"年度产业振兴示范小镇"；2022 年，邹城蘑菇小镇又被山东省政府确定为省级农业高新区。

前岐四季柚产业发展历程

范则谊　夏　林

　　前岐四季柚是福鼎市地方名优特产，在闽南方言中又名"四季抛""老抛"，属芸香科柑橘属柚类，以一年四季都能开花结果而得名。四季柚是祈求美满幸福的珍贵信物，以其独特的品质深受广大消费者的青睐。

前岐垦区四季柚果场与收获（吴恩蕾 摄）

　　独特的生态环境和气候特征造就了前岐四季柚的特殊品质。较之其他柚类，前岐四季柚具有以下特性：一是经济寿命长，一般种植 3—4 年结果，7—8 年进入盛果期，10—40 年达最高产，经济寿命上百年；二是果实中等大、外观美，皮薄，果肉多汁、细腻、脆嫩易化渣，可食率高，含可溶性固形物 10%—13%，甜酸适度，不粒化，无核或少核；三是不裂果，在福鼎三大名柚（文旦、四季柚、早香柚）中，只有四季柚没有裂果现象；四是耐贮藏易运销，四季柚常温下可贮藏 3—4 月，贮后无异味，有"天然罐头"之美称；五是富含人体所必需的硒、锌等多种微量元素，具有丰富的营养价值和较高的保健、药用价值。正是因为四季柚质优、珍贵、稀有，2001 年 5 月经福建省人民政府批准，授予前岐镇人民政府福鼎四季柚"福建省名牌农产品"，同时赞誉其为"世界奇果"。

　　前岐镇四季柚有 200 多年的种植历史，品质最优良的应是前岐镇大澜果场的老柚树。据《福鼎文史资料》第 7 辑记载，1938 年春，前岐镇镇长魏伯乾交由苍南马站陈庆先生买回一批四川四季柚接种，用"本地土柚苗"作砧木，从土柚的实生变异中选育，并亲自嫁接 160 多株幼苗种植在大澜（今大澜果场），之后借助独特的地理环境、土壤、气候条件和几十年不断地科学选育、适应和进化，才形成了前岐四季柚特有的品质。

由于前岐四季柚名贵娇嫩，对地理环境、土壤、气候和栽培管理技术等要求特别严格，发展速度和范围均受到限制。"文革"前，前岐四季柚的面积仅为 450 亩，产量仅 100 吨。"文革"中，几乎陷入绝产境地，至党的十一届三中全会后才得到恢复发展。1981 年，四季柚种植面积达 912 亩，产量 200 吨。1983 年、1985 年参加全国柚类评比，分别获得第三名和第二名的好成绩。1989 年在全国优质果品鉴评会上，又被农业部授予"全国优质农产品"称号，曾被北京人民大会堂和钓鱼台国宾馆列为国宴和招待外宾的专用品。从此，前岐四季柚开始和沙田柚、文旦柚等著名柚类一样引起人们的青睐，在国内市场和港澳地区试销，深受好评，促进整个福鼎市的四季柚生产进入超常规发展阶段。1990 年，全市已种植四季柚 2 万多亩，90 多万株。1993 年，有 1.5 万亩投产，总产 7500 吨。2010 年前，全市四季柚种植面积 5 万亩（前岐四季柚种植面积达 1.8 万亩），占全国四季柚产量的 90% 以上，其中前岐是全国最大的四季柚生产基地与原产地，被誉为"世界奇果——中国四季柚之乡"。

前岐四季柚果实大小适中，素有高贵、团圆、吉祥之誉，象征四季"有"和花好、月圆、人寿之意，是祈求美满幸福的珍贵信物。四季柚文化已成为福鼎文化宝库的一朵奇葩，以四季柚为主题的诗词、歌曲、题词、文章、民间故事等丰富多彩。香港金陵书社出版公司出版发行的《仙柚传奇》一书，收集了四季柚在前岐的民间传奇故事 30 余篇。为了大力开发、歌颂、赞美福鼎四季柚，前岐人把每年的 11 月 8 日确定为"世界奇果——前岐四季柚采摘节"。

为把四季柚这个特色产业做大，把优质品牌打响，早在 20 世纪 80 年代，前岐镇就在福鼎市委、市政府的支持下，坚持以特色立业，把四季柚作为农业支柱产业来抓，成立产业化建设领导班子，在规模生产、科学种植、提高质量、深化加工、市场营销、争创品牌等方面做好文章，采取了一系列切实有效的措施，一手抓优株选育，一手抓基地建设。一方面，由福鼎市四季柚协会派出技术人员下村到园地开展四季柚生产技术协作、良种推广、科学修剪、合理施肥、病虫综访等学术研究与交流，以及技术培训、信息技术指导等活动。前岐镇在大面积推广的工作中注意把好种苗关，做好提纯复壮，建立母本园，培育苗木，做到优惠价格，统一供苗，确保新植的福鼎四季柚品质不退化。另一方面，通过农村社会服务联动网和服务热线，开展镇级层面的技术咨询服务活动，并以村为单位开展栽培技术培训，建立每村 5—10 个科技带头户的科技推广制度，编制技术手册分发到千家万户，使每个农户都能掌握科学栽培的要点。同时，重视扶持集中连片发展基地，鼓励农民进行适度规模经营，组建了"福建省金健四季柚开发中心"，指导基地建设和产品加工销售，促使前岐四季柚产业蓬勃发展。2002年，前岐镇福鼎四季柚标准化示范基地被省农办确定为全省30个农业现代化的园区之一，其四季柚规模生产和技术模式得以向全市适宜种植福鼎四季柚的乡镇进行推广，建立示范片，以此辐射带动群众大面积种植。为使前岐四季柚长盛不衰，前岐镇积极实施品牌战略，在省质量技术监督局的帮助下，参与编写《福鼎四季柚原产地注册标志使用管理规则》和《福鼎四季柚生产质量与农残控制规程》，参与制定福鼎四季柚福建省地方生产标准，在生产的各个环节结合科技兴农工作，严格按照地方标准和《福鼎四季柚生产质量保证措施》组织生产，科学防治病害，严格控制农药含量，确保产品等次不下降，品质不退化，并且达到绿色食品标准，2003年获得国家工商总局原产地保护注册证明商标，并被国家和福建省列为"两高一优"农业综合开发项目予以推广开发。此外，注重增强品牌意识，依托职能部门和省市农业产业化龙头企业，强化创品牌措施，加大特色产品的品牌宣传力度，使福鼎四季柚的知名度不断提高，鲜果畅销国内各大中城市、港澳地区和东南亚各国。

虽然目前前岐四季柚产量仍占全国四季柚的三分之一以上，在国内占据一席之地，但纵观整个四季柚产业发展态势，前岐四季柚产业市场还是出现下滑和萎缩现象。其主要原因是四季柚生产规模偏小，品牌效应不高，受其他柑橘类作物影响大。特别是近5年来，福鼎市四季柚种植面积逐年下降，目前只剩0.7万亩，仅前岐镇种植面积就约0.6万亩，且主要以镇或村办果场为主，大都在20世纪80年代至90年代种植，主要分布在前岐镇大小岳村、照澜村、柯湾村等，产量7000多吨，涉农3000人。制约前岐四季柚产业可持续发展的主要因素，一是生产组织化程度低，产业支撑能力不强，标准化生产水平不高。前岐四季柚果农仍以分散经营为主，存在着低、少、弱、散的经营格局；基地零星种植较多，果园缺乏统一规划，管理水平参差不齐；果农重产量轻质量的现象较为普遍，果品质量良莠不齐，缺乏市场竞争力。二是产业化程度较低，市场竞争力不强。目前前岐四季柚产业缺乏完善的产前、产中、产后服务体系，产销脱节，市场经营体系不健全，缺乏稳定的销售渠道。市场信息不够畅通，销售网络不健全，市场覆盖面不广，"本地难卖，外地难买"现象非常明显，常出现当地的四季柚销路不畅、价格"卖不起"等问题，导致无序竞争，增产不增收。

针对前岐四季柚发展现状和遇到的困境，近年来，前岐镇党委、镇政府坚持把四季柚作为促农增收的特色农业经济项目来抓。一是持续做好技术培训和品牌推介工作，投入大量资金用于品牌推广和技术培训。先后多次邀请农业部门专家开展四季柚高优栽培技术培训，帮助农民提高生产技术；连续多年举办柚子采摘节，邀请中央、省、市等各级媒体前来观光宣传；积极配合市委宣传部门，组织文艺工作者到四季柚基地进行采风，提升前岐四季柚品质，提高公共品牌的知名度和美誉度。二是进一步推进四季柚产业向绿色优质高效方向发展，加快无公害、绿色、有机柚园基地建设。2021 年协助农业局在前岐镇大澜果场建立福鼎四季柚品牌，创建"五新"技术集成试验基地 10 亩，示范基地 75 亩；发展福鼎四季柚的标准种植体系，建立"合作社+基地+农户"联农带农模式，引导柚农规范种植，改良品种。三是规划建设四季柚产业保护区，加大资金投入建设示范果园。协助农业农村局进一步完善前岐大澜果场示范基地建设，开展四季柚品种提纯复壮及高产优质高效培育示范研究工作，通过对原有老树重新编号建档进行保护，并加强管理保护复壮更新，从而对种质资源加以保护，进而建立母本园、采穗圃、育苗基地。四是充分发挥主产区村级股份经济合作社作用，强化四季柚生产技术培训、指导、农资服务和四季柚品牌宣传推介以及市场管理，积极采取四季柚连锁经营和网上销售相结合的方式，与超市开展"农超对接"等形式，扩大前岐四季柚市场覆盖面和占有率，促进四季柚的销售。由于大湾区前岐片区及双岳工业园区前岐拓展区建设，原有的四季柚种植面积不断缩减，现正在辖区内海拔 130 米以下地区积极物色合适地块扩大种植规模。

双屿岛的变迁

夏 林

　　双屿位于前岐镇最西端，由上下两个岛屿组成，面积 7.92 平方千米，北、西、南三面海域分别与山前街道、桐城街道、白琳镇、佳阳乡毗邻。全村有 15 个自然村，共 2153 人，距前岐集镇 8 千米，是前岐镇重点渔业村。

　　20 世纪 70 年代初，双屿岛还是前岐港外两个独立的岛屿，岛上居住着邵、陈、章、林、王等姓氏居民。这些居民分散居住在 15 个自然村，有 4 个自然村讲桐山话，11 个自然村讲闽南话。当时，两岛之间居民往来以及到前岐都要坐船，交通极为不便。由于孤悬海上，没有陆路交通与前岐连接，直到 20 世纪 80

双屿海域水产养殖（林昌峰 摄）

年代这里仍然不通电、不通水、不通电话，更谈不上收听收看广播电视节目。当时，岛上居民主要是以"讨小海"为生。由于小海资源有限，有些人只好驾船到沙埕港当"赶鲜"小贩。除了男人"赶鲜"外出，老人、妇女和孩子很少出门，来岛上的客人也很少。由于没有电，一入夜，岛上黑魆魆的，居民平时也没有什么夜生活，很少交流，早早地进入梦乡。岛上信息非常闭塞，他们获取外界信息的唯一方式是"赶鲜"小贩茶余饭后偶尔坐在自家门前侃大山时发布的零碎消息。所以，外面发生的大事岛上居民几个月甚至几年过去了都不知道。

　　这一切的改变始于双岳大堤的修建。为了改变双屿岛落后闭塞的面貌，前岐人民公社组织力量将上、下两个岛屿连接起来，同时打报告给上级请求修建双岳三号和四号大堤，很快得到上级同意建设的批复。1977 年，双屿岛居民翘首盼望多年的双岳三号和四号大堤终于开工建设，并于两年多后的 1979 年竣工。双岳三号和四号大堤使孤悬海上的双屿岛北面与山前街道百胜村连接，东面与前岐镇薛桥村连接。海堤合龙这一天，双屿岛居民像过年一样快乐，他们知道落后闭塞的"孤岛居民"生活从此结束了。陆路交通通车之后，双屿岛与世隔绝的局面渐渐地被改变，开始一次次蜕变，各种机会也开始垂青这个昔日被人遗忘的岛屿，国家对双屿岛的投入力度也越来越大。1987年起岛上通电，1997年岛上通电话，2005年总长12千米的环岛水泥公路完工通车，2013年从前岐集镇接入自来水，近年又陆续建成或开工建设陆岛交通码头、三级渔港码头和福鼎码头群项目……随着岛上基础设施的日益改善，双屿村的各种优势也逐渐凸显出来。村民和外界的交流逐渐增多，双屿人的视野变开阔了，头脑也活络起来，思考如何发挥双屿的各种优势，充分利用海岛资源拓展生产经营。他们从过

双屿岛紫皮大蒜基地（林昌峰 摄）

去单一的"讨小海"和"赶鲜"转向海洋捕捞、网箱养殖、滩涂养殖、农业种植、林业经济等多个产业。目前，全村发展浅海滩涂养殖5000多亩，网箱养殖大黄鱼等名贵鱼类和海产品13000口，虾池养殖1000多亩，小鲟池养殖1000多亩，滩涂养殖海蛎1000多亩，有育苗室3家；从事水产品养殖有700多人，使水产品生产成为双屿村的支柱产业。农业方面拥有林地5000亩，耕地1300亩，农地800亩，海田500亩。另外，还种植紫皮大蒜700多亩，是福鼎市著名的大蒜种植基地。同时，他们还利用海边风光旖旎、潮汐适宜的优势，发展垂钓休闲旅游，每逢节假日，双屿都会吸引大量的垂钓爱好者，旅游行业近年成为双屿的新兴行业。2021年，双屿全村农民人均可支配收入达19352元，超过全镇平均水平。

如今，双屿岛又一次迎来了新的发展机遇，国家重点建设项目、特色主题为"海上仙都·白茶故里"的国道G228线滨海风景道旅游公路从双屿岛穿过，把风景优美的黄金海岸一线串起。双屿岛必将成为福鼎市全域旅游重要节点，协助打造海浪、沙滩、日出、房车营地、海岸观景台等旅游业态。同时，根据福鼎市城市发展"东扩、南移、面海"战略和《前岐镇城镇总体规划（2013—2030）》提出的"北林、中城、南岛"空间发展策略的实施，在不久的将来，双屿岛将逐步建成闽浙边界富有魅力的高端生态休闲旅游岛，充满生机和活力地展现在世人面前。

中国锂电小镇建设侧记

✑范则谊 夏 林

2020年底，锂离子电池生产基地项目落户福鼎前岐，这是宁德时代迄今为止全球布局的最大单体项目，是宁德时代战略布局的重要组成部分，也是福鼎市引进投资量最大的制造业项目。

千亿产业　锚定前岐

福鼎时代锂离子电池生产基地规划产能120GWh，产值超千亿元，它能落户福鼎，这是福鼎市干群深入学习贯彻习近平总书记对福建、对宁德的重要讲话、重要指示和重要批示精神，认真落实中央和福建省委、省政府的部署要求，抓住锂电新能源产业的战略机遇期和风口，加快构建宁德"一核两廊五轴"发展格局的最重要的决策，以"十四五"规划为新起点，进一步抢抓机遇，奋发有为，乘势而上开启宁德大湾区沙埕湾生态临港产业城市新征程的结果。

福鼎时代锂离子生产基地项目能落户在宁德大湾区沙埕湾生态产业园前岐片区，除了前岐镇本身地处城市东郊的区位优势外，还得益于快捷的交通路网和广袤的城区发展空间。几年来，前岐镇优势特色农业不断发展，工业经济质效提升，第三产业活力日益增强，物流商贸、电商经济、金融餐饮等现代服务业蓬勃发展，被列为"宁德市小城镇综合改革建设试点镇""全国重点镇"和全国综合实力千强镇。

福鼎时代锂离子电池生产基地项目分两期建设。项目一期位于福鼎市前岐镇福东大道与双岳路两侧，占地约2070亩，建筑面积约150万平方米，总投资170亿元。福鼎时代锂离子电池生产基地一期项目2号厂房，是一个长780米、宽180米的超级工厂，有着世界上工艺先进、设备先进的锂离子电池生产线，传承宁德时代创新基因，保持行业领先地位。

征地拆迁　福鼎速度

"项目建设有哪些困难？""项目设计费用以及锂电项目安征迁资金安排情况怎么

样?"……2020年12月3日,宁德市委专题会议后,福鼎市委立即动员部署,成立宁德大湾区沙埕湾生态产业园区项目建设领导小组及其办公室,抽调精干力量,抢时间、拼速度;省、市主要领导、相关部门进一步加大支持力度,到现场办公,召开项目有关工作推进会,解难题、督进度,推动项目工作不断走深走实走出成效,协调解决用林用地等的报批。

作为宁德大湾区沙埕湾生态产业园项目建设"主阵地",前岐镇征迁工作的好坏直接关系到项目的推进。为进一步做好项目安征迁工作,前岐镇明确节点目标和时限要求,抽调镇、村100多名精干力量,下沉到薛桥、彩澳、柯湾、前岐4个工作组,吃住在工地,以点带面,重点突破,并进村入户到田间地头走访群众,全力服务项目安征迁。同时,积极与市下派抽调工作组、市直有关部门及项目施工单位沟通衔接,强化要素保障,进一步加快推进安征迁工作的开展。为了更好地做好安征迁工作,前岐镇还组成政策宣传组、现场丈量组、附属物评估组、内业组,各司其职、周密部署,坚持每天一碰头、每周一汇报,共同分析原因、研究措施,攻坚克难,全力服务项目落地。在征地过程中,始终要求"政策宣传要到位、丈量土地要精准、补偿标准要公正、遇到问题多讨论、方式方法要讲究、和谐征迁要保证",及时协调解决矛盾及历史遗留问题,争当项目建设的先锋队和服务群众的贴心人。市委市政府卓有成效的动员部署,市、镇两级工作组上下联动、紧密配合,对项目推进做到坚持政策要求、坚持标准统一、坚持公平公正、坚持维护群众利益"四个坚持"。特别值得一提的是,政府通过引导农业生产能手到外乡镇发展种植业、鼓励本地工人入职锂电项目等方式,帮助他们转产转业,实现和谐征迁。66天完成征地8000多亩,将交地时间从90天提前至30天,不到一个月就完成2064亩农转用审批和480多亩林地调整手续,第一时间出具工程规划许可、施工许可等各类审批文件,做到"交地即交证""拿地即开工"。

园区建设 日新月异

"快"是福鼎时代锂离子电池生产基地一期工程建设中的关键词之一。这个千百年来依靠农业生存的滨海小镇,正因为当今全球最火热的新能源产业发生着日新月异的改变。

宁德时代锂离子电池福鼎生产基地项目建设于2021年3月2日按下"启动键",吹响项目建设的奋进号角。福鼎全市上下牢牢把握难得机遇,坚持以"一天也不耽误,一天也不懈怠"的精神,举全市之力服务保障锂电项目落地建设,主要体现在

"五快":一是谋划落地快,二是征迁速度快,三是报批报建快,四是填方平整快,五是配套建设快。比如在配套建设方面,按照12月底投产的目标要求,倒排园区水电气、路网、防洪排涝等配套工程工期,在极限中压缩时间,确保配套工程按期投入使用。其中,供电比原计划工期缩短了10个月。加快,加快,再加快!在宁德市、福鼎市各级领导、各有关部门的大力支持和精心服务下,福鼎时代依托宁德时代总部的战略部署,紧紧围绕项目建设的节点、周期,狠抓项目进度,完成一期150万平方米厂房、宿舍及配套设施建设。从厂房打桩到首条生产线投产共历时330余天,前岐创下了新的时代速度,跑出项目建设"大干快上"加速度,实现当年签约、当年建设、当年投产,刷新了重大项目建设的"宁德速度",彰显服务企业的"福鼎温度"和"福鼎服务"。

2021年12月21日,福鼎时代锂离子电池生产基地一期项目举行2号厂房投产启动庆典仪式暨厂房四奠基仪式,正式拉开福鼎时代生产序幕。2022年2月7日,福鼎时代锂离子电池生产基地一期项目4号厂房正式开工。该基地一期项目4号厂房,总投资50亿元,总建筑面积约57.2万平方米,主要建设两栋CELL厂房、两栋模组电池包生产厂房及配套仓库、宿舍、辅助用房等,并购置国际领先的锂离子电池智能制造设备。项目建成后可新增锂离子电池产能25GWh,达产产值200多亿元。该项目也是打造宁德"世界锂电之都"的重大项目,是扩大时代产能、提高市场占有率和推动宁德市加快迈入"万亿工业时代"的重大支撑,为接下来的扩大投产奠定坚实基础。

锂电之都　呼之欲出

据悉,福鼎时代锂离子生产基地项目建成后将带动上下游配套产业及第三产业产值超2000亿元,能有力促进福鼎市产业布局优化和结构调整,全面融入宁德"万亿工业时代"战略部署,从而进一步推动宁德建成全球最大的电池技术研发创新基地、锂电池制造基地及总部基地,打造全球新能源新材料产业核心区,为福鼎市建成全省高质量发展的重要增长极注入新动能。福鼎也将成为构建宁德"世界锂电之都"、全球知名产业之城的重要板块。福鼎时代"超级工厂"的亮相,让这座海滨之城进入了全球视野,中国锂电小镇也一步步从蓝图变成现实。

布局有序,落子有声。随着产业聚集效应和带动支撑作用的不断增强,福鼎还超前规划了宁德大湾区沙埕湾生态产业园区前岐片区,主要布局宁德时代锂电项目,双岳片区布局锂电项目结构件配套产业,佳阳片区为锂电项目物流、仓储配套及储能项目承载区。规划建设用地面积约33132亩,龙安、店下片区工业用地约7000亩,为项

福鼎时代厂区一瞥

目发展提供有力保障。

　　前岐镇将依托福鼎时代锂电生产基地，主动承接宁德大湾区沙埕湾生态产业园区（前岐片区）项目拓展，着力优化产业结构，构建现代产业发展新体系，不断优化营商环境，全力支持辖区企业和个体工商户转型升级，服务福鼎时代及上下游配套企业，在推进宁德大湾区沙埕湾生态产业园区建设中再发力，促进责任再落实，确保完成既定各项任务目标，为福鼎"十四五"高质量发展注入强劲动力。

往事钩沉

我为鲁迅办伙食

陈传宗

1925 年到 1930 年初，我在厦门大学西厨房主办炊事。1926 年 10 月的一天上午，我们几个炊事员正在干活，一个穿灰色长衫，理平头，脸庞黑瘦、留着胡子、眉毛粗黑的中年人走进厨房，自我介绍说："我姓周，名树人。"我们都感到惊奇，听说周教授是很有名气、很有才华的人，写过的书很多，可眼前的人却普普通通、非常朴素，说话也很和气。周教授用半开玩笑的口气问："这里的伙食办得好不好？如果办得好，我就在这里吃饭。"我们也不拘束地回答说："你先试试看，不好再说吧。"从那天以后，周教授的伙食就由我们来办，三餐由我们把饭菜送到他的宿舍去。周教授成天穿着长衫，吃得不大讲究，房里的摆设也挺简单的。周教授在厦大得到了学生的尊敬和爱戴，几乎每个晚上都有许多学生到他宿舍来请教。教育系学生、共产党员罗扬才更常来，有时他就睡在周教授那里（罗不久后被国民党杀害）。周教授经常来厨房，要我们把菜办得好一点给学生吃。学生也把他当作自己的父兄，周教授如果上街，本地的学生就主动随他去当翻译。周教授也看得起我们炊事员，常常跟我们谈笑。周教授每天晚上不到十一点半是不睡觉的，早上又很早起来，我担心他身体累坏，有时晚上十一点左右给他煮碗点心送去。周教授知道我会拳术，外出时要我伴随着，我也乐意保护他。我跟他一起到过泉州、漳州等地。记得去泉州那次是在上午到达，周教授要去看东、西塔，直到太阳下山他还在看，并不时地赞叹："这塔做得好呵！"有一次，周教授握住我的手说："你这不是手。"我觉得奇怪，明明是手，怎么说不是呢？他又笑着说："你这不是手，是铁！"一句话说得我开心地大笑起来。有一次，他交代我："你如果听到学校里有不好的消息，请马上告诉我。"我半开玩笑地回答说："知道，何必多说呢？"说得他也咯咯地笑起来。

1927 年 1 月 2 日，中山中学有个叫张炯明（福鼎人）的厨师告诉我，前几天，厦大校长林文庆和海军司令部的一个军官、厦门市长、厦门市警察局的一个头头，在中山中学吃午饭时，说周教授是地下党。我回校后马上对他说："周教授，人家要害你，你快走！"我就把听到的事一五一十地对他说了。其实，在这三天前，周教授就辞去了在厦大的所有职务，看来他是早准备走了。那几天，来周教授宿舍的学生特别多，也有教师，有的邀请他赴会、照相，有的来饯行。罗扬才还发起一个送别会，有几十名学生跟周教授一起照相留念。

1月8日上午，周教授叫我马上到他宿舍，说情况较急，要我帮忙护送。他又问我可以对付多少人。我激动地说："有我陈传宗在，就有你周教授在！"下午，他又对我说暂时不走了。15日，周教授又说要动身，要我护送他。那天中午，许多学生要送，周教授说："两个就可以了，有他（指我）在，就较稳妥了。"十二点过后，我到周教授宿舍，对他说："十二点一刻了，赶快走吧，这会儿林文庆正睡午觉，比较容易走脱。"我叫了4个最壮的炊事员，加上学生罗扬才和谢扬生，共7人护送。不料，林文庆尾随而来，他问我："你送他下船吗？"我回答说："是的，我们工友都来送了，你们也来送吧？"林文庆没有再说什么。

走了半个钟头，到了平台小学码头（沙步尾码头），罗扬才和谢扬生就回去了，我们5个工友跟周教授一起搭小船，一直把周教授送上大客船。要分别的时候，周教授握着我的手，流出了眼泪，我也哭了。他从本子上撕下一页纸，靠着舱门写了"浙江绍兴府"5个字，递给我说："有机会到浙江绍兴府，讲我的名字大家都知道。"说完硬塞给我"工钱"。

回校后，一个警察走进厨房，我们客套了几句。他问："上海那个先生是你们送走的吧？"我们故意说："他答应给30块大洋工钱，结果只给27块！"警察只好走了。

事情过去50多年了，但是跟周树人先生一起在厦大的情景却深深地印在我的脑子里，回想起来好像是刚刚发生的一样。每当我看着周树人先生的相片，看着那熟悉的颜容，我的心情就不能平静，好像自己还在周树人先生身边一样。

（本文由黄宝雄根据陈传宗口述整理）

前岐

我的"抗大"学习生活回忆

郑　昭

　　古稀之年的我，至今保存着一件珍贵的证件，它伴随我走过了半个世纪的革命历程，每当看到它，我就想起那艰难困苦的岁月，想起那烽火连天的战场，想起那同甘共苦的战友们。多少年来，无论条件多么困难，我始终保存着它，它记载了一个青年革命的历程。它就是我的中国抗日军政大学毕业证书。

　　事情要从 1937 年谈起。卢沟桥事变后，日本帝国主义大举入侵中国，国民党政府采取了消极抗日的政策，致使我国丧失大片国土，中华民族处在生死存亡的紧要关头。全国爱国同胞对国民党反动政府丧权辱国的卖国行为表现出极大的愤慨，纷纷进行各种抗日活动，青年们拿起武器，奔赴抗日前线，打击日本侵略者，收复失地，保卫祖国。

　　在这种形势下，我于 1938 年 8 月间，经丁元介绍，结识了抗日军政大学四期毕业生胡锷同学。他向我讲述了中国共产党积极抗日、为国为民的正义主张，讲述了共产党领导下的八路军、新四军英勇抗日、奋勇杀敌的感人事迹，使我深受启发，特别是他还向我介绍了抗日军政大学和陕北公学的学习概况、学校生活等，使我无限向往，产生了前往陕北学习的念头。但此时我在湖南，苦于陕北路途遥远，且又经济拮据，无法前往。胡锷同学见我有意参加抗日救国斗争，想要去陕北学习，表示愿意为我做介绍人。几天后，我们一起到了八路军长沙办事处。办事处王主任询问了我一些基本情况，我都一一做了回答。王主任告诉我，去陕北学习的目的，首先是武装头脑，有了政治水平，认识问题才清楚，干革命才有思想基础；在学习中，要有吃苦耐劳、过艰苦生活的思想准备。我听了后，表示赞同。组织上同意保送我去陕北学习，发给我 5 元大洋做路费，并写了一封介绍信，嘱我到八路军汉口办事处联系。

　　9 月初，我从八路军长沙办事处来到汉口办事处，在那里已集中了二三十位青年学生，都准备赴陕北学习，参加抗日救国斗争。在汉口小住几天后，办事处为我们联系到一节车厢，以新四军教导队的名义编队，乘车前往八路军西安办事处。临行前，办事处同志嘱我在路上关照一下大家的旅途生活，要顺利到达西安。当时，日寇正企图攻占河南郑州，再南下直逼武汉，形势是非常紧张的。我们出发后，一路上走走停停，行车非常之慢，到达河南潼关附近时，因日寇占领了山西风陵渡，过潼关有危险，列车不再前行，把我们这节车厢给甩下来，大家焦虑万分，唯恐被国民党军队阻拦，不能到达西安办事处。后来几经交涉，车厢才又挂上列车，于9月16日抵达八路军西安办事处。这时，大家的心情才安静下来。

在西安办事处住了两天，正逢"九一八"纪念日，我参加了纪念晚会。来自全国各地的青年学生聚集一堂，愤怒控诉日本帝国主义的侵略罪行，一曲《松花江上》把晚会推向了高潮，我们共同高呼"打倒日本帝国主义""打回老家去"等口号，群情激愤，气氛热烈，大家都恨不得立即奔赴抗日救国斗争的最前线。这次晚会，给我留下了深刻的印象，我第一次受到深刻的抗日救国斗争教育，坚定了我的革命信念。

八路军西安办事处，是共产党向陕北输送抗日爱国青年的一个中转站，这里聚集着来自全国各地的青年，办事处的同志按我们每个人的意见，把我们编成抗大组和陕北公学组。因我同意先去陕公分校学习，办事处指定由我带一个组前往旬邑看花宫陕北公学分校。1938年正值第二次国共合作时期，国民党政府虽然不敢公开对付共产党，但他们却十分惧怕各地青年奔赴延安参加革命斗争，一发现去陕北的青年学生，就扣留下来，送到河南洛阳国民党的军校去。那时的西安，是在国民党政府统治下，城门由国民党军队把守，设有哨卡，盘查来往行人。为了能顺利通过国民党军队的封锁区，办事处的同志决定由我改扮成上尉军官，带领其他同学从西安北门出城。能否将这些人顺利带到目的地，完成任务，我自己也没有把握，一旦被岗哨阻拦盘查，后果很难预料。9月20日清晨，天刚蒙蒙亮，我们上路了。一行人匆匆来到城北，我走在队伍最前面，站岗的哨兵见我是上尉军官，慌忙向我敬礼，对我们未做任何盘查便放行了。我心中暗自高兴，随即命大家快速行进。出城后，一路疾行，奔向渭水河边，直到过了河，大家才松了一口气。在后面几天里，我们雨天行军，翻越一个个深沟、陡坡，战胜了种种困难，大家互相帮助，互相鼓励，于9月26日到达目的地，我被编入第43队。

在陕公分校，我初步学习了《社会科学概论》，接触到一些马列主义的科学社会主义理论，并学习如何开展民运工作等，懂得了不少革命道理。学习于12月结束，经过短暂的3个月，我和部分同学被编入抗大继续学习。12月下旬，我们从看花宫出发，东渡黄河去晋东南抗大分校，北上行至郿县，发了套军装，在延川县东渡黄河。这段黄河波涛汹涌，水深流急，我第一次乘木船过黄河，小船在波峰浪谷中起伏，心里着实有些紧张，大家都坐在船中，不敢乱动。上岸后，继续向山西永和县前进，准备穿越同蒲铁路。住了两日，因日寇封锁了铁路线，无法通过，我们只得又返回陕北，到达延安清凉山下。在这里，我被编入抗日军政大学总校第四大队第一队。1939年1月正式开学后，我开始了在抗大的学习生活。

抗日军政大学，全名是"中国人民抗日军事政治大学"，简称"抗大"。它是于1937年初由"中国抗日红军大学"改称的，是中国共产党培养抗日军政干部的学校。抗大的教育方针，是毛主席亲自制定的"坚定正确的政治方向，艰苦朴素的工作作风，灵活机动的战略战术"，抗大的校风是"团结、紧张、严肃、活泼"。我们在延安举行了开学典礼后，即搬到延安东北方向的蟠龙镇去，大部队住在镇上，我们一队住在镇的西面的一个小山村——劳庄。这个村共有十来户人家，我们住的是老百姓腾出来的窑洞。我所在的一队是军事队，以学军事为主。除政治课学习马克思主义基础知识和民运工作等外，军事课主要是进行单兵训练，学习如何识别和利用地形、地物，以及班、排、连、营攻防战术原则，兵团概则，如何打游击战等。那时候，各方面的条件都很艰苦，一无校舍，二无桌椅，一块木板，一个石墩，就是我们的桌椅；场地里，大树下，就是我们的教室。条件虽然很差，但大家都能自觉克服困难。我们还去背粮食，背煤炭，学习做饭、打草鞋等。毛主席为抗大开展生产运动题词："一面学习，一面生产，克服困难，敌人丧胆。"在他的号召下，我们上山开荒，进行播种谷子、锄草、松土等一连串农活。劳动一天下来，腰酸背痛，但大家的心情是愉快的，这也是一个很好的锻炼。我们这个班共有10个人，有来自学校的学生，也有来自旧军警的人员，大家都是因不满国民党政府消极抗日，为了一个共同的目标来的。尽管过去大家所处的环境各不相同，但在抗大这个战斗集体里，有一个良好的风气，同学之间互谅、互让，团结奋斗，既锻炼了意志，又锻炼了体魄，我们学会了不少革命道理和对敌斗争本领，学会了如何自力更生，艰苦奋斗，认识困难，克服困难。

在劳庄学了6个月，学校奉命向晋察冀边区东迁。7月间，我们从蟠龙镇出发，再次东渡黄河，到山西临县一带待命。在那里，学习约2个月，于9月间穿越日寇的封锁线。这是一次长距离的强行军，上级要求我们在一夜时间内急行一百多里，通过敌人封锁的一条铁路、一条公路和村里的碉堡封锁区。这次行动对我们来说，是一次严峻的考验。我们虽然经过一段时间的训练，身体素质、军事素质都有所增强和提高，但从未经受过这种速度行军，同学们既兴奋又紧张。一天下午，太阳刚下山，部队出发了。开始，同学们比较有秩序，走了一段路程后，有的同学就渐渐地拉开了行军距离。不久，又是来了一段小跑步。大部队行军，要求既要快，又要保持安静，不能掉队，特别是夜里行军。我们借着月光，很快来到了铁路附近，这时突然从忻县方向沿铁路线驶来了一辆日寇的巡逻铁甲车，车上的探照灯四处照射。我们见状，就地卧倒，霎时间四周一片寂静，大家丝毫不敢乱动，生怕被敌人发现，惹出麻烦。敌人的巡逻车来回照射，没有发现我们，就慢慢顺着原路驶回去，我们快速通过铁路线和一条公路线，紧接着又从敌人的碉堡附近穿插而过。一路上紧张行军，有的同学开始掉队。为了能顺利完成行军任务，大家发扬了互助友爱精神，互相搀扶，互相帮助背背包，互相鼓励，终于在第二天清晨顺利到达预定地点，稍事休息后，继续向目的地前进，到达晋察冀边区内。这次，我们将要征服的是晋察冀边区内的滹沱河。那天，正逢河里涨水，我们要通过的这一段河，既无桥，又无船，全凭蹚水过河。浑浊的河水，湍急的水流，蹚到河中，水满到胸前，每前进一步，都非常困难，稍有不慎，就有被冲走的危险，不少同学不识水性，我们只好把他们夹在中间，大家手挽着手，蹚着急流前进，一部分水性较好的同学，在水中筑起一道人墙，保护着其他同学，最后大家终于安全渡过了滹沱河。此后，又经过几天行军，于9月中旬到达了晋察冀阜平陈庄、庄窝一带，完成了东迁任务。接着，继续学习训练。

1939年，日寇大举冬季"扫荡"，进犯晋察冀边区，我们也参加了反"扫荡"斗争，与日寇展开"麻雀战"，化整为零，同敌寇周旋于阜平的丛山之中。边区军民共同作战，终于粉碎了敌人的"扫荡"，返回了原驻地。我于1940年1月1日毕业。

在抗大一年里，我经受了各种锻炼和考验。当我捧着毕业证书，心中无限激动。我深深体会到抗大真是一座革命大熔炉，它把我们这些不懂事的青年，培养成坚强的抗日战士，让我们学会了不少革命斗争的本领，懂得了革命斗争的道理，坚定了革命斗争的信念。这一切，都为后来从事革命事业奠定了坚实的基础。

（1991年2月25日写于北京）

（郑昭，福鼎市前岐镇桥亭村坪尾自然村人，解放军离休干部。1935年参加"一二·九"运动，先后担任过文化教员，政治宣传干事，中国人民解放军第一野战军第一军第一师政治部秘书，中国人民解放军后勤学院政治部宣传部干部教育助理员，政治部秘书处副处长兼院党委秘书，军事医学科学院办公室副主任、主任及院务部顾问。1955年，被授予少校军衔。1957年6月18日，被国防部授予中华人民共和国三级独立自由勋章和三级解放勋章）

回忆前岐庆祝抗战胜利的情景

钱其仁

　　长期以来，中华民族惨遭日寇铁骑的践踏与蹂躏。全国军民团结一心，浴血奋战，终于在 1945 年 8 月打败了日本侵略者，取得了抗日战争的胜利。

　　民众心潮沸腾，自发地举行一场盛况空前的庆祝活动。各机关、单位、学校动起来了，商会、工会、矾业园业会动起来了，镇上家家户户都动起来了。全街从街头到街尾，乃至周边农村，都张灯结彩，鞭炮声、欢笑声连成一片，街头上挂起了"打倒军国主义""日本军国战争贩子应当受到严惩""日本鬼子滚蛋吧""中华民族万岁""中国万岁""热烈庆祝抗日战争伟大胜利"等大幅横标语，各处醒目的墙壁上，也都贴满了用五颜六色的纸张写成的庆祝标语。前岐中心小学、书报社、青联文化组织等都办起了墙报、宣传专刊，大力宣传庆祝我国军民同仇敌忾抵御日寇取得伟大胜利。

　　8 月 9 日上午，溪浦举行"庆祝抗日战争胜利大会"，1000 多名民众参加，台上台下锣鼓喧天，群情激荡。在庆祝会上，人们齐声高唱《义勇军进行曲》，歌声和欢呼口号声连成一片，此起彼落，震撼长空。当天晚上，举行游行活动，有商人、工人、农民、教师和学生参加，在游行队伍中，每人手上都拿着标语，高呼口号。前岐中心小学的学生们，手上都提着自己制作的各种彩灯，有马灯、鸟灯、虾灯、龙灯、鲤鱼灯、青蛙灯、飞机灯、花草灯等。此外，还有商会坦克灯，码头会的战斗机灯，运输会的走马灯，等等。庆祝活动连续进行 5 天 5 夜，每天都有新项目、新节目，如举办故事会、打龙灯、闹马灯、踩高跷、办杠、铁枝、放烟花等，还请来剧团连续 5 天免费演出。有些民间艺人编起快板歌唱抗日战争胜利："抗日今日庆胜利，千人万众笑眯眯。山海欢腾胜过节，震天动地闹有趣。马灯高跷放烟花，办杠铁枝加做戏。团结打败日本子，应念前线众壮士。不怕流血不怕死，精忠救国奋取义……"庆祝声势之大，前所未有。

前岐中心小学三次学潮亲历记

✑ 钱其仁

1946 年至 1949 年的短短 3 年间，为了积极配合鼎平县委关于发动群众，开展对敌斗争，夺取革命最后胜利的部署，前岐中心小学党支部有领导、有组织、有计划、有步骤地组织学生发动了 3 次全校性的学潮。

抗日战争胜利后，国民党反动派调转枪头，把矛头指向共产党。教育系统也不例外，福鼎县反动政府在各中小学增派亲信作为反动骨干，对学校进行监控，严防异己分子渗透。对前岐中心小学也一样，他们加派了王相钦等多名反动教师，在校内外进行监探活动。4 月 13 日上午，王相钦上五年级常识课《日出》，说太阳上升时如一巨大火轮从东方涌现出地面，慢慢地越升越高，红色也就褪了。这时学生邓德孝站起问道："请问，中午的太阳离地面是远还是近呢？"王相钦不假思索地答道："那当然是离地面远咯。""哦！依你说中午的太阳离地面远，那么中午太阳的光度与热度要比早上要强得多，而早晨刚出来的太阳，依你说是离地面近，那么它的光度与热度却比中午要明显微弱，这是什么道理？"王相钦哑口无言，恼羞成怒，满脸通红，像一头恶狼一样地怒吼起来："你！你！这分明是无理取闹，蓄意破坏课堂秩序！"说着就把手中的黑板擦扔了下来，险些砸伤邓德孝的头。王相钦见没砸着对方，便气急败坏地从讲台赶到邓德孝跟前，朝他的下腹踢了两脚。邓德孝被踢翻在地上，一动也不动。全场发出一片愤怒的谴责声，惊动了校方和刚派来不久的那几个反动教师，众人看到现场情况不妙，便七手八脚地把受伤者扶起来，这时才听到伤者发出微弱的呻吟声。这就是"四一三"毒打学生事件。

事件发生后，前岐中心小学党支部立刻召开紧急会议，讨论对策，并以此事件为导火线，在"文昌阁"召开秘密会议，参加的学生有陈计堂、李振欣、林招权、陈传煌、潘炳辉，会议由党员李永恩、陈敬仪两位老师主持，决定于次日（4 月 14 日）进行各班级总动员，约定当晚 12 时左右行动，拆掉桥头溪边的竹栏杆，取出竹棒做"打王"工具，4 月 15 日早上实行全校总罢课。本来每天 7 点 30 分学生都要在操场集中做早操，15 日早晨直到 7 点 50 分操场上仍悄无人迹，只有王相钦和几个值日教师站在操场上等着。王相钦等得不耐烦了，便独自到各班级巡视一番，只见各教室也是空无人影，便破口大骂："今天人都死到哪去了！"这时，只见学潮总指挥李振欣、陈计堂带着全校 300 多名学生，每人手上提着竹棒、木棍从四面八方涌了上来，包围王相钦，一顿乱棒痛打，王相钦只好从厕所旁边的矮墙爬出去。

这次学潮影响极大，校方对为首者陈计堂、李振欣二人予以开除学籍处理。这更加激怒了学生们，罢课继续进行，学生们提出"不恢复陈计堂、李振欣同学的学籍，不严惩打人凶手，誓不复课"的口号，惊动了福鼎县政府和教学科，他们立即派出以教学科刘科长等 7 人组成的谈判组来前岐谈判，学生参加谈判的有陈计堂、李振欣、林招权、吴胜智等，提出 5 个条件：一、撤销对陈计堂、李振欣同学开除学籍处分的决定；二、严惩打人凶手王相钦，开除反动教师叶民得、李步香、陈中美、梁秋烟；三、对受伤者邓德孝同学，校方应负完全责任，保证其治疗等一切费用；四、严禁教师任意骂人打人；五、校方今后应该保证学生言论及人身自由。以上 5 条若不接受，决不复课。谈判进行了一天两夜，学生的要求终于达成。谈判成功了，全校同学在一片欢呼声中全面复课。从这次学潮中，大家得出一个结论：只有斗争，才有自由！

"四一三"事件给了校方一个严肃的教训，让他们对学生管理的手法收敛了许多，也聪明了许多，但是仍暗流涌动。1947 年秋，前岐中心小学又发生了一起教师毒打学生案。朱绶这个彻头彻尾的反动决策的鼓吹者，仗着侄儿在县警察局当主办，平时为人作恶多端，任六年级语文教师，一次布置每人写一篇作文命题"我心中的蒋委员长"，全部作文都交上后，他逐篇批改，只见有一位学生是这样写的："我心目中的老蒋，是一位很糟糕的统治者，人家抗战，他却一心搞反共剿共，抗战胜利了，他又是转向枪头，跟共产党打内战，他口头上信奉'三民主义'，实际上是个朝令暮改的独裁者……"他大发雷霆说："这是反动谬论，反动分子才会写这种反动文章。"随即，他赶到教室把这位同学叫到办公室，不由分说就给了两个耳光，之后还把这位同学拖到大厅，责令其跪在蒋介石像前两个小时。其他老师劝他，他还不以为然地说："明天到县警察局，叫我侄子把他扣起来算了！"他那种嚣张的气焰，激起了公愤。于是，小学党支部审时度势，当天晚上由李永恩、陈敬仪、陈传程 3 人召集陈计堂、李振欣、林招权、蓝香田等人在"乌沙"秘密策划，发起罢课运动。这次罢课 3 天，经谈判达成学生提出的要求，开除打人凶手朱绶。第四天，全校学生怀着胜利的喜悦复课。

第三次学潮是在前岐解放前夕，由于学校无理摊派增加学费，学生极力反对，由张振农、张月香、何国生 3 人发动罢课前后共 3 天。不久后，前岐解放。

光阴如流水，时间已经过去 60 余年了，我亲历的这 3 次学潮运动至今记忆犹新。

和平解放前岐

综 合　陈敬坦　庄友柱　兰新福　郑振和

1948 年 1 月上旬，前岐镇举行镇长竞选，候选人是李永耀、王光国和杨多福。中共鼎平县委负责人郑衍宗、陈勉良、王烈评等同志一致认为，前岐是党在鼎平党开展革命斗争基础比较好的地区之一，争取让较为开明、进步的人士当镇长，将有利于革命斗争的继续开展。他们经过分析研究，认为杨多福原是国民党区分部书记，是个作恶多端的反动家伙；王光国过去当过镇长，没有进步表现；相比之下，还是支持李永耀当选较妥。

李永耀是商人，交游甚广，不但认识许多平民百姓、士贾乡绅，还结交一些党派人士，为人比较灵活，有同情革命的一面。1939 年 10 月，我地下党员林永忠等 3 位同志在秦屿海田开展革命工作时，不幸被国民党抓捕，关在店下区公所。当时，李永耀在店下区公所当公务员，想方设法接近林永忠同志，准备暗中放林永忠等同志逃离魔掌。

鼎平县委在暗中支持李永耀当选的同时，为继续教育、争取李永耀为我党多做些工作，指定我党地下交通员张德海、郑开珠两位同志（当时这两位同志的公开身份都是彩澳乡下面的"保队副"）与李永耀联系。

1 月 27 日（农历正月初六），李永耀接任前岐镇镇长。此后，鼎平县委在前岐地区开展革命工作果然比较顺利。

2 月中旬，福鼎县县长吴锡章认为前岐"共党"活动"猖獗"，需要"加强治安"，决定在前岐海尾妈祖宫设一个警察所。鼎平县委知道这一情况后，决定乘警察们立足未稳，杀他们个人仰马翻。

其时，前岐有 2 支反动武装，一是镇公所的警卫队，共 16 人，武器有手枪 1 把，步枪 15 支，李永耀兼警卫队长，副队长是安徽人张兰祥；另一是警察所的 20 多个武装警察。

3 月初的一天晚上，浙南游击纵队第三县队的两个小队在鼎平县委书记郑衍宗和队长王烈评的带领下，从南宋洋出发，于次日凌晨袭击了前岐警察所，缴获了一些枪支、弹药。这次袭击之后，敌人果然怕了，撤销了前岐警察所。

第三县队袭击警察所时，李永耀带着镇公所的警卫队缩在警卫队驻地——炮楼里，在县队打了胜仗撤回南宋洋后，才装模作样地让警卫队冲出炮楼，开了几枪。

这次战斗之后，鼎平县委为了进一步对李永耀加强教育，使他更加靠近我党，决定每周由郑开珠同志送一份《浙南周报》（中共浙南特委机关报）给李永耀阅读。从此，李永耀对我党的认识有了进一步的提高，与鼎平县委的联系也更经常了。

1948 年 8 月底，桐山有个青年温怀仁到前岐找到郑开珠，要郑开珠介绍他参加革命。郑开珠把他交给张德海向志，叫张德海同志带他去找边区委。后来，边区委认为温怀仁不大可靠，没有接收他。不久，温怀仁到泰顺泗溪投国民党反动派，郑开珠和张德海二人就暴露了。9 月 5 日，林德铭带"搜剿队"到前岐抓张德海同志。李永耀知道后，一面设宴拉住林德铭，一面叫蔡思平赶回彩澳，通知张德海火速出走。

张德海同志脱险之后，李永耀受到鼎平县委的信任。1949 年正月，郑衍宗同志致函李永耀，要他利用朋友关系，到桐山找林德铭谈一谈，教育他赶快认清形势、弃暗投明，以获得人民的宽恕。李永耀见信后，立即到桐山，在朋友施从宣家，以"打麻将"为名约见了林德铭。

林德铭思想十分顽固，尽管李永耀苦口婆心引导他"识时务的俊杰"，但他仅口中"唔！唔！"地应着，脸上一点表情也没有，更不做明确表态。谈话后，在李永耀不在场的情况下，林德铭对施从宣讲："刚才对我讲那些话的人如果不是阿耀，我一枪就打过去！"施从宣见到情况不妙，等不到天亮，就赶紧通知李永耀离开桐山回前岐。

这次谈话之后，李永耀深感自己被林德铭怀疑，虽然彼此之间还有一个"朋友"关系，但他深知林德铭历来反复无常、不可捉摸，万一翻脸自己就完了。因此，他日夜盼望解放前岐。

1949 年 5 月 27 日（农历四月三十）下午 7 时，郑开珠同志送给李永耀一封郑衍宗同志亲笔信，文曰：

> 你多次要求起义，因时机不到，未能实现。现在，你的立功机会来了。
> 鼎平县委决定明晨和平解放前岐镇，望你在今晚十二点之前，将镇公所所有
> 枪支、弹药，集中送到西宅南岭脚，有人在那里接你。衍字。

接阅来信，李永耀起先感到十分高兴，后来冷静一想，又感到时间太紧。他想，

自己虽然挂名警卫队长，但警卫队实际上是由张兰祥掌握。张兰祥与县军事科科长严俊是同乡，是严俊的亲信，从日常表现来看思想比较反动。现在离午夜只有5个小时，要在这么短的时间内，把警卫队枪支送给鼎平县队有一定困难，但任务又非完成不可。

怎么办呢？李永耀感到束手无策。

正当他在屋里急得团团转，感到一筹莫展的时候，鼎平县委派张得海、郑开珠两位同志到李永耀家来了。李永耀感到万分高兴，马上把情况向他们作了报告。

"这好办！"张得海同志当机立断地说，"派人把张兰祥叫来，我们一起跟他谈谈，然后再见机行事。"

李永耀叫女儿到炮楼里把张兰祥叫来。这时，张得海、郑开珠两位同志站在屋里暗处，手握手枪，密切注意外面的动静。

"李镇长，唤我有何吩咐？"张兰祥人未进屋，带着浓重安徽腔的话语先飘入屋内。张得海同志从暗处看出去，见张兰祥并未带枪，便慢慢地从暗处走了出来。

"我来介绍一下。"待张兰祥进屋后，李永耀对张得海说，"这位就是张队副。"

"您是——"张兰祥带着疑惑的眼光问张得海。

"我是共产党派来的代表。"张得海同志操着带有前岐土腔的普通话说。

听到"共产党"三个字，张兰祥脸色大变。他用余光很快地环视屋内，发现暗处还站有一人，知道要逃是不可能的，便干脆拖过一把椅子坐下，但他的心已紧张得快要从嘴里跳出来。

这时，李永耀说："是这样，张队副，鼎平县委决定要解放前岐镇，今晚特地派张得海同志为代表，来看看我们俩愿意不愿意率兄弟们起义，和平解放前岐。"

"张队副。"张得海接着说，"我人民解放大军目前早已过江，全国解放的大局已定，你对自己的后半生，应该有个打算。如果你愿意弃暗投明的话，今晚就要把警卫队所有枪支、弹药送到指定地方，由我军接收。如果稍有犹豫，后果将不堪设想。何去何从，望从速抉择。"

张兰祥踌躇一段时间后，转向李永耀问："李镇长意见如何？"

"兵临城下，别无他路，我决定起义。"

"李镇长既然如此识时务，本人十分拜服。不过，我并非本地人，请问起义后本人出路如何？"

"那没什么。"张得海同志说，"你愿意回家，我们给你证明，发给路费；愿意留下来，我们欢迎你参加革命。"

"真的?"张兰祥不很相信地问。

"决不食言!"张得海同志果断地说。

"好,一言为定!本人决定起义。"张兰祥激动地说。

"好!欢迎你!"张得海同志说,"现在,事不宜迟,你赶快同李镇长一起到炮楼里去,把所有枪支、弹药集中起来。"

张得海、郑开珠两位同志目送李永耀、张兰祥二人走出李家大门后,连夜赶回龟岭,向鼎平县委汇报去了。

李永耀走近炮楼时,突然发现张兰祥不见了(从此下落不明),只好孤身一人往炮楼走去。

"谁?"李永耀走近炮楼时,警卫队的哨兵喝道。

"我,李镇长。"

哨兵不吭声了。李永耀走进炮楼,发现炮楼里气氛十分紧张,全副武装,似乎在准备战斗。

"弟兄们晚上没出去乐乐?"李永耀故作不知地问。

"李镇长,你还不知道?"一个警卫队员在李永耀耳边说,"今天'土匪'要来打前岐。"

"弟兄们知道了也好。"李永耀转身对警卫队班副敖永好说,"敖永好!"

"有!"敖永好应道。

"你去请弟兄们先把枪支放一边,来这里集中一下,我有话讲。"

"是!"敖永好执行命令去了。

不一会儿,警卫队员都到齐了,李永耀便把解放大军在4月21日已经强渡长江天堑,23日解放了南京,宣告国民党反动统治已覆灭等情况简单说了一下。

"明晨。"李永耀说,"鼎平县队准备先解放前岐,再解放桐山。本人与张队副两人经过三思之后,认为当前共军是战无不胜、攻无不克,前岐乃弹丸之地,要想靠弟兄们这几支破枪顽抗,实在是以卵击石,自取灭亡,倒不如起义投共,不知弟兄们意下如何?"

"我赞同!"敖永好带头响应说,"老子为国民党卖命多年,整天是'穷人喂母猪,有打无吃',今天算是熬到头了。"

"不行呀,镇长。"一个警卫队员喊道,"桐山县城还没有解放,投降共产党,被林德铭知道了,我们全家就没命了。"

"是呀,林德铭来,我们怎么办呢?"一些人附和说。

"大军南下，福鼎县城解放已近在眉梢，林德铭已是泥菩萨过江——自身难保。"李永耀说，"这样吧！诸位如果不放心，我给你们每人一张条子，日期提前三五天，就说你们都被我开除了。如果林德铭来，你们都把责任推给我好了。"

"你们都给我一枪算了吧！"敖永好大声喊道，"现在已是下半夜 3 点多钟，缴枪迟了，共军攻进前岐，我们还不是同样没命?! 我要起义，我不要条子!"

在场的警卫队员想想也有道理，就一个一个接过李永耀开的条子，溜出炮楼。最后，李永耀叫敖永好和几个比较听话的警卫队员，把枪支、弹药送到指定地点。这时，陈勉良同志早已带鼎平县队从龟岭来到西宅南岭脚的三圣宫。接过警卫队送来的枪后，陈勉良同志率鼎平县队雄赳赳、气昂昂地开到前岐镇。

5 月 28 日（农历五月初一）拂晓，前岐镇人民在睡梦中被一阵枪声惊醒。鼎平县队开进前岐后，故意在炮楼里朝天开枪，向全镇人民宣告——前岐和平解放了！

（本文根据张德海、郑开珠及李永耀的讲述整理、编写，王烈评、陈勉良审阅初稿后做了重要补充和修改，原载于 1983 年 1 月 24 日的《福鼎党史资料》）

前岐

我亲身经历的前岐和平解放

✑陈勉良

　　为了配合全国解放，鼎平县委决定策反前岐镇镇长李永耀。鼎平县委书记的郑衍宗同志利用与他的同学关系，指派交通员郑开珠每周给李永耀送一份《浙南周报》和《中共浙南特委机关报》，使他明白当前的局势，为和平解放前岐打下了基础。4月下旬，县委分析了鼎平当时形势，认为和平解放前岐镇的时机已成熟，决定促使李永耀起义投诚。我们对国民党前岐镇公所26名人员（其中职员10名，武装人员16名）进行了分析，分成三类：一是思想倾向共产党，愿意走和平起义道路的，有镇长李永耀、职员陈孙佑、敖永好等人；二是思想动摇不定，顾虑重重，想起义投诚又担心被林德铭知道后杀头的，有黄崇坤、林清苏等10多人；三是顽固不化，坚决与人民为敌的队副张兰祥和杨多福等少数派。通过分析，我们制定了和平解放前岐的计划。郑衍宗写了封亲笔信，由郑开珠送给李永耀，让他设法带李永耀到浙江平阳埔坪余厝内面谈。李永耀经过激烈的思想斗争，权衡利弊，同意起义投诚。县委决定将和平解放前岐的时间定为5月28日。5月27日晚，郑衍宗再次写信叫郑开珠送给李永耀，要他当晚把武器弹药全部送到西宅南岭脚的三圣宫。李永耀接到信后很紧张，一方面顾虑武装人员不肯缴械，另一方面又怕缴械后林德铭会找他算账，杀害他，请求我们进前岐接收武器后鸣枪警告，他好推卸责任。我们同意了。当晚8时，李永耀把郑开珠请到自己家中，同时也把镇队副张兰祥叫来，告诉张兰祥共产党鼎平县委来信，要他们在12时前把镇上所有的武器弹药交给鼎平县游击队，迎接解放军明天和平解放前岐。张兰祥一开始不同意，反复强调他是严科长（国民党福鼎县军事科长严俊）的同乡，是他派自己到前岐工作的，一旦起义，对不起他，同时还担心家属受牵连。此时，李永耀只好强硬地说："你的家乡安徽全省都已解放，你还想吃国民党的饭，替你同乡卖命？现在要么起义，要么投降。"郑开珠坦言，今天晚上就要投降，我们的部队已经抵达前岐镇外，若抵抗，就要被消灭。张才不得不收敛，乖乖听命。之后，李永耀随即跑到队部，向队兵讲明起义的道理，科长敖永好当场带头缴枪。但其他队员顾虑林德铭会来抓他们，不肯缴械。李永耀随机应变，临时写了10张开除武装人员的指令分发给他们，并说他们是被开除的，缴械与他们并无责任。当晚，我带领县武装队接收了敖永好送来的14支步枪和弹药。为了迷惑敌人，防止国民党县政府过早识破李永耀投诚起义的举动，次日凌晨，武装部队开往前岐东山岗时，朝天鸣枪掩饰。前岐的和平解放，深得民心，我率队进前岐镇时，群众夹道欢迎。我们在镇上住了两天，发动群众，把国民党库存的100多担粮食一部分给群众，一部分充当军粮送到鼎平机关。第三天我们队伍返回矾山。3月1日，林德铭带"搜剿队"到前岐追查，扑了个空（李永耀早就跑回老家，有关人员早已疏散完毕，王益甫也随部队返回鼎平县机关）。林德铭不敢驻扎下来，只好到西宅把王益甫家洗劫一空，把王妻打成重伤后溜回县城。这是敌人在福鼎解放前夕的最后一次残暴行动。

前岐镇和平解放后，我们回到矾山时，接到中昏澳干部情报，南麂亚近带十几支枪起义。组织上派我带队前往接收。亚近是平阳马加洋人，在南麂当乌军。在中昏澳，亚近缴枪之后，我们为其安排了生活出路，同意他搬迁到矾山安居。此时，矾山矾矿数百工人也自发地组织起工会，撤换了原工会主席张培实。叛徒周义群从温州逃回老家，到藻溪时被群众发现举报，我们立即派队设伏，将其抓获。后由郑衍宗亲自押解到平阳，这个出卖刘英、沾满烈士鲜血的叛徒，落得他应有的下场。解放战争的形势迅猛发展，温州解放后，鼎平和福鼎党组织请求浙南特委尽快派武装力量解放这一地区。6月9日，21军189团和浙南纵队第一支队2000余人，由师参谋长李光军统一指挥向福鼎进军。当天下午，参谋长带一个侦察连，和县队长王烈评带一个通讯连做前卫，连夜赶到桥墩，与福鼎县委书记林永中和鼎平县委书记郑衍宗取得联系，为部队准备粮草。国民党福鼎县长丁梅薰见大势已去，只好抱头鼠窜去了台湾。县政府机关一片混乱，职员及保安队人员争相逃命。林德铭和张琼等70余人见势不妙，慌忙逃窜到巽城，林德铭的"搜剿队"驻巽城何氏祠堂，张琼的"保安突击队"驻巽城炮楼（碉堡）。敌人妄图利用巽城地处海边，水陆交通便利，易守易退的有利地形负隅顽抗。浙南特委探知这一敌情后，立即部署，确定山浙南游击纵队第二大队承担歼灭敌人解放巽城的任务，又派苏廷居带领一个分队去沙埕堵截，防止敌人下海逃窜。6月11日，解放福鼎巽城的战斗打响了，第二大队队长池方喜同志率部队直抵鼎平县的前岐镇之前，我受命带着鼎平县机关人员提前到前岐，发动群众做好支前工作。前岐、彩澳、柯湾、姚家屿等地人民群众积极响应，组织船只，争相献船当艄公。行动那一天，几十只大小船只直奔指定地点待命。部队在夜幕的掩护下由艄公运送，从竹甲鼻、石龟渡海至阮家渡登陆，直上龙霄阁山占据制高点，包围了敌人驻扎的巽城祠堂和炮楼。苏廷居带领的分队与另一支部队早已在沙埕、后湾塘严阵以待，截断了敌人可能流窜下海的去路。6 月 12 日清晨 2 时开始，我军分别向敌人驻扎的何氏祠堂和炮楼发动猛烈攻击。敌人在各自的据点里负隅顽抗。战斗从清晨打到下午 3 时，直到班长谢和快用火箭筒攻击炮楼结束战斗。当时，在祠堂中的林德铭带着一名警卫员从祠堂靠海尾方向的楼上跳下，沿着治州方向的坑沟逃亡，逃到岭头半岭时，被我军机枪击毙。张琼被活抓，其余残敌均举枪投降。巽城战斗，我军共消灭敌人 8 人，俘虏数十人，我军 2 位同志负伤，4 位同志壮烈牺牲。由于当地没有公路和汽车，烈士遗体只能用棺木海运到前岐，再送到桐山安葬。下午 6 时，解放军 21 军进驻巽城。当晚在巽城召开群众大会，由我作动员和宣讲。我告诉群众，共产党领导的中国人民解放军横渡长江，消灭了几百万国民党军队，全中国就要解放了，人民翻身做主的日子到了！林德铭"搜剿队"摧残革命者，双手沾满人民鲜血，已自取灭亡。巽城战斗后，除大嵛山和台山岛屿外，鼎平地区和福鼎全部解放。

（本文节选自写于 1986 年 3 月的《陈勉良回忆录》）

李若秀兄弟创办电厂始末

✎ 李敏助

　　李若秀三兄弟是福鼎县著名民族工商业主李新珪的儿子。李若秀兄弟曾在福鼎的明矾业、航运业、电信业领域都写下浓墨重彩的一笔，还与电厂结下了不解之缘，创办了闽东历史上的第一家电厂——前岐建华电厂，以及福鼎城关电厂和浙江矾山电厂。

　　1949年6月，平阳县和福鼎县相继解放。由于刚刚解放，矾山明矾业主对党的政策不够了解，再加海盗猖獗，航行不安全，运输停顿，矾窑（炼矾厂）全部停业达3个月，导致矾矿3000多工人失业，生活无着落。此事被及时反映到温州地委，温州地委书记林辉山亲自主持劳资双方协

李若秀像（李敏助 供图）

商会，要求矾矿业主消除顾虑，重振明矾业，迅速恢复国民经济。当时，李若秀正致力于建造源生泰船队最新式的内燃动力轮船"福生"号，其载重量达2000多担，是福鼎县有史以来的首艘自有轮船，同时还肩负着温州矾厂接洽处的日常工作。会上林辉山书记特地嘱咐李若秀要回到矾山恢复明矾生产，为地方办实业，要求其1个月内完成任务。李若秀答应下来，离开温州返回矾山。11月，圆岗仔"源大"矾窑恢复生产，这是矾山首批复工的五大矾窑之一。

　　1949年初，整个闽东地区还没有一家电厂，所有的城镇都是点煤油灯和菜油灯来照明。1949年7月李若秀回到前岐时，源生泰矾厂原有船队中的"福利"号、"福源"号也因矾窑停止生产和海面不太平而停泊在前岐。"福利"号是福鼎首艘机帆船，见船上的技师这时无事可干，李若秀与二弟李若甫商量决定，将船上18匹的内燃机搬到前岐自家的房子上来（原水产站处）办个电厂，由"福利"机帆船的大副技师王梅荣（台州人）负责将柴油内燃机改为木炭内燃机，并配上发电机和配电盘等，另

聘请了一个杨师傅为外线工，在前岐街道上安装了路灯，给街道各商铺和经济条件较好的住房安装了电灯。经过紧锣密鼓的筹备，闽东地区第一个发电厂——前岐建华电厂于1949年除夕前开始发电，开创了闽东地区用电的历史。当时除了电灯外，还没有其他的用电器，发电仅用以照明，所使用的灯泡只有15瓦，甚至5瓦，虽然电厂的功率不大，只有十几个千瓦时，但也可满足几百盏电灯所需的电量。当时电厂发电的时间不长，天黑才发电，晚上10时左右就停电熄灯。由于人们大多没有时钟，临停电前10分钟都会将电灯闪熄三下，让需加班工作的人准备好灯具。

前岐有电灯了，这消息不胫而走，很快就传遍了福鼎。桐山人鲁丽生听说前岐已办起了城关还没有的电厂，也跃跃欲试筹办电厂。李若秀兄弟和父亲李新珪商量后，决定再办2个电厂，其一，可让弟弟李若甫到桐山与鲁丽生合伙开办；其二，矾山矾窑也急需用电，可把在广东汕头做明矾推销的三弟李若炳调回矾山管理。桐山电厂经过一年努力如期发电，取名为"鼎光发电厂"。李若秀这时从温州赶回矾山恢复"源大"明矾冶炼厂，同时着手筹办矾山电厂。他带上有丰富经验的王梅荣技师到矾山，经过不懈努力，安上了36匹的发电机组，定名"普光发电厂"，于1951年正式发电。原准备让三弟李若炳去负责管理，可3月李若炳从广东汕头经温州返回前岐时，不幸染病不治，于1951年5月病亡，年仅29岁。

三弟李若炳过早辞世，父亲李新珪的身体又不好，而二弟李若甫又到福鼎负责"鼎光发电厂"的技术工作去了，前岐的源生泰矾馆和建华发电厂缺人兼顾，矾山普光发电厂和源大矾窑也要有人负责。这时福鼎首艘货轮"福生"号也加入源生泰船队开始运营……为了管理的需要，李若秀于1951年10月将全家8口人从温州迁回老家前岐居住，亲自管理前岐源生泰矾馆以及矾山源大矾窑和普光发电厂。前岐建华电厂就由二弟李若甫兼管。随着供电量的增加，前岐建华发电厂也从海尾搬到过桥李若甫的住房旁边，占用二榴二层明楼，功率也换成24匹马力。1952年2月父亲李新珪去世，李若秀的担子更重了。随着明矾业的恢复，矾山用电量迅猛增加，要坚持日夜发电，白天发电供应水尾等矾窑的抽水机，晚上供应街道商店、住房和路灯的照明。由于明矾厂的用电量需求太大，李若秀只好将主要的精力用在矾山普光发电厂的发展上，不断地增机扩容、建造厂房，还在厂内配置了矾山电话总机。同时在前岐篱笆内也配置了相同的一套总机设备，还架设了前岐至矾山的电话线路，以方便矾山和前岐各矾厂同外地的电话交流。为此他家节衣缩食，倾尽所有资金，甚至忍痛出卖海尾自家四榴住房中的三榴，将资金投到电厂的发展中去。到1956年，矾山发电厂已具备相当规模，并有自己的修配车间。

1955 年 12 月 15 日，矾山明矾业全部公私合营，并成立浙江省平阳县明矾厂矿联合公司，普光发电厂隶属于矾矿公司的机电车间，李若秀被任命为机电车间主任兼电厂厂长。

1954 年，福鼎城关鼎光发电厂以 2700 元价格从"源生泰"购买了一台 100 匹马力的内燃机，以满足城关扩容的需要。1956 年，该厂实行公私合营，政府委派李友诚为公方厂长，李若甫和鲁丽生为副厂长。前岐建华发电厂公私合营后，归并到鼎光发电厂管理。

从画毛主席像到见到毛主席

林启雄

摄影家夏念长，1931 年 3 月出生，福鼎市前岐镇人，系闽东日报社原编委、摄影部主任，宁德市摄影家原协会原主席、终身荣誉主席。他还是 50 多年前福鼎县第一幅毛主席大型画像的绘制者。

最近，发现一张夏念长于 1950 年（时年 19 岁）站在福鼎县文化馆高凳上绘制毛主席巨幅画像时留下的珍贵老照片，拍摄者是当时福鼎县城关英华照相馆的摄影师邢宗发先生（后为福鼎县文化馆摄影干部和福鼎影协主席，已故）。在 1993 年一次纪念毛主席 100 周年诞辰影展中，邢宗发先生选送了这张摄影作品参展并获奖，后把这张珍贵的作品送给夏念长珍存。我们发现这张老照片后，采访夏念长，了解他绘制这幅毛主席画像的经过和见到毛主席的一段鲜为人知的故事。

夏念长少年时代就酷爱美术，就读福鼎县初中时便痴心向美术老师学水彩画和国画，颇有长进，在学校里初露头角，并有人向他求画。1949 年家乡解放后，他追求进步，参加了民主青年联合会，担任墙报美术宣传工作，学画政治漫画和各种宣传画，后被分配到前岐小学任美术教员。

在那激情燃烧的岁月，群众集会游行，会场要悬挂领袖画像，游行队伍前也要高举领袖画像。1950 年，县里要举行一次大型群众集会游行庆祝活动，急需两幅毛主席的大型画像。这是一项慎重、严肃而光荣的任务，可一时尚无合适的人选。当时夏念长是文教界进步青年，有关领导了解到他搞过美术、漫画宣传，当时又担任学校美术教员，便指定抽他到县里来承担这项任务。困难大、时间紧、任务重，但在领导的鼓励支持下，夏念长勇敢地接受了这一光荣任务。

当时需绘制两幅大型毛主席画像，一幅是毛主席标准像，要悬挂在会场主席台上；一幅是开国大典毛主席检阅游行队伍时招手的画像，用于仪仗队前导游行队伍。两幅画像都有 3 米高、2 米多宽。画这样的大型画像，在解放初的福鼎县城还是新鲜事，消息从文化馆不胫而走，群众络绎不绝前来观看。当时县城的英华照相馆摄影师邢宗发先生获悉后，扛来旧式木制大照相机，架起三脚架，调好焦距，当夏念长一脚站在高凳上，一脚踩在颜料桌上，一手拿着画像样本，一手握着画笔对画像进行观察调整到恰到好处时，便摁下快门，摄下这珍贵的历史瞬间。

功夫不负有心人。经过 10 多天的努力，两幅大型领袖画像终于顺利画好，如期挂在会场主席台和出现在游行队伍中。领袖画像的绘制成功，极大地激励了夏念长的革命热情，他从此更加努力工作、勤奋学习，到北京见伟大领袖毛主席成为他最大的心愿。他把这种革命激情变成实际行动，加入青年团，并在学校里组建了第一支少先队，担任第一任前岐区辅导员，当选为县第一次人民代表大会代表和福安专区第一届民主青年代表会代表。1952 年，他被调到青年团福鼎县委。1955 年，又被调到福安专区新农村报社和后来扩版更名的闽东报社、闽东日报社，担任美术编辑和摄影记者。夏念长在新的工作岗位上，刻苦自学，钻研业务，深入实践，艰苦创业，开创了报纸美术、摄影新篇章，贯彻通俗化方针，以图文并茂、通俗易懂、形式多样、喜闻乐见的特色为《闽东报》成为当时全国 3 家先进地方党报之一作出了贡献。

由于夏念长在摄影艺术方面的成就，1960 年他被选为福建省文艺界摄影家代表之一，参加全国第三次文代会。在庄严的人民大会堂，他见到毛主席和老一辈无产阶级革命家共同出席开幕式。7 月 23 日下午 3 时，他又和全国知名新老文艺家一起在中南海怀仁堂草坪上受到毛主席等党和国家领导人的接见。由于当时福建是前线，毛主席等党和国家领导人，在文联主席郭沫若的陪同下，特别到前线、边疆地区的代表面前，频频向他们招手。夏念长近距离见到了毛主席，终于实现了他多年的夙愿，他的心情无比激动，一直鼓掌不停。最后，毛主席同等和国家领导人与全体代表一起留影纪念。从此，夏念长更加努力地工作。党的十一届三中全会后，夏念长于 1979 年再次当选为全国第四次文代会代表，出席全国文艺界的盛会，又一次受到党和国家领导人的接见。现在，他家墙上悬挂着两幅长 2.8 米和 1.4 米的毛主席等党和国家领导人与文代会代表合影的照片，作为永久纪念。

双岳一号洞工地的知青们

✿ 张宜芳

双岳引水工程是在牛头溪上游筑坝拦水，开挖引水渠引水到前岐水电站发电，并将其尾水用来灌溉前岐公社沿海 6 个大队的 5000 亩农田。引水渠上有 4 个穿山隧洞，其中最长的一号洞接近 1000 米，如果手工开凿，需时 2 年，换作机械，需 1 年时间。当时，由刚成立不久的宁德地区水利水电工程局机械开挖队承揽一号洞工程。这是福鼎县首例利用机械开挖的隧道工程，施工阶段也接待了不少异地参观者。

一号洞出口，在小岳大队五里牌里洋自然村。洞口施工现场"三通一平"之后，生活设施搭建、工程机械进场、设备安装调试一一推进，开工准备工作紧张有序展开。

1972 年春节前，一号洞工地来了一批青涩面孔，年龄都在 20 上下，举止个个学生模样。他们是前岐公社从本社上山下乡青年中抽调来的插队知青，用以充实工程队队伍。我们怀着青春的冲动，从乡间田野来到一号洞工地，准备投入与插队劳作不一样的生活。踏上工地，这里的一切都让我们产生新鲜与好奇，特别是换上刚发来的"工人装"，心里顿然塞满"王进喜式"的豪情。

作为力量补充，我们被安插到除"爆破""出碴"外的其他工种。陈绍军到"空气压缩机车间"，黄敦源、黄敦宾、张启明、王春治、李振瑞、陈仕真到"压缩气打钻班"，曹祖培、范则建、叶立明到"检修车间"，宋显谋、李宗英到"安全处理班"，夏品强到"修钎车间"，郑守管和我到"发电厂"，潘道坦到"测量组"。

进入新环境的兴奋尚未褪净，我们马上就要进入角色适应。像小羊跟着领羊，我们跟在工程队老师傅周围，听师傅讲授，看师傅操作，把活看在

开凿隧洞（夏念长 摄）

眼里，把话记在心里。我们渴求知识、渴望学习的火焰被重新点燃，想通过自己的努力，尽快地胜任工作。当时，专业书不容易买到，得想办法向人家去借，什么内燃机知识、空压机知识、电气的接地与接零，我们都是在一号洞工地学成的。作业"三班倒"，刚开始真不习惯，晚上12点钟从睡梦中起来去接班，干到次日8点下班，大白天反要抱头大睡，生物钟全被颠倒。

一个月后，大家基本了解、熟悉了各自的作业规程，适应了作息制度，能够从师傅手下"放单飞"。当我们从财务室领到24元的月工资，着实高兴了一整天。当时教民办一月14元，还要自己烧饭菜，而这里，吃饭有食堂，不但饭热菜香，价格适可，而且还讲营养（巷道作业需要），24小时不关门（连续施工需要），着实便利。

刚开始，厂里只有一台"32匹 16千瓦"发电机组，过了一个月左右，又运来一台"75匹 42千瓦"机组，这两台机组都附带各自的配电盘。而随着工程设备的接续增加，特别是隧洞开挖进尺的日夜推进，排通风设备必须相应跟上，这些设备都有电力需求。工程局又运来了第三台机组"120匹 56千瓦"。新机组的柴油机是卧式低速机（750转/分），因为转速低，飞轮特别的重且大。这台机组没有附带配电盘，需要安装新的配电盘。电厂的老师傅都是搞运行的，领导把电气方面的活划给了我。眼下的设备，我也是第一次接触，心里计划着先熟悉设备的电气原理、线路布局，然后再根据工地实际进行接并处理。于是，我拿着说明书，一项一项按图索骥，等搞明白了结构与原理，再进行一些需求方面的变动，顺利安装投产，保证前方电力供应。可能是因为成功安装配电盘之事，老师傅吴明齐还把我介绍给前岐农塑厂，协助该厂新厂房的电气安装。

电力供应的另一保障点是洞内照明。这项作业具有移动性与危险性。按工序流程，照明设施要先于其他工种，铺设到洞底工作面，给测量及其后的打风钻提供照明，而且要旁站。打钻完毕，爆破班上来填装炸药，点火前务必飞速撤下照明设施，撤退到200米外的安全地带，以躲避洞内爆炸飞石。再等到17—20个钻眼的爆炸响过后，冒着洞内滚滚烟尘，又要重新把照明设施拉到洞底，给安全处理班安排照明。每天3次，如此退进。如果遇上"硝丁"（一种不合格的导火线或雷管，点火即爆，或不确定延时爆炸），则有生命危险。

整个一号洞施工期内，电厂没有因为停电或缺电影响过工程生产。

一号洞工地的知青们，和一号洞一起成长，作为一个群体，给人留下了"学习自觉、干活卖力、遵守纪律、团结互助、能够吃苦"的鲜明印象。

11月，最后一台班的排炮，炸穿了洞底工作面，宣告一号隧洞平安、顺利贯通。我没有参加一号洞工地的清场劳动，接到通知即先行离场，赶赴另一场建设会战点——佳阳水库大坝工地。其他知青，在清场结束后，陆续转场到不同岗位。

四十年前"村通"梦

✍ 张宜芳

今天，无论你家住城镇还是乡村，一样能够尽情享用交通给予的便捷，这是因为有了布满城乡的"村村通"道路网。而 20 世纪 70 年代，桥亭、黄仁、熊岭、凤桐、武垟 5 个山区大队的老百姓，就曾痴心追寻过这个梦。

20 世纪 70 年代，前岐公社辖有 22 个农业大队，一半在沿海，一半在山区。平日生产生活出行，沿海群众可以借助舟楫代步，而山区群众唯一的选择是自己的两条腿。尤其是生产活动中，大量物资的运进送出，极不方便。1974 年 12 月的一天，公社李学金副主任给我布置了一个作业：跟他到薛家大队去走一走（我当时经常参与公社和大队下面的工程技术事务）。12 月 4 日早饭后，我们出发了，经过西宅，先到武垟，然后去薛家。走这段路就是当天的作业所在，此行的目的是想勘查一下桥亭、黄仁、熊岭、凤桐、武垟 5 个大队的公路，可不可以经过薛家大队接入"桐沙线"第 12 公里牌，如果可行，也想把薛家纳入这个"公路网"。我们在一段一段的路程中细心地考察，对一座一座山头反复地比较，手持测坡仪，估测线路通过的可能性。当夕阳快要西沉的时候，我们回到公社，结论为：因地形与高程的制约，薛家大队带不进来。

1975 年 7 月，我又跟随李学金副主任、李德兴生产组长，到 5 个大队跑了几天，对线路上的关键节点再一次进行考察确认。经过公社反复研究，线路的基本走势最后确定：从现有前岐至西宅道路南岭脚处为起点，以"西宅—武垟—桥亭—黄仁"为干线，凤桐从岭后分出，熊岭从乌溪分出。

1975 年 8 月，组织实施野外实地测量。

队伍由公社李学金副主任任队长，李德兴生产组长任副队长，我负责具体技术事务。相关大队各派 3—4 名青年骨干参与。各大队实际来的同志，或是大队干部，或是知识青年，或是退伍青年。其中，武垟为李敬受、林朝甫、王烈节，桥亭为徐家进、郑敬莲、王光和，熊岭为庄友柯、庄友钟、庄千銮，黄仁为陈建明、林书雄、徐本瞳、徐家炳，凤桐为刘朝坚、吴为宝、雷能平、刘祖来，薛家为李学成、江祖开、许文奎。

除以上人员外，还吸收了几个域外大队的知识青年。薛家大队虽然没有直接受益，但大队考虑为将来修路准备技术力量，也派员参加外测活动。

8月3日全体人员集结完毕。8月4—5日在公社二楼大会议室，举办"公路野外测量基本知识"培训，邀请县交通局陈炎银技术员主讲。

明确人员分工，各组进入准备工作。具体分工如下——

大旗组：陈炎银、李学金、徐家进、刘朝坚、吴为宝、雷能平、江祖开、王烈节、庄友钟。

放坡组：张宜芳、陈建明、许文奎、王察建、李招良。

中线组：丁元钰、郑祖建、庄千銮。

估方组：王光和、刘祖来、郑敬莲、林书雄。

测角组：李德兴。

8月7日上午，由野外测量队携带设备，从公社所在地向西宅进发。大旗组在西宅南岭脚的拱桥旁打下第一根桩——IP1。13日下午，在黄仁打下主干线的最后一桩——IP235。主干线共设置235个桩号。"凤桐"支线从主干线IP106（岭后）分出，设置49个桩号。"熊岭"支线从主干线IP182（乌溪）分出，设置81个桩号。第81号桩于14日下午打下，是整个野测活动中打下的最后一桩。

紧随大旗组之后，放坡、中线、估方、测角各组作业，有序跟进。大家仔细操作、精心施工，不漏点、不重点、不马虎、不敷衍，实时准确记录，当天及时整理。全队反复强调这些作业要求。

8月15日上午，全队人员从熊岭大队撤回前岐，野外测量结束。

整个外业测量活动，得到沿途大队大力支持，各大队投入很大财力、物力，各大队大队支书、大队长全程跟班，及时协调工作、解决困难，为我们顺利完成任务保驾护航。

8月18日开始内业工作，由陈炎银同志与我负责，具体的计算、制表、制图、编写则由我执行。

实测结果显示，道路总长度为19.798千米。其中，主干线西宅—武垟—桥亭—黄仁13.486千米；凤桐支线3.221千米，熊岭支线3.091千米。

道路按国家等级公路"四级路"（最末级）标准设计。路基宽度6.5米，设置弯道130处，需挖填土石方24.5823万立方米。

主要建筑物有石拱桥、涵10座，坐落在土笨坑、岭后、后溪、余家坪、桥亭、

前岐

双溪口、东溪口、青寮坑、青寮、熊岭脚；过水路面 2 处，坐落在土笨坑、熊岭柴背；箱涵有 45 处；盲沟有 20 道。需占用水田 21.7 亩，请求国家"三材"补助（及技术性人工费）4.9945 万元。

9 月 6 日，《初设计划书》完工，交李学金、李德兴队长。

在当年"农业学大寨"的背景下，"大干快上"是一句深入人心的口号，很多时候，一边报计划，一边就大张旗鼓地干开了，漫山遍野，大家自力更生。是年秋收后，五个大队的群众，忙乎一冬天，七手八脚，剥开山皮，硬用锄头洋镐，挖填出道路的轮廓来。

由于机缘未到，这个"五大队工程"被搁置了好些年。后来，我也由于工作变动离开了前岐公社，等我再来的时候，已是改革春风拂大地，神州处处换新颜的新世纪了，"五大队"全通车了，薛家大队也通车了。

40 年前的筑路梦呀，今日终成真！

村村通公路（林秀链 摄）

前岐围海造田史话

✐ 梁　燕　傅克忠

　　前岐垦区地处前岐镇西南方，与彩澳、薛桥、柯湾、前岐等 4 个行政村相邻，总面积 0.76 万亩，占镇域总面积的 5%，其中可耕地面积 0.69 万亩，港道面积 0.07 万亩，与双岳垦区并重，享有"滨海小平原"的美称。

昔日滩涂变成千亩良田（季思恩 摄）

　　20 世纪 70 年代，前岐公社人口众多，是当时福鼎县第一农业大镇，总人口 6 万多人，土地面积 3.8 万亩，其中水田 1.5 万亩，林地 2.3 万亩，每人平均不足 5 分地，是一个典型的缺粮公社。特别是彩澳、薛桥、柯湾、双屿等沿海大队人均只达到 2 分地。当地流传着"当日讨海当日销，粮仓就在扁担头"的顺口溜，说的是村民日间讨海，到黄昏时就把一天的海鲜拿到前岐街上卖掉换粮糊口。为了彻底解决这一缺粮问题，积极响应国家农业发展号召，当时的前岐公社革命委员会决定打一场"移山填

前

岐

154

海、围海造田、向海要粮"的人民战争。

前岐垦区围海造田工程于1971年经省水电厅立项、设计和审批，1972年5月1日正式动工围垦，至1976年9月11日（农历八月十八）堤坝合龙，历时6年。堤坝取名"前岐海堤"，总长1510米，分3段施工：1号堤从姚家屿至柯湾内厝，长72米；2号堤从鲎屿至姚家屿，长278米；3号堤从鲎屿至九头鼻，长1160米。另设排洪挡潮闸一座7孔，净宽26.8米，可控制垦区内上游流域面积24.3平方千米，属当时福鼎市最大海堤之一。

1972年，前岐公社成立了围海造田指挥部，前岐公社党委书记黄振华同志任指挥长，召集前岐公社32个大队共7000多人举行向前岐海港进军誓师大会，树立了誓将沧海变桑田的决心。每大队按人口比例分配围垦工作，要求每个男劳力完成填方90立方米、女劳力完成填方45立方米的工作量。参加填海的群众一律以工分计算劳动，而且自备干粮、炊具、铺盖等生活物资，实行食宿自理。在缺衣少粮的年代，工地场上人山人海，个个干劲冲天，斗志昂扬，掀起了"赛革命、赛团结、赛生产"的热潮。

万人上阵热火朝天的劳动场景（夏念长 摄）

围海动工后，在福建省农垦设计院专家的技术指导下，主要从柯湾、薛桥两村就近取土填平周边海域，然后采取砂垫层、抛石镇压层的综合处理方法，以及"小潮进，大潮保"等措施，分段逐步完成堤坝的施工。工地上红旗招展，7000多人在"三班倒"地战天斗地，数百辆板车、三轮车挑灯夜战，前岐垦区的雏形一天天形成。

不用水泥，不用钢筋，没有任何的机械手段，一双双勤劳的手和一副副坚硬的肩膀筑就了这片广袤的海田。不分昼夜，不分男女老少，这场向海争地的"人民战争"整整打了6年，整个工程除了全镇人民连续几年的投工投劳外，当年福建省、福鼎县总投资129.5万元，向国家贷款了35万元，另外还有基地补助项目资金。

前岐围垦堵口合龙情景（夏念长 摄）

1976年堤坝合龙时，正值全国人民悲痛伟大领袖毛主席逝世之际，再加上农历八月大潮，堤坝合龙工作遇到了前所未有的困难。堵口的成败不但关系到战海人的生命安全和财产安危，更决定了这项工程是否能顺利完工。在确定堤坝合龙时间上，出现了两种不同的声音：一种声音认为农历八月大潮，应停止合龙，另定时间；另一种声音认为如果不在农历八月十五前完成合龙，前几年工作将前功尽弃。两种不同的声音让整个围垦工程陷入危机。后来，在各级技术工程师的研究讨论下，前岐人民在围垦指挥部总指挥黄振华的组织和指挥下，经过日夜奋战，终于在1976年9月11日（农历八月十八）圆满完成合龙。

这场围垦"战役"，创造了前岐历史上的两个奇迹，一是6年多的工程以零伤亡圆满交上答卷，二是堤坝合龙时间选在了农历八月大潮期间，可以说是史无前例。

（本文根据周义斌等人口述整理）

我在前岐围垦工地当技术员

张宜芳

1976年4月，公社通知我立即把手头的工作整理一下，准备下周到前岐围垦指挥部报到。通知来得有点突然，事先没有一点风声，后来才知道，是黄国荣同志点的将。黄国荣是福鼎县水利界的权威，曾任县水利科（现为水利局）技术科长，对工程建设质量的要求非常严格，甚至严厉，业界有名。前岐围垦属省管工程，技术力量要求强配，因此，他负责该工程的技术主管。其时，我在前岐佳阳水库工程指挥部，除财务工作外，还兼任水库配套工程（包括象阳水电站）的测设与施工。我是1972年12月到佳阳的，从水库大坝清基到配套工程建设，已过3年，眼下马上要离开，心里真有点不舍。

一周后，我按时到达围垦工程所在地，被安排在指挥部新建的管理房二层，宿舍兼办公室。我的第一份作业是测量核定水准网高程。在2名知青尺工的配合下，外业很快就做完了，内业也很顺利，结果很快便交了上去。第二天，新任务又来了——实时观测采集潮汐水文数据。我需要每天依照潮汐变化，记录平潮时点、港外潮位最值及出现时点、港内最值与时点。工作的内容很明确，但要精确、可靠；工作不复杂，但要细心、坚持，不允许有漏点。

我凭直觉，海堤最后合龙的时间可能不远了，因为这些水文信息是冲着堵口合龙准备的，这是围海建设的关键环节。前期的所有工作都必须围绕它进行，其中水文条件至关重要。每一天，我都高度专心地完成我的"水文作业"。一个月后，我心想，何不将采集到的数据，通过图像直观显现，这样不仅便于相关比对，而且可以提高决策效率。于是，我试着采用农历序时，将数据绘成"潮汐变化"二维图，提供决策使用。我们所采集到的水文情报显示，近期大潮露滩时段有延长趋势。

根据水文特点和工程进展情况，技术部门准备放弃原定在年际12月至4月之间选小潮堵口的方案，改在8月梅花大潮堵口。工程指挥部大胆决定：农历前八月十八（当年闰八月），实施龙口围堵会战。由于组织周密，准备充分，方法科学，选时精准，合龙会战，一役成功。

这一天，是 1976 年 9 月 11 日（农历前八月十八）。如果从 1973 年 7 月动工算起，前岐公社 22 个大队的农民，花了整整 3 年零 2 个月时间，肩挑手推，燕衔垒堤，终于实现了前岐港湾沧海桑田的巨变。

龙口闭合之后，需马上进行加固与稳定性的观测作业。观测主要围绕两个方面：堤体沉降、堤线位移。我们一天要观测数次，将结果反映在图表上，演算评估，指导施工，保证工程质量与海堤安全。在大部分建设者体验"三年辛苦，终成正果"的氛

万人围垦大会战（夏念长 摄）

围中，我们反而如履薄冰，生怕由于自己的大意，数里海堤功亏一篑。我们用心地观测，及时地封堵，严防渗漏。继堵口之后，在紧张与忙碌中，来到了 1976 年 10 月。

1976 年 10 月，是中国现代史上一个"不平凡"月份。海堤的成功合龙，给这个"胜利的十月"献上了一朵喜庆的浪花。20 世纪 70 年代，近万亩围海一次性堵口成功，具有总结经验与宣传推广的意义，福建新闻电影制片厂将其纳入摄制计划，策划中还有一节"堵口之后滩涂利用"的画面安排。而前岐围垦刚刚堵完口，滩泥尚未固化，无法上人，公社决定，移置前岐围垦对面的双屿围垦垦区。双屿围垦垦区属前岐公社辖区，面积近千亩，滩涂尚未规划，可以上人作业。公社派我星驰双屿去完成这项任务，先把滩面规划出来，然后让双屿大队组织群众上场，平整劳作。

11 月中旬，风雪交加的下午，双屿大队派了一条"挑排仔"（一种宽约 1 米，一头尖翘的木制"柳叶舟"）送我，我带着测量仪器，端坐舟中，不敢动弹，生怕晃动引起舟覆落海的悲剧。配合我作业的有双屿大队的兰书记、邵大队长，还有 2 位工宣队员，他们来自福鼎制碘厂。我和工宣队吃住在大队部。天不作美，接连几天下雨，不能出工，原本无几的菜吃光了，好在这里有一间米粉加工坊和一间紫菜采收场，接连几天餐餐"米粉煮紫菜"，吃得都怕了。天终于放晴，我们抓紧施工，把雨天耽误的时间抢回来。在双屿待了一周，我完成了公社交给我的任务。

1976 年 10 月 3 日，阴天。堵口后滩涂的第一次实地踏勘，从前岐小学操场下首"下海"，直到大堤中点，其间过港汊地段，用小船摆渡，直线行程接近 4 千米。我们

于下午 1 点左右起身，5 点左右抵达闸基，晚饭在指挥部食堂，李指挥虽然不会喝酒，却用"西凤酒"招待我们几个"垦区的首批勘险者"，以庆祝我们勘险成功。下酒菜是堵口后每天晚上闸门定置网猎获的特大虾和海蟹，味道特别鲜美，几十年过去了，仍难以忘怀。

根据滩地的实际情况，公社考虑编制《前岐垦区滩地开发计划书》。编制任务又落到我的头上。凭借当时的认识水平，我们决定综合考虑农田、水利、道路、植树几个要素，将"着眼长远、立足当下、合理安排、统筹兼顾"作为垦区规划的基本要求。

农田　　每方水田设定长 150 米、宽 66.7 米，面积约 10000 平方米，沿纵贯垦区南北方向的公路主干道，东西方向排列展开。纵向每隔两块修一条 3 米宽的机耕路和一条灌水渠。主干道彩澳一侧有农田 3455.95 亩，柯湾一侧有农田 3219.33 亩。

水网　　灌排水渠：依托 1972 年完工的双岳引水，利用前岐水电站发电后的尾水，开挖总干渠与柯湾侧的绕滩地左干渠、彩澳侧的绕滩地右干渠，然后引入田间支渠和斗、毛渠，形成灌排水网。靠近前岐地势较高的部分滩地，采用前岐溪筑坝拦水，拦水坝坝址选在前岐粮站后门，把水引入小学操场地下暗渠，接入建在垦区公路主干线路基东侧的中心渠。水网开挖总干渠、左右干渠、中心渠，总长度 11649 米；开挖支渠 23 条，总长度 16000 米。

排洪沟：由于土地规格化，干渠环滩绕行，原来滩涂上的山洪集水沟壑，大多被填平或改道，需要开挖新的排洪沟，引导山洪出路。开挖排洪沟茶湾、大丘田头、中宫、下宫边、大湾、岭脚、梅湾、落空内、鼎斗共 9 道，总长度 5450 米。

防洪堤：前岐溪流域 15 平方千米内，形成的暴雨山洪，历史上都从小学操场、海尾下码头对面的低洼地泄洪，现在需要在操场的上沿与码头对面前岐溪西岸砌筑防洪堤，把洪水挡进前岐溪，以保护滩地农田。

排洪闸：彩澳—薛桥部分滩地地势比大港低，农田排水无法汇入大港，需要在九头鼻建一座排洪闸，把低地的汇水直接引入大海。

道路与植树　　主干线：纵贯垦区南北，起于岐小操场，止于鲨屿大堤，全长 3600 米，路基宽 5 米，高出滩地 0.8 米。过"三叉港"建有钢筋混凝土平板桥 1 座，长 60 米，宽 4 米，板厚 0.3 米，净跨 10 米，桥墩浆砌方整 1 米厚。横穿主干线的灌水渠，采用石砌箱涵通过，有 12 道。排水渠有 13 道。

次干线：即与主干线 90° 交角的田间机耕路，路基宽 3 米，宽出田面 0.5 米，总长度 16110 米；跨港石拱桥 3 座，长度分别为 50 米、60 米、120 米。

植树：中心主干线的两侧和次干线的单侧，每间隔 3 米，种植木麻黄 1 株，形成路间、田间林带网。

港道与港汊　　前岐至大鼻头间的大港大弯，进行截弯取直，开挖新港道长约450米、宽20米，平均深度约2.5米，挖方量约22500立方米，两岸砌石护驳，工程量约2925立方米。关刀港上部进行填方处理，长300米、宽50米，平均水深约3.5米，填方量约52.500立方米。其余较大港汊30条，全部进行填方处理，以利土地连片，水网与道路通过，增加滩地利用面积。

上述规划项目，除了"三材"及技术人工费用外，全部为本社农民无偿承担。我们的垦区滩地开发规划，也是自力更生搞出来的。我们将公路主干线、农田田埂线在滩地上放样之后，相关大队很快就组织人马，上场开战。堵口后的第一个冬天，垦区边缘的部分滩地上有群众利用山边零星水源，种植葱、蒜等蔬菜。

1977年开发规划逐步落地，图纸上的田块、道路、水渠，一项一项呈现在滩涂地面上，滩涂的经济价值，也一天天变为群众的实在利益。

前岐垦区蔬菜基地（林昌峰 摄）

160

1978年4月，我离开前岐围垦。

前岐围垦，是20世纪70年代，一群地道的农民，用传统的工具和布满老茧的双手，自带粮草，风餐露宿，向大海要得的7500亩土地。几十年来，我时常怀念在这片原是海湾的土地上所发生的变化，和创造了变化的人们。

前岐知青史话

范则谊 夏 林

1968 年 12 月 22 日，毛泽东发出指示"知识青年到农村去，接受贫下中农再教育，很有必要"之后，全国上下掀起的知识青年上山下乡的热潮，偏居东南沿海、闽浙交界的福鼎县前岐公社也不例外。

由于资料缺失，前岐知青总数具体多少已无法统计，但在前岐公社居民家庭中，几乎没有一家不和"知青"下乡有过联系。笔者探访几个老知青，勾起了他们的深情回忆。

前岐公社知识青年最早上山下乡的时间是 1966 年 3 月，王定汉、黄定邦等 23 名前岐籍青年，来到桥亭南池青年茶场插队。据李敏树介绍（时任茶场生产队长，1966年 9 月温州中学初中毕业，回前岐南池"插队"），他们集体居住在石头房里，县里统派配有限口粮，日常劳动是以开拓荒地、种植茶园为主。通过努力，他们共开拓荒地 280 多亩，茶园 30 亩。虽然公社有派 2 名技术人员参与管理，但由于土地贫瘠，所种茶叶、地瓜等农作物收益差。经过几年的劳作，他们真实感受到了生活的艰辛和不易，吃了不少苦头，困了累了病了靠自己克服，早中晚三餐要自己生火做，生活上大小事一切都要自理。为解决生活问题，1969 年 12 月，青年茶场分派几名人员到前岐集镇参加镇办电池厂劳动，后因效益差，电池厂亏了，知青茶场也就随之解散，各人自寻出路。

说起知识青年上山下乡，还需说一下"老三届"。1968 年 10 月 14 日，中共中央发出《关于大、中、小学复课闹革命的通知》，要求"全国各地大学、中学、小学立即开学"，学生开始从社会回到学校。此时，全国滞留在学校的 1966、1967、1968 年三届初中、高中毕业生（即"老三届"）约有 1100 万人，其中家居城镇的初、高中毕业生约有 400 万人，而 1969、1970 年两届小学毕业生急需升入中学。因此，"老三届"的学生安置问题亟待解决。

最早一批"老三届"的知青到前岐下乡时间是 1968 年 12 月，李竹松、夏朝坚、陈相辅、范淑金等 9 人，被分配在桥亭生产大队九里庵林场和赤岭茶场。第一年每月发放 8 元津补贴、口粮 37 斤，第二年没有津补贴和口粮发放，自行解决。出工每天劳动只记工分，每个工分价值 0.04 元，每天满负荷劳动能领取 6 个工分，年末用总工分领取来年的口粮。有的人靠平时砍柴，挑到集镇卖换些钱，再加家庭补贴，勉强生活。过节时，生产队有宰牛，还会给大家分点牛肉打牙祭，或分点烟等农副产品。

"老三届"知青范则建回忆，1966 年夏季，他初中毕业，跟随高中届年龄大的校友到北京串联，参加红卫兵运动，回来后就在家待业。1969 年 3 月，响应号召，他和同学 8 人前往前岐文阳村（今属贯岭镇）下乡，每月领取津补贴 8 元，食宿等日常开支自理。2 年后，由于文阳村划归贯岭镇管辖，他们被重新分配到前岐大路大队过溪生产队，没有津补贴，每天出工劳动只记工分，每个工分价值 0.12 元，每天满荷劳动能领取 8 个工分。由于他年轻又艰苦劳作，每年能分得 6—7 担粮食，有这么多粮食填饱肚子在当时可是一种莫大的幸福。这个过程，也让亲历者更深刻体会到"谁知

女知青在生产队晒收稻谷（夏念长 摄）

盘中餐，粒粒皆辛苦"。早期知青下乡分配都是由前岐知青办统一安排到前岐公社各生产大队，人数没有统一规定，也基本上分散居住在农民家里。但大规模上山下乡以来，为便于统一管理，营造宣传声势，福鼎县开始在各个公社建设知青点（包括知青场）。据了解，福鼎县共建有知青点 68 个，分布在 13 个公社，建有房屋 75 座。前岐

公社有蕉宕知青点、象阳知青点、佳阳知青茶场 3 个知青点。

作为知青到农村插队，那是人生一段难忘的岁月。他们正值青春年华，插队落户农村有三五年的，也有十来年的，都亲历过种田、种地，参与日晒雨淋劳作，过农村生活。他们清晨出发，拿着农用工具跟着村民一起出工，到地里种水稻、红薯等，傍晚回来已是全身酸痛，春夏秋冬，周而复始。

前岐公社最后一批上山下乡的是 1977 年（即福鼎二中 77 届）的高中毕业生。

到了 20 世纪 70 年代以后，早期下乡的知青陆陆续续离开知青点自谋出路，国家也开始允许知识青年以招工、考试、病退、顶职、独生子女、身边无人、工农兵学员等各种各样的名义返回城镇。1971 年 5 月，福鼎县革命委员会召开各公社知青办工作人员会议，研究进一步贯彻落实上山下乡工作。两年多来，全县共安置上山下乡人员4277 人。前岐公社最早参加正式工作的是首批"老三届"下乡的陈相辅，于 1970 年11 月被分配到白琳派出所。1971 年 7 月，李竹松、夏朝坚等人由于在知青点表现好，同时分配到福鼎乍洋明矾矿工作。有些知青如陈绍军、黄敦源、张宜芳、范则建等人，服从前岐建设需要，从前岐公社各知青点抽调来，参加双岳引水工程、前岐牛头溪水库、佳阳水库大坝等建设，换了岗位。

1978 年 10 月，全国知识青年上山下乡工作会议决定停止上山下乡运动，并妥善安置知青回城，解决就业问题。1979 年以后，前岐绝大部分知青陆续返回了城镇，大部分知青都被相应安排了工作。

照澜溪矾矿 "三废" 污染治理记

范则谊

照澜溪全长约为 20 千米，是福鼎市五大河流之一，流域面积 14 平方千米，上游在浙江苍南域内，流经苍南县矾山、福鼎市前岐两镇的 11 个行政村、65 个自然村，汇入沙埕港。以前，照澜溪河道既宽又深，上百吨的船只可自由出入，水路交通十分方便，流域两岸和滩涂非常适宜农业生产和水产养殖，照澜村因此成为 "鱼米之乡"。

矾山镇的矾矿储量占世界已探明总储量的 60%，20 世纪 90 年代年产量占全国的 70%，是名副其实的 "世界矾都"。矿区内分布有大矾厂、乡镇矾窑以及年产万吨的小矾厂。到 1990 年，矿区内尚有 27 家小矾厂，从业人员达 3000 多人，年产明矾约 3.5 万吨。由于矾山的炼矾业一直沿用 600 年前的老生产工艺，温州矾矿每炼 1 吨明矾要产生 1.8 吨矾渣、0.6 吨矾浆。特别是 20 世纪 70 年代以来，由于矿山无序采炼明矾，每年都有数百万吨的矾渣、矾浆和酸性废水以及尾矿直接或间接排出，顺照澜溪而下，使照澜溪流域 2 万多群众深受其害，"鱼米之乡" 成为污染之地。照澜溪流域的水生和陆生生态系统遭到严重的破坏，沿溪的道路、堤坝、良田、港口、码头成了炼矾业废弃物堆放场和淤积地。照澜溪沉淀了厚厚的矾浆，河床每年以 15—20 厘米的速度抬高，原上百吨船只可自如出入的照澜溪深水码头变成一片荒滩，1966 年兴建的高 12 米照澜溪水泥公路大桥距河床只 5.2 米，原 4 米多高的照澜溪石板桥被矾渣淹没。据福鼎市环保局对溪水进行的多次监测表明，溪水的 pH 在 3.5—4.5 之间，水质呈酸性且悬浮物含量高，水质严重恶化，农田绝收，鱼虾绝迹。因污染而无法养殖、捕捞的滩涂面积达 2 万多亩，无法排水灌溉的农田面积达 5808 亩，地下水也无法饮用。1999 年，照澜溪两岸已有 21 户（91 间）民房被迫迁往高处。苍南小矾矿的污染已经严重影响了前岐镇的渔业和农业生产，并造成巨大经济损失约每年 900 万元，同时沿危及岸人民生命安全。

矾山兴起炼矾业后，污染和纠纷致使闽浙两省官司不断，延绵百年。自 600 多年前的明朝洪武年间始，两省就开始了纠纷。清同治七年（1868），清政府为解决纠纷还在两省交界处立碑定规：每开采一担矾赔偿两文钱。矿业的发展有巨大的利益存在，保护水资源和发展生产似乎成了闽浙边界不可调和的矛盾。矾山镇与前岐镇相距不到 5 千米，两镇一高一低，山水相连，福祸相依，革命战争时期同为闽浙南革命根据地，因革命先辈和老区人民为革命作出巨大的贡献，两地人民结下了深厚的革命情谊。但 1949 年以来，两地因污染问题多次发生纠纷，引发了较激烈的冲突，乃至流血事件，官司多次打到中央。

为解决污染纠纷，1985 年至 1991 年间，闽浙两省各级政府共进行了 5 次协商，浙江方面曾给予补偿，其中 1979 年一次千人搬迁的 18 万元费用就由浙江方面提供。15 年间，浙江方面给予福建经济赔偿达 228 万元，但对依法治理炼矾污染等实质性问题并未彻底解决。1991 年 7 月 18 日，在全国人大常委会和国务院领导的关心和重视下，由国家环保总局牵头，会同两省政府有关部门进行协调，形成《协调处理闽浙两省炼矾污染纠纷的纪要》，明确要求对 1990 年以前污染区由浙江省温州市作最终一次性补偿 100 万元；对造成环境污染的，限于 1991 年年底前完成治理。1998 年 10 月，由中央 20 多家新闻单位组成的"中华环保世纪行"采访团，来到前岐镇乡村，查看受污染的灾情和矿区生产情况，并在中央电视台及其他中央和省级报刊等新闻媒体陆续作了报道，披露了此事。过去，每年的全国和省两会都收到人大代表、政协委员的提案和议案，也要求尽快解决这一旷日持久的污染纠纷。1999 年 1 月，在福建省九届人大二次会议上，宁德代表团代表叶荣云领衔再次提出议案，要求省人大常委会环境委和省环保局把前岐镇继续遭受矾山矿区"三废"严重污染的情况，及时上报全国人大常委会环资委和国家环保总局及有关部门，争取将前岐镇污染危害的治理纳入综合治理规划。1999 年 1 月 29 日，国家环保总局、国土资源部派出联合调查组到福鼎市前岐镇调查受灾情况，表示将力促两省、两地进行联合执法，对违法企业严格依法处理，关闭污染严重的小矾矿，对大矿实行限期整治，同时将调查情况如实向全国人大常委会、国务院汇报，力争从根本上解决这起纠纷。时任全国人大常委会副委员长邹家华、时任国务院副总理温家宝对情况报告专门作了批示。根据上级领导的指示精神，为加强闽浙两省沟通，促进污染纠纷早日解决，1994 年 4 月，省人大常委会环境委组织省人大代表到实地视察，由省环保局副局长叶南斗牵头落实，并多次主动向国家环保总局、浙江省环保局取得联系，协商有关调查具体事宜。

在全国人大常委会、国家有关部门、闽浙两省政府及社会各界的重视和关注下，浙江省以及温州市、苍南县人民政府在矾矿污染治理方面加大了投入。小矾矿烧窑已经全部炸毁，全国最大的温州矾矿也被责令限期治理。从 20 世纪 90 年代至今，累计对环保治理投入 2989.42 万元（不包括近年的环保设备运行费用 200 万元/年），建起

1 座矾烟回收系统，2 座矾浆压滤分离车间，1 个综合利用化工厂，1 个 1600 米的清液池，1 个废砂充填采空区系统和 2 个废砂堆放场，测验清、污水分流管网，还修起了 2000 多米的运输用路和 4000 多米长的拦坝围墙。直到 1999 年，矾矿基本上不再向溪中直接排放污物，比较彻底解决了矾浆注入溪床和浆、砂沿溪淤泥污染的问题。

虽然矾山矿区停止了污染，但多年来生产堆放矿区的废矿渣和已经沉淀在下游的矾浆和矾渣造成的滞后污染和负面影响，多年内仍难以消除。前岐镇与矾山矿区的生态治理任务都十分繁重，所需资金巨大。2004 年，在第十届全国人大二次会议上，当在照澜溪污染案又一次被提交时，国家环保总局给出了 4 项答复。根据国家总局的答复意见精神，2004 年 9 月，福建省环保局专门派员前往福鼎市，组织部署福鼎市编制照澜溪流域生态恢复、饮用水工程等建设项目可行性研究报告。2004 年底，一封有关照澜溪受矾矿污染、群众饮水困难的署名"老区人民"的来信再一次引起了浙江省委、省政府的高度重视。浙江省为恢复上游饮用水源地，全力支持前岐老区群众解决饮水困难，资助了 650 万元（其中佳阳乡 50 万元）工程款，主要解决照澜溪流域等 6 个行政村及集镇所在地 2 万多群众的饮水问题，并妥善帮助家园受污染无法居住的群众搬向城镇，力求让搬迁户搬得出、住得下、稳得住、富得快。为感谢浙江省的支持，福鼎市、前岐镇派人向浙江省送去感谢信和锦旗。2007 年 1 月 8 日，时任浙江省省委书记习近平给福鼎市、前岐镇回信，祝贺前岐老区供水工程顺利竣工，祝愿福鼎市包括前岐镇各项事业蒸蒸日上，祝愿老区人民生活更加美满幸福。随着 2007 年 5 月前岐自来水厂饮水二期工程修建完毕并正式投入使用，旷日持久的福鼎市前岐镇照澜溪遭受浙江温州矾山矾矿区"三废"严重污染的问题，终于得到了妥善的解决。

（本文参考了郑国华的《照澜溪悲欢曲》，原载于《人民论坛》2000 年 12 期）

牛头溪水库修建记

郑雨锋

牛头溪水库位于前岐镇双岳溪上游，坝址以上控制集雨面积 61.6 平方米，主河道长度 18 千米，多年平均年径流量 6160 立方米，水库总库容 790 万立方米，有效解决了前岐垦区、双岳垦区及周围 2.434 万亩耕地的灌溉问题，是前岐镇工业及饮用水的主要水源。随着前岐镇经济的发展，水库的运行为工农业生产和人民群众生活发挥了巨大的作用。

牛头溪水库是以灌溉为主，兼有防洪、发电和供水等综合功能的工程，水库枢纽由拱坝、溢流堰、引水系统、坝后电站等组成。大坝为浆砌石三心双曲变厚拱顶，坝顶高程为 103.1 米，最大坝高 53.5 米，大坝下游采用钢筋砼护坦。引水系统由进水口、引水涵洞、压力管道等建筑物组成，布置在大坝左岸山体，全长 446.17 米。进水口为竖井式，井内安设一扇平板式检修闸门，井顶设置启闭房，安装有一台 25 吨卷扬式启闭机。引水涵洞为有压洞，洞长 349.64 米，洞径 1.8 米。压力管道全长 66.48 米，管道进口通过上镇墩与隧洞出口衔接，下镇墩内设置对称叉管，由支管与水轮发电机组连接。坝后一级电站位于原双岳引水坝上游 30 米处，厂房内安装 2 台卧式水轮发电机组，总装机容量 1000 千瓦，其中一级装机年发电量 412 万千瓦时，升压站布置在厂房背部的管道镇墩上，由 10 千伏输电线路送至前岐变电站与市电网相连。

牛头溪水库项目工程 1986 年开始前期工程，福鼎县水利局局长张乃生带领专业团队对牛头溪水库所在地进行地质条件勘测，调研、钻探、取样、分析，历时 3 年。1989 年底，福鼎县委成立牛头溪指挥部，福建省水利厅将牛头溪水库项目工程列入宁德地区重点工程。1989 年 12 月底，大坝招标。1990 年 1 月 15 日大坝公开招投标，福建省水利水电工程局中标。当时，福鼎县派来顾问、技术指导，在福鼎县、前岐镇抽调行政和技术干部共同完成水库建设。根据当时的物价水平，牛头溪水库造价预估 817 万元，资金来自省财政 417 万元，其余由福鼎县财政补助、银行贷款、社会集资。1990 年 3 月大坝开始进场动工，主要技术工种有测量工、水电工、模板工、浇捣工、

牛头溪水库泄洪（林上安 摄）

砌石工、架子工和普工，上场用工高峰时达三四百人。

由于牛头溪地质差，施工过程中大坝出现漏水情况，牛头溪水库项目指挥部与施工方协商后，原施工单位退出，换成宁德地区水利水电工程局。1993年3月，由于物价上涨，用工费用上涨，整个工程造价1200万元，比1986年预计造价超出383万元，工程面临缺乏资金的困扰，无法继续。水库指挥部多次开会，前岐镇党委、政府班子会议提出，由前岐镇党委、镇财政所开收据，面向社会集资，当时集资连带利息504万元。牛头溪水库于1994年10月竣工，水库工程竣工后社会效益突显。1995年福鼎县干旱75天，各乡镇无水可喝，发电用的水所剩不多，但牛头溪水库当时还有库容70多万立方米，还能源源不断地供水，为前岐镇抗旱救灾发挥了不可替代的作用。

佳阳分乡记

郑雨锋

佳阳原属前岐镇管辖，当时前岐镇管辖 2 个居委会和 31 个村民委员会，人口 6.9 万余人，面积 153.90 平方千米，是闽东第一人口大镇。前岐镇辖区偏大、人口较多，给全镇行政管理和基层组织建设带来诸多不便。那个年代乡镇主要工作以人口为中心，对人口大镇来说矛盾突出，特别是涉及征粮、征兵、计生、特产税征收等工作量大，耗费干部职工大量时间和精力，也制约了经济发展。同时，前岐、佳阳两地民俗风情有较大差异，资源优势明显不同。自 1988 年起，历次人代会都有代表提出分乡的议案，广大干部、群众要求设立佳阳乡的呼声强烈，而且历史上也曾设立过佳阳乡（佳阳公社）。然而，当设立佳阳乡事宜真正摆上议事日程时，因当时前岐饮用水来自佳阳水库，佳阳茶厂是前岐镇财政税收重要来源，不少人认为佳阳析出将影响前岐经济发展。因此，分乡一事便搁置下来。

1997 年是个转折点。当时茶叶走下坡路，不再是政府财税重要来源，而前岐牛头溪水库于 1994 年竣工，解决了集镇灌溉和饮用水问题。恰好国家民委散居处、福鼎市民政局领导等到前岐调研，党委书记林时铭认为设立佳阳乡的条件逐渐成熟，佳阳分乡重新被提上议事日程。此后，林时铭主持召开镇领导班子会议，专题讨论分设佳阳乡事宜，会议研究决定成立分乡领导小组。1997 年 7 月 5 日，《关于恢复成立佳阳畲族乡的请示》（岐政〔1997〕123 号文）上报福鼎市人民政府，并转报福建省民政厅、民委和宁德地区民政局、民委。1999 年 1 月，在福鼎市民政局积极推动下，佳阳分乡事宜正式启动，并成立福鼎市佳阳申报工作办公室，制定"设乡"工作计划，进行前期工作

省民政厅关于设立佳阳乡的批复文件

筹备。

　　1999年，福鼎市成立佳阳分乡办公室，市民政局会同前岐镇党委研究制定"设乡"工作方案，深入有关村居调研形成报告，多次召开专题会议研究解决佳阳分乡具体事宜。会议主要聚焦为两个议题，一是乡址设在佳阳村还是罗唇村，二是前岐镇与佳阳乡区域如何划分。关于第一个议题，前岐镇班子成员持两种不同意见，沿海片认为应设立在罗唇，理由是罗唇是驻军所在地，经济条件好，基础设施较为完善，海军部队可为新的乡政府提供办公大楼和宿舍，减轻财政负担；山区片认为应该设立在佳阳村，理由是佳阳地处中心，便于各村群众办事和全乡全盘统筹管理，而且佳阳交通、通信、水电、文化、卫生等基础设施较好，农贸市场逐渐形成，可成为整个片区物资集散地。福建省民政厅区域处前来调研，认为乡址设在佳阳村更为合理，最后依据佳阳在民国时期和解放初期都曾有过乡建制的事实，综合多方面因素决定将乡址设在佳阳。第二个议题，班子成员也进行一番讨论，会上形成两套方案：方案一，以照澜村大澜溪为界，佳阳乡在现有12个村的基础上再增加照澜、枫树岭、吴家溪3个村；方案二，以三井溪为界，保持照澜村完整的情况下划定区域。会上，大多数人支持方案二。

　　为了平衡分乡各方利益，前岐镇按照部署，充分听取各方意见，专题召开33个村（居）主干、村（居）群众代表和镇人大代表会议，同时，福鼎市分乡办公室与前岐镇分乡办公室密切协调合作，推动佳阳分乡进程。2000年6月7日，《福鼎市人民政府关于从前岐镇析出佳阳等12个村设立佳阳乡的请示》（鼎政〔2000〕119号文）上报宁德地区行政公署转报福建省民政厅。2000年6月27日，《福建省民政厅关于福鼎市前岐镇分设佳阳乡的批复》（闽民行〔2000〕208号文）中同意设立佳阳乡，至此佳阳分乡成为事实。

　　设乡后，前岐镇、佳阳乡行政机构与事业单位按照机构改革要求，副科级以上的领导由市委组织部统一调配，一般干部职工从前岐镇在编人员中内部调剂，对原前岐镇的动产按两乡镇的干部职工人数比例分摊，固定资产、债权、债务、房地产按属地结合资产比例划分，乡镇企业按属地划分。

　　2001年1月5日，佳阳乡举行挂牌仪式，一个新的乡镇正式成立。分乡后的佳阳全乡面积69平方千米，辖12个村，其中畲族村7个，人口2.28万人，其中少数民族人口占总人口的40.5%，畲族人口占35.7%，符合《国务院关于建立民族乡问题的通知》的要求。佳阳乡于2009年1月15日，由福建省人民政府批准更名为佳阳畲族乡，成为我省第18个畲族乡。佳阳、前岐分乡后，大大缓解了前岐镇的行政管理压力，减轻了前岐基层工作压力，前岐得以集中力量加快推进小城镇建设步伐。

（本文根据尹富基口述整理）

三峡移民落户柯湾历程

范则谊

2004年7月，对于30名重庆奉节县的父老乡亲来说，是一个不能忘怀的日子。他们服从国家建设的需要，告别了世世代代养育着他们的长江三峡，扶老携幼、拖儿带女，顺着长江而下，跋涉1800多千米，来到福鼎市前岐镇柯湾村安家。

柯湾三峡移民安置点（范则谊 摄）

福鼎市前岐镇接收三峡库区外迁农村移民共7户30人，并将他们安置在柯湾村，距今已经有18年。如今当你走进柯湾安置点，会发现这里环境整洁优雅，移民生活红红火火。三峡移民通过十几年的努力拼搏和当地政府等多方帮扶，生活安居乐业，已全面融入当地社会。

搬过来

为向三峡移民群众提供良好的生存环境和生活条件，增强三峡移民落地柯湾的信心，按照福鼎市人民政府2003年8月12日召开的三峡库区移民安置工作专题会议精神，前岐镇、福鼎市移民局配合福鼎市政府着力实施"新村新貌"建设工程，从移民安置方案的制订，到移民安置点的选择、移民住房建设，移民对接、运送以及后期扶持和管理，都做了详细的部署安排，全力打造"设施完善、交通便捷、村容整洁"的新农村三峡移民点。

柯湾村原主任陈绍现告诉笔者，这批移民到来之前，镇、村做了大量工作，按硖门乡柏洋高速公路移民新村的模式规划三峡移民点的建设，从建房、装修、安装水电和有线电视线路，到调整土地，直至移民满意为止。为了确保安置点基地建设质量，还请福鼎市建设局专门到安置点开展钻探工作，并根据部分移民的需求，协助做好住房增容与扩建。当地农民让出好的土地给移民，并帮他们熟悉当地的生活和农活，使初离家乡的三峡移民有一个稳定的生产、生活环境。

十几年来，前岐镇、村实施"民居工程"，不断投入资金，在安置点建设了饮水安全、交通道路、环境整治、社会事业等民生项目。2018年11月，前岐镇又投入资金29万元建设柯湾村闸基三峡移民安置点房前屋后环境绿化工程。根据福鼎市移民局提供的2004年移民有关资料显示，当年迁入前岐柯湾的三峡移民获得国家、省、市三级地方配套资金人均补助1.6317万元（含生产安置费、基础设施费、管理费、交通补助费），以及移民个人补助人均2.1045万元（生产扶持资金、建房补助费、生产资料购置补助费等），前岐镇柯湾移民安置地划拨宅基地532平方米，完建房屋面积982.8平方米，移民人均住房面积32.2平方米，均已全部办理宅基地使用权证、房屋产权证。划拨承包耕地18亩，其中水田15亩，旱地3亩，人均耕地面积0.6亩（移民人均超过当地农民人均耕地0.49亩的水平），还有山地1.5亩，已全部办理土地承包经营权证。现家家窗明几净，宽敞明亮，他们已在全新的环境中，愉快地开始了新的生活。

住下来

"当地干部和群众都把咱当作自家人。"落户的三峡移民常说。2004年，移民还没到柯湾点之前，村里就先为他们种好了每户1亩的水稻。他们到来时正值7月收获季节，村里组织人手帮他们割好、晒好，一来就有现成的粮食。多数移民刚来柯湾时不会种田，镇农技站的技术人员专门给他们做技术辅导，村里组织人员为他们做种田示范，帮助他们插秧。水稻成熟时，他们劳力缺乏，忙不过来，村里还及时调动人员帮助他们收割。他们说这里干部、乡亲都是热心人，有一种回家的感觉。"刚过来时，当地政府还帮我们找工作，但是我已经48岁了，凭着我那么多年的经验，还是继续种地好。"吴宗发说。他看到柯湾村除了种水稻外，几乎家家户户还种番茄，于是第二年在乡亲的帮助下，他也试种了1亩。"后来村里还从镇里请来农艺师，为我们这些三峡来的新菜农培训。当年我种了 3 亩大棚番茄，纯收入能达到 1 万元。"

柯湾村支部书记陈斌介绍说，移民落户后，各方对他们十分关心，村两委干部深入开展"进农家门、知农家事、解农家难"活动，把关心三峡移民作为走访的重要内容，向他们发放便民服务联系卡，并帮助他们解决移民就医、就学问题。目前，移民群众基本养老保险参保率达 100%，基本医疗保险参保率达 100%，没有一户三峡移民因病致贫，没有一个移民子女因贫辍学。同时，注重加强三峡移民安置点文化建设，在移民安置点旁边新建全民健身活动场地和书屋，丰富移民群众文化生活。该村十分注重推动移民群众积极参与基层民主管理，成立三峡移民小组并实现自治、自建、自管，移民群众在当地经济社会发展中的地位和作用显著提高。

富起来

柯湾村素有"山海柯湾，桃韵渔乡"之称，是前岐水果、蔬菜的重要生产基地，同时也是福鼎市社会主义新农村十个示范村之一。柯湾村两委积极制定移民发展方案，用实实在在的关爱行动让三峡移民搬得出、稳得住、能发展、可致富，从根本上改善移民的生产生活环境，提高移民安置点的自我发展能力，让移民把柯湾村当作故乡。

柯湾村两委因地制宜，结合地理位置和资源优势，以产业结构调整为方向，大力发展农业和水产养殖业，把扶持和引导移民群众经济统一纳入柯湾村民共同发家致富的规划中。镇、村精准把脉移民工作难点，做到因人施策，以积极的产业政策、专业的技术指导助力三峡移民发家致富，先后实施包括移民后扶生产开发项目 8 个，建成一批蔬菜储存专用房、农业示范基地喷灌设施，分户组织实施小型种养业项目，打造照澜、柯湾美丽乡村山海游专线，扶持移民发展旅住餐饮服务业等，实现多渠道创收。在老家奉节，吴题芬靠拉车赚钱，一家五口勉强糊口。"我现在的生活是越过越甜。"吴题芬对现在的日子很满足。走进屋内，高档沙发、液晶大电视、冰箱等家电一应俱全。他家有 2 亩多责任田，儿子在福鼎市区一家企业上班，每月有稳定的工资收入，儿媳在自家开"三峡移民鱼庄"餐馆，生意还不错。在政府的鼓励引导下，不少移民靠勤劳的双手自主创业致富。据前岐镇政府公布的数据显示，2021 年，柯湾移民人均可支配收入已增加到 18835 元，增长 4.2%，超过当地农民人均收入水平，移民群众的日子越过越红火，生活越来越好。他们说，在这里的生活比家乡更舒心。

前岐敬老院建设纪事

🍃 范则谊

前岐敬老院的变迁

2002 年，前岐镇党委、政府为了贯彻落实省"星光计划"，解决部分"五保"养老问题，利用离镇区较近的薛桥小学旧校舍（占地面积 550 平方米，砖木结构，上下层各 4 个教室），经过简易的改造，办起了敬老院。因受 2006 年"桑美"台风重创，旧薛桥小学房屋成为危房，2007 年初敬老院被搬迁到龟岭村闲置的村校（占地面积 580 平方米，砖混结构，上下层各 4 个教室），楼下的 4 个教室被改为宿舍，入住人员为孤寡老人、革命伤残军人、军烈属老人、重度残疾人等。虽然敬老院运转所需经费由政府兜底补助，但居住环境差，除了简陋的公共卫生间和食堂，没有其他的配套设施，床位缺口大，无法满足日益增长的养老需求。2011 年，前岐镇为加快敬老院建设，提高五保户集中供养率，经多方考察、论证，决定选址桥亭村兴建敬老院。

前岐敬老院（范则谊 摄）

桥亭村位于福鼎市前岐镇东北部，是前岐镇山区片中心村，既是少数民族村，又是老区基点村，交通便捷，西黄线贯穿全境，是福建省"千村整治，百村示范"美丽乡村示范村。敬老院选址桥亭的主要原因是桥亭有一所占地面积 8 亩的闲置学校，基本能满足敬老院建设用地需求，同时通过校舍改造，可发挥闲置资产的利用价值。

新敬老院的建设与运营

2013 年 10 月 15 日，在重阳佳节到来之际，经过重新修缮的前岐镇敬老院揭牌仪式在桥亭村隆重举行，福建省民宗厅副厅长林致知、福鼎市和前岐镇有关部门领导参加揭牌仪式。新敬老院占地面积 8 亩多，建筑面积 2800 平方米，院内建有两栋三层楼房、三个操场及室外健身休闲活动等场所，设有宿舍房间 50 个，床位 100 个，当年有 50 名五保老人入住，院内还配备医疗护理室、党员活动室、党员电教室、食堂等。2017 年，随着人口老龄化加剧，前岐镇 60 岁以上老人达 7517 人，占总人口 16%，其中特困对象 381 人。虽然前岐镇还有多家民营敬老院或农村幸福院，但护理型的床位极少，设施简陋。市、镇两级政府为打造成集颐养、护理、康复为一体的多功能综合性护老养老服务体系，把扩建新敬老院列为为民办实事项目。该项目总投资 990 万元，于 2017 年 1 月动工建设，用地面积 3374 平方米，总建筑面积为 3110 平方米；建筑占地面积 1000 平方米，绿地面积 1014 平方米，新增床位 100 个。这所包括医务室、康复室、活动室、餐厅等相关配套设施的新型敬老院于 2021 年秋竣工并投入使用。

新敬老院建成后，以"公建公办"为运营模式，运作经费主要来源于上级补助、社会捐赠及镇财政补助，每年开支约 70 万元，如护理人员以及其他工作人员工资、水电等费用也由市、镇财政承担，福鼎市民政局负责"五保"对象生活费、医疗费、衣被取暖、房屋维修以及各种设备购置等费用。除建设补贴和运营补贴外，政府为该敬老院还提供了一些其他补贴。以"五保"老人为例，"五保"老人入院无须缴纳费用。政府将在院内居住的"五保户"的补助款每月 983 元统一打入敬老院账户，敬老院每月收取伙食费 360 元，剩余补助费用按季度返还给老人，这既解决了"五保"老人享受"五保"财政补助政策却无法有效利用该笔补助资金的问题，又有效解决了五保老人的供养问题，取得了"双赢"效果，实现供养"低门槛"。2020 年，该院入住的 91 人均为农村"五保"老人、革命五老人员、孤寡烈军属、老复员军人、重度残疾人等，其中，"五保"老人有 79 人，占比 86.8%。

新敬老院的管理模式

新敬老院强化了乡镇责任，要求理顺管理体制，明确敬老院隶属乡镇管理，资产、人员属乡镇所有，由镇社会事务办主任兼任院长，桥亭村党支部书记兼任副院长，聘请8名护理人员，其中4名护理人员已接受福建省民政厅举办的关于敬老院护理人员的专业培训。敬老院内部成立院务管理委员会，建立健全学习、卫生、安全管理、值班、亲友来访登记、临终关怀等各项制度，制定院内工作人员和院民管理细则。2014年9月，院长林贤管参加民政部举办的养老研修班培训学习。新敬老院服务人员工作非常"接地气"，聘请的管理人员及护理人员10人，都是前岐本地热心养老事业的爱心人士，虽然不够专业，但有血缘、地缘、亲缘优势，能够为入院老人提供亲切贴心的服务。同时，桥亭村诊所医生每周来敬老院坐诊两天，定期为老人开展健康体检，时刻关注老人的身体健康。此外，福鼎市直有关单位，镇团委、关工委等部门积极组织日常公益关爱活动，不定期到敬老院进行慰问和开展服务活动，给老人带来欢乐。新敬老院是福鼎市"五保"机制供养规范化管理示范院，也是宁德市目前最大、管理最规范的农村敬老院，特别是敬老院与桥亭村党支部的公建公营、支部联建的"五保"老人集中供养模式，受到各级领导和广大群众好评。林贤管院长曾于2014年9月被民政部评为全国农村"五保"供养工作先进个人。

2021年，前岐敬老院顺利转为"公建民营"。目前，前岐镇有敬老院3个（包括民办养老院），社区老年人日间照料中心2个，社区养老服务站2个，农村幸福院10个，养老床位达260张。

人物春秋

小·瀾亭

春風十里幾回頭

往事千年一彈指

王順裝笔並撰句
向達人書

清末民初前岐的两位善人

✐ 张士团

说唐虞，道古风。前岐镇背依东山冈，面濒一泓清溪，山明水媚。古往今来，孕育了许多革命英杰和志士奇人，现略述两位善人于后。

宋明益

宋明益于1866年出生在仅有十几户人家的鲨屿，这个弹丸小屿，距离前岐街有8里之遥，面积0.3平方千米，缺粮少水，每户人家平均分不到半亩农地。鲨屿九成的劳动力靠打鱼和养殖蚧类海产为生。宋明益生成古貌道心，木讷循谨，全年辛勤劳动，除掉暮春播种一些地瓜苗，其余则不分严寒炎暑，都扑在养殖蚧类和一张"罾排"（用八根大毛竹扎成筏，上挂一面细眼大网的捕捞工具）上。由于他勤劳不息地生产，每次捕的鱼儿都比别人多。他的海产猎品登市出售，开价总比别人低，并任听买户自行称量，依价结算后，他都另给添补一些。买户常常说："宋大伯你太吃亏了。"而他则答："这是我自己的产品，没关系，没关系！"自古以来，市场买卖，你贪我诈者多，但在宋明益这里，则一反常态，变为谦逊揖让，映现出《镜花缘》里君子国交易风度的镜头实景。

宋明益俭约持家，严以律己，宽以待人。他经常乐善好施，扶危济困，做了好事不愿让人知道，精神感人，群众都啧啧称赞，称他为"鲨屿老大"。

黄仁静

黄仁静，名肇元（1867—1942），前岐小岳人，幼年失怙，14岁弃学从商，跟其父亲黄登翰在前岐街开一家小酱铺。他俭朴勤毅，崇信义，重然诺。不数年间，生意兴隆，家业大进。但他自奉甚薄，粗衣淡饭，只求温饱。耳顺之年，他的长女为他结织羊毛袜子和牛皮作底的羊毛线鞋，他认为太时髦了，斥弃不用，并责令女儿依照旧样，仍用"新改布"制袜，"破布碎"纳底做布鞋。虽到耄耋高龄，从不衣裘披裼，腊月寒冬亦不烤火笼，双手只插在怀里取暖。他的生活十分俭约，一张手纸，也要分作几次用，但他对于社会、他人则大不一样，仗义急公，济困扶贫，毫不吝惜，兹略举数例于下：

1912 年冬天，小岳塘头底黄昌延妻子分娩，家贫，无法赡养。有人告知，黄仁静遂掏出十二块银圆，为他解决了两个月的生活所需。

村里穷困人家，遇有无钱买药的时候，黄仁静常偷偷地将赠送的钱款塞在病人家里，有人猜是他干的，他总是隐讳不认，只说："救人要紧，有病就拿去撮药吧！何必问长问短。"

一次照澜乡蒙顶村遭了回禄之灾，数九寒冬，十几户灾民缺衣无粮，苦不堪言。黄仁静闻讯，遂着人通知灾户派人前来领取每人旧衣两套，粮食数十斤。

1937 年以前，市面通用银圆，而银圆中恒有铜铅糅杂的伪制品，人民受害不浅。对有疑问的银圆，群众常请黄仁静为其辨声察色，鉴别真伪。当黄仁静认为是假银圆，但已经无法追究，而又察悉持有者是个贫民时，他则伪称："这个银圆尚过得去，你若怕时，我给你调换一个何如?"这么一来，黄仁静店里常积存很多的伪制银圆。

1936 年，前岐镇联保一次杀害了 8 名红军地下人员，弃尸于野，无人收拾。时天气炎热，黄仁静不避嫌疑，独自出资储备薄棺，风示苦主前来领用收埋。

上述事实，县落实办曾为黄仁静玄孙下放一案而附带查明落实，记录在卷。除了这些，凡遇地方有善事善举，诸如修桥砌路等，他都能尽力资助；或有贫乏无告者，他亦周济之不少吝。其孜孜行善，数十年如一日，足为一方楷模。

近代前岐明矾实业家李新珪父子

李敏助

　　近代前岐有几位从事明矾业的实业家，如李新珪、陈百舟、李通茂、蔡绰如等，他们都为前岐近代的经济繁荣做出了贡献。其中，李新珪（又名李玉昆，1889.6—1952.2）父子由于经营理念新颖，管理有方，发展迅速，成长为前岐一个家喻户晓的实业家家族。

实业家李若秀（左）和陈百舟
合影于山海关

　　1945年8月，抗日战争胜利了，李新珪的3个儿子在明矾业上也历练了多年，均已长大成才。面对抗战胜利后经济恢复的大好时机和自身的优势，他们决心把明矾业做大做好，将明矾冶炼厂的单一生产发展为从明矾冶炼到运输、销售一条龙生产，即自产、自运、自销，并发展一些相关的业务。为此，李新珪父子采取了几项有力的措施。

　　第一，加强明矾的生产管理，提高明矾的产品质量。李新珪父子于20世纪30年代在前岐成立了源生泰明矾厂（矾馆），在矾山开设了员岗仔"源大"矾窑，在南宋与人合伙办起"新窑""泰利"等矾窑，还在前岐海尾妈祖宫下办起前岐唯一的一座明矾冶炼厂，专门收集次等矾粒子和矾脚进行再加工，生产优质明矾和矾墩。他们从冶炼开始严格把关，提高明矾的质量，决不掺杂次品，创出"红狮牌"明矾品牌。该品牌在明矾市场上享有很高声誉，尤其是东南亚，客商只认定"红狮牌"。在前岐源生泰矾馆出货时，由码头工人用专用的竹编箩筐装满打碎的明矾，外面再用印刷有铭牌的麻布袋包裹，缝上麻线，每袋120斤，再抬到海尾码头自家的运输船队，通过海路运往外地。

第二，及时了解明矾的信息，拓宽明矾的市场销路。为了及时将各地的明矾需求信息与前岐沟通，李新珪本人坐镇前岐矾馆，二儿子李若甫（1920.8—1992.8）协助他抓好矾窑的明矾生产；大儿子李若秀（又名李孔仪，1915.10—1989.8）全家于1946年搬迁到明矾主要的集散地温州，统筹明矾的销售和布匹等百货杂物的采购回销；三儿子李若炳（1922.10—1951.5）被派往广东汕头推销明矾。因此，源生泰对明矾行情起落了如指掌。1952年，李若秀从上海购置了通信器材，在矾山普光电厂的楼房里和前岐海尾篱笆内分别设置了20路的电话总机，并架设了前岐至矾山的电话线路，不仅方便了自家的信息沟通，也方便了其他明矾厂商的信息交流。他的这一举动，开创了矾山和前岐使用电话的历史。

第三，组织自家的运输船队，填补福鼎的航运史册。李新珪父子从1946年起组织了源生泰船队，是明矾史上唯一拥有自家船队的明矾业主。他们前后拥有2000多担的货轮"福生"和1500担的机帆船"福利"，另有大小木帆船7条。船队长期航行在前岐、温州之间，每5天往返一趟。船队从前岐码头运走明矾直达温州，再从温州运回全县急需的百业货物，在沙埕港交卸后又返回前岐装矾，有时还根据客商的需求直接将明矾运到上海、宁波、汕头、漳浦等地。为了推销回运货物，他们在前岐和矾山还拥有振大、益大、华大3家布店，并在温州五马街与人合伙开办了一家中美百货店。在1946年至1955年的10年间，船队为明矾输出和杂货输入发挥了重要的作用，开创了福鼎航运史的先河。

源生泰船队还为福鼎的解放事业作出贡献。李若秀从1936年后，就与地下党保持着良好的关系，先后从国民党官僚手里购买了连发木壳枪和短枪4支，以及药品、油墨、纸张、手表、鞋子、毛巾、布匹等物品，靠船队携带越过特务密布的码头，以接济南宋地下区委（鼎泰西北区）。解放前夕，因"福源"停开，船队还将"福源"帆船的10支护航长枪送交地下党。福鼎解放后，受福鼎县委书记郑衍宗的指示，船队派"福利"机帆船义务由福鼎装运军粮2000担到温州支援南下大军。解放嵛山岛时，"福利"机帆船也参战，并载回凯旋的解放军。

由于源生泰在温州、汕头等地设有办事处机构，又有电话这通信设备和自家的运输船队，源生泰的明矾信息灵通，交货迅速，再加上"红狮牌"明矾质优价廉，深受各地明矾客商的认同和欢迎，让源生泰的知名度大为提高，销售业绩也直线上升，逐渐发展成为明矾业的领头羊。解放后，李新珪父子还创办了两个半电厂（其中福鼎城关鼎光电厂与鲁丽生合办）。

画家王骏甫

🍃 马树霞

王骏甫（1901—1974），号廷声，亦号阿声，前岐镇人。毕业于上海新华美术专科学校，擅长油画，更长于国画。历任福建乡村师范学校、厦门十三中、福鼎师范、福鼎一中等校美术教师。上海新华美术专科学校提倡中西合一的教学方式，重写生，在这种教育环境下，王骏甫的国画不仅有传统的笔墨风韵，同时有写生的造型能力。如他的国画《鹅鸭荷花》为大写意之佳作，中锋用笔，形态生动，反映了他对鹅鸭结构的了解，笔简而精确，特别是那枝向下弯曲的荷叶，叶干与鹅的脖子一样苍劲有力。《秋深》写意山水，笔墨不多，峰峦层叠，渔舟与村落恰到好处，画面中一位老翁手持一竿行于岸边，头戴一顶红帽，成为画眼，增加了画面的诗意。我曾看过他的《弥勒图》，多受画家李霞、李耕的影响，作为"海派"之作，十分大气，是幅大写意的人物画。

1962 年，王骏甫在上海新华艺术专科学校的同学，福建师范学院吴启瑶教授来福鼎收集民间年画，对王骏甫的国画评价很高，说他们从上海新华美术专科学校毕业时，校方为当时班上较强的学生办了国画作品展，其中就有王骏甫的国画；几个日本人看了很欣赏，还办了一桌酒请这几位同学来吃。解放初期，王骏甫也画了一些配合政治宣传的小品，如《愿做一科如白鸽》等。

《鹅鸭荷花》（王骏甫 绘）　　《秋深》（王骏甫 绘）

宏愿未遂的企业家李次山

✍张士团

李次山（1901—1980），福鼎前岐人，其父莲生，前清秀才。次山有兄弟各一，雁行居仲。性沉毅、木讷，却有百折不挠的创新精神。

1928年，李次山毕业于福建省立第二初中，后回县任小学教席多年。是时小学教书工资低微，不敷家庭开支，更因其父在世时经商失利，弃养后遗有债务，李次山和其兄摊分偿付，经济负担更加繁重。

初试身手碾米业

为要生存，必须拼搏。1934年以后，李次山弃教从商，多方举债，初次办起添丰酱行店。奈因业务生疏，搞得不顺心。第二年，继与旧友周春如合股，在酱行店后门增设碾米厂。由本地买来破旧动力一台，经过自己钻研摸索，修修补补，侥幸机器运行顺利，可一面碾米，一面磨麦，还将副产品砻糠（即谷壳）用作燃料煮酱。当时用机器碾米磨麦是个新鲜行业，生意还算不错。但李次山旧债累累，盈余所得，仍是入不敷出。又因各地碾米厂相继纷纷设立，偏又碰上连年荒歉无米可碾，生意惨淡。俗语说"漏屋怕逢连夜雨，断篷偏遇打头风"，碾米厂、酱行店经营两年后，终于宣告停业。

结合三废炼精矾

前岐大澜溪埔数百年来，由浙江矾山冲刷流下无数低品位矾矿石，无人知悉；前岐街各矾馆积存很多矾脚废料，没有人要；当时各地碾米厂的砻糠，没有人用。李次山看在眼里，想把这"三废"结合利用，变废为宝。他动了几天脑筋，设计一座煅烧矾石的小型矾灶，接着组装一套回旋管道，导引锻石余热，加上燃烧砻糠的火焰，会合煎炼矾脚废料，再渗入新石矾浆，从而提出招人喜爱、晶莹洁白的甲级明矾。他用的是"三废"，成本低，利润高。但好景不长，因抗战硝烟四起，海口封锁，明矾怕有资敌之虞，亦明令禁止出口。李次山炼出的明矾没有人买，一场好梦又破灭了。

多方举债建巨轮

1943 年，日本一艘 7000 吨运输舰为美机炸毁，在星仔列岛左近海域沉没，内载动力机械及军需用品等物甚多，群众打捞上岸，当作废铁出售。李次山跑到星仔列岛，买来 60 匹立式动力机 2 台，及其他配件多种，并从温州请来技术员绘制图纸。次山一面举债筹款，一面计划建造 2000 担柴油机轮船。这时，他的长子云淑、次子云鹏因经济困难都停学在家，经过 10 多年来的耳濡目染，对于机械的构造原理都有一定的常识。于是他俩也披挂上马，和李次山跟技术员学着一起干，有不懂翻书寻查，再不懂出门寻师访友求解决。至于柴壳船身，则请本地造船名师许启辍专责建造。

船未竣工，借款已经用完，若想轮船放洋启用，必须再借巨款。这时的李次山，债台高筑，再借不可能，于是权到温州吉记新船行，无奈接受苛刻条件，签订联合经营的合同，历时经年，机船草草建成，启锭运行。不到半年，机船在上海港口被招商局的铁壳巨轮撞坏沉没，打捞无力，修补更不能，李次山迫于无奈，只得卖掉一半股份。解放前夕，迫于债户接踵登门，李次山不得已又将余下一半股份卖归吉记新船行所有。李次山一生劳顿，至此人财两空，还剩下部分债务，延至 1949 年后才用薪水陆续分期还清。

首创福鼎县铁工厂

李次山是个雄心勃勃的企业家，虽然几经折翅，还是跃跃欲试。他认为机械制造行业是一切工业之母，但他现在两手空空，要想东山再起，独力支撑，是个空想。乃于 1951 年前往温州，与利营铁工厂联系协商，签订合同，将利营厂的机械迁来福鼎北门兜谢厝内设立鼎新铁工厂，并邀来 2 名技术员，加上李次山本人和两个儿子及几名亲戚组成全厂成员。

开业后，曾连续修复全县破损的动力机械，并承接矾山、马站、霞浦、牙城、柘荣等地动力机械的修理业务。1952 年，曾为流美村建造我县第一台动力抽水机，为运输公司建造拖驳汽船应用的 10 匹煤炭机一台，并修理了鼎光电厂立机曲轴，使其在短期内恢复供电。

1953 年春，县长荆利九报请福安专署准予接收鼎新铁工厂加以扩建，惜因上级嫌弃该厂规模太小，接收未成。另因本县工业基础差，需要修理的机械太少，大有"一日打猎，九天剥皮"之况。同年冬，终因营业萧条，工厂宣告停业。

1954 年，福安专署重新派员来鼎准备接收鼎新厂，不意机械早已拆卸归还温州利营铁工厂，专署接收人员只得怏怏而回。延至 1955 年，专署才与福州机器厂联合成立国营闽东机械厂。

技艺传家彰世德

李次山因资金缺乏，徒有雄心壮志，却一直未能成功，都是为他人作嫁衣。但经过穷年累月的钻研，他的技术学识有了雄厚的积累。自从鼎新厂倒闭之后，他本人连续应聘为县翁江茶场、县农械厂、集体企业有成造纸厂、县榨油厂等单位动力工具维修设计的技术员，对地方企业的生存与发展做出较大贡献。

李次山平日对于子侄后辈，教育甚严，常说："年轻人若没有学到一项专业知识，将来必定成为社会的米蛀虫。"故他的两个儿子，受着他的熏染，都成为工业界的有用人才。长子李云淑从国营闽东机械厂成立开始，便受聘为技术员，该厂 20 多年来，几经变革，他一直被任用。次子李云鹏也是本县机械厂、南溪二级水电站的老牌技术员。

廖恩铭略传

廖恩铭（1903—1937），原名照积，又名恩明，前岐李家山人，生于清光绪二十九年（1903）。他少时读过两年私塾，家贫辍学后到浙江矾山矾矿当矿工。1933年，前岐革命先驱王宏文等人深入乡村、矿山宣传革命道理，廖恩铭深受影响，于1934年春投身革命。1935年2月，他任中共下东区委游击队指导员，配合王宏文、林老阙等在黄仁、熊岭、西宅、文洋、松洋以及浙江的五岱、麻阳、南宋洋、蒲门等地开展游击战争，创建革命根据地。同年5月，加入中国共产党。

廖恩铭烈士墓（白荣敏 摄）

1935年6月，鼎平独立团成立，廖恩铭任鼎平县独立四团政委。此后，他与团长甘世杰共同率领全团指战员，转战鼎平地区，牵制敌人，有力地配合了鼎平县委开展建立组织、发展根据地的活动。1936年春，红军挺进师进入鼎平，独立团配合刘英、粟裕领导的中国工农红军挺进师，参加攻打桥亭、袭击南宋洋、设伏李家山及夜袭桐山城等一系列战斗，并协助地方党组织在鼎平革命根据地开展抗租抗税、分地分粮、组织群众武装、发展组织、开辟新区等工作。

1937年2月24日，廖恩铭率领70多人到浙江五岱八亩村活动，遭到闽浙边敌人的七路包围，在率众突围时因左腿中弹被俘。敌人将他吊打，用尽酷刑，但他坚贞不屈。牺牲时，年仅34岁。

（本文摘编自2003年版《福鼎县志》）

陈伯恭略传

陈伯恭，名发铿，号伯恭，后改名百弓，生于清光绪三十二年（1906）。原籍浙江省苍南县矾山镇四大王村，后迁居福鼎县前岐镇。他自幼聪颖，8岁进私塾，后就读岐阳小学、桐山育仁小学，1923年考入福建省立第二中学。

陈伯恭像

1933年，共产党人王宏文出任前岐小学校长，陈伯恭应聘为教员。次年，王宏文因"共嫌"被罢职，他上街张贴标语进行抵制后，愤然辞职。后到桐山小学任教，其间曾与进步教师编辑《福鼎》半月刊、《福鼎月刊》，抨击当局。

1936，福鼎革命斗争进入高潮，王伯恭深受影响和鼓舞，常向贫苦民众发表演说，赞扬共产党，宣传抗日救国。1938年2月，他应邀到中共浙江省委机关所在地——平阳北港，由郑丹甫、林辉山介绍加入中国共产党。同年夏天，由中共浙南特委介绍，同王烈怡、林永中等人到武汉八路军办事处参加训练班，学习党的抗日民族统一战线政策。他回浙南特委经平阳县鳌江时，遭当地国民党警察逮捕，被押解至平阳。平阳县县长徐用厉声责问他为何去武汉，他驳斥道："武汉乃中国之土地，中国人行中国之地有何不可？若我等赴武汉犯法，汝徐县长之公子挟枪投奔延安，又当何论？"徐用无言以对，随即释放了他。

1938年9月，陈伯恭任中共鼎平县委统战部长。他以印发传单、发表演说等方式，向各界宣传中共抗日民族统一战线政策，向国民党福鼎县政府县长陈廷祯等面陈国是，阐述全面抗战的道理。此后，他配合中共福鼎县委书记林辉山在福鼎城关知识分子中开展统战工作，吸收了李海、郑干人等入党。1939年，他在前岐召开的抗战两周年纪念大会上，发表了两个多小时的抗战救国演说，随后到矾山区做知识界的统战工作。

1940年1月，陈伯恭在前岐彩澳郑丹甫家秘密举办妇女干部训练班。训练班结束后，多方设法救出被捕的蔡爱凤。1940年10月，他任中共鼎平县委书记。当时国民党正大举"驻剿",他把中共中央"隐蔽精干"的政策,喻为"披沙炼金",及时贯彻,扭转了鼎平革命的危局。次年4月11日晚,经过周密策划,他果断地指挥霞关起义,粉碎了国民党政府的"清乡"阴谋。

　　1941年6月18日,陈伯恭率领队伍在浙江平阳钱库桐桥村活动时,遭国民党兵包围,突围时被捕。他面对酷刑,大义凛然,翌日英勇就义于平阳(今苍南县)宜山,时年35岁。

（本文摘编自 2003 年版《福鼎县志》）

刘清扬略传

刘清扬（1906—1959），曾化名李明杨、王一德，前岐井头村人，生于清光绪三十二年（1906）。少时聪慧好学，览卷不忘。青年时代就读于省立第三中学，毕业后回到前岐小学执教。1935年1月参加革命，5月加入中国共产党，期间与王宏文等人从事秘密革命工作。1936年8月起任中共福鼎县委书记。

全面抗战爆发后，历任中共浙西南特委委员、台属特委书记、总特派员等职。期间，曾两次被捕。在1939年7月召开的中共浙江省第一次代表大会上，他任大会秘书处负责人，并当选为中共浙江省委委员。1942年，浙江省委机关在温州遭破坏后，为避免更大损失，经华中局批准，年底由刘清扬率台属地区一批党员骨干撤往四明山，参加开辟浙东抗日根据地的斗争。期间，他任新四军浙东游击纵队四明总队政治委员、中共四明地委书记。

抗战胜利后，刘清扬任中共四明地区特派员，留在浙东坚持斗争。1947年1月，任中共浙东工委书记。同年10月他去上海，因叛徒出卖被捕。1949年元宵节，他在杭州政治犯接待室逃出，回到浙东革命队伍，任浙东行政公署秘书长，但没有恢复党籍。

1949年10月后，刘清扬历任浙江省干部学校校部副主任、《浙江日报》社编委、华东区黄麻办事处副主任等职。1955年在"肃反"运动中他被蒙冤错捕入狱。1959年病逝。

1985年7月，中共浙江省委对刘清扬的历史进行复审甄别后给予平反，恢复其名誉。

（本文摘编自2003年版《福鼎县志》）

王宏文略传

王宏文（1910.7—1935.9），前岐西宅村人，清宣统二年（1910）7 月生于农民家庭。少时就读于岐阳小学（今前岐中心小学），毕业后考入福建省立第三中学（在今霞浦县）。1929 年，考入上海东亚体育专科学校。在校期间，接受新文化、新思想，寻求救国救民的真理。1930 年，王宏文转学到福州乌石山师范学校。1931 年，王宏文加入中国共产党。此间，他与在福建政法学院附属高中就读的表弟郑丹甫同宿于白水井。他常借进步书籍给郑丹甫，并向其介绍师范学校学生运动的情况，以启发郑丹甫的觉悟。

王宏文像

1932 年，王宏文师范毕业返回福鼎，任桐山育仁小学教员，后任前岐小学校长。他首先在知识分子中进行革命宣传，配合沿海地区开展革命斗争。先后引导进步青年教师郑丹甫、郑大庭、林时勉、刘清扬和进步青年学生郑衍宗、陈希简、谢作图、王烈怡等走上革命道路。这些青年在他的指导下，积极投身地下革命活动，后来都参加了中国共产党，成为闽浙边区革命的领导者。他还以学校为阵地，以教师、校长职务为掩护，广泛接触社会，联系当地群众，宣传革命道理。他在前岐彩澳吸收王忠党、王忠靖入党，并布置王忠靖负责地下交通与福鼎沿海区地下党的联络工作，王忠党则配合沿海区党组织负责人黄淑琼派来的王忠守开展地下革命活动。1932 年冬，他同郑丹甫、王忠守商量，决定派郑丹甫、林时勉等人报考国民党十九路军在福州东湖举办的民团干部训练班，以便回来打入敌人内部，争取民团工作，为发展革命武装积蓄力量。这是闽东地方党组织早期派员打入敌人内部的先例。

1933 年春，王宏文同黄淑琼等人研究部署前岐地区的革命斗争，决定将地下革命活动从前岐镇引向农村。4 月，他同王忠守等人在前岐凤桐乡石岩山、周家山等地秘密组织农民小组。同时，他还坚守前岐中心小学，抓教育界工作。他白天从事学校教育，晚上兴办农民夜校，进行革命启蒙教育，培养农民运动骨干。他平易近人，身着便服，与学生、炊事员打成一片，备受师生敬仰。他带领王忠党、郑衍宗等人在郑丹甫家（此时郑丹甫已调任前岐民团排长）秘密书写标语，派人到桐山、沙埕一带张贴，广泛宣传革命道理，并配合黄淑琼等在沿海地区举行革命暴动。不久，国民党福鼎县当局觉察王宏文为"共嫌"，加上前岐地主、资本家控告王宏文参加"异党"活动，便将王宏文撤职，调林怀波当校长。学校教员陈百弓等便发动学校学生举行罢课，在校内外张贴"打倒林怀波"等标语。后校方开除了郑衍宗等五六个学生。王宏文也被迫离开前岐小学，转到桐山育仁小学任教，并动员郑衍宗等人转学到育仁小学就读。王宏文在育仁小学任教期间，继续开展地下革命宣传活动。他亲自刻印革命传单，主编《福鼎》半月刊，在师生中散发。1933 年 12 月，王宏文派郑衍宗等学生张贴标语，一个夜间便把标语贴满桐山街，连学校的操场也贴了。国民党福鼎县政府派人到学校验字迹，却验不出来。当时，学校教导主任陈海亮经常把听来的敌情报给王宏文。王宏文任中共福鼎县委委员后，离开学校，专门从事革命活动。

1934 年初，福鼎沿海革命根据地遭到敌人疯狂"围剿"，而前岐地区革命活动继续发展。在王宏文等领导下，革命活动区域已扩展到武垟、岭后、凤桐、桥亭、龟岭、八斗岭等地，以及平阳县（今苍南县）的南宋、矾山等闽浙边区。1934 年 4 月，王宏文遵照中共福鼎县委关于"进一步壮大革命武装力量"的指示，与霞鼎县赤卫队独立营营长陈宝鼎密商，利用农历三月初三群众举行庙会之际，智袭驻前岐大帝宫的毛培基民团团部。王宏文还派林老阙、王宏伦、陈勉良等人，向当地财主、富户筹募革命活动经费。革命斗争形势的发展，鼓舞了鼎平边区群众的革命斗志。1934 年冬，下东区委成立。

1935 年 4 月 5 日（农历三月初三），王宏文被当地豪绅殴打致伤。王忠党得知后，派人将王宏文救走，由大路岭头的群众掩护，后又转移至龟岭张国爱家养伤。王宏文未待伤愈，便继续开展工作。同年 6 月，中共鼎平县委成立，下东区划归鼎平县委，王宏文任鼎平县委委员兼下东区区委负责人。他带领王忠守、王忠党到武垟岭后对面山岗头坪召集林老阙、陈勉良等 10 余人开会，执行落实县委关于"开辟革命根据地，发动青年当红军"等任务，分配王忠守等负责鼎平边界一带工作，陈希简等前往平阳的观美一带开辟新区，王老五前往贯岭、茗洋、岭头一带开辟新区。同年 9 月，王宏文因操劳过度伤势复发，经医治无效，逝于高境岔刘开道家，时年仅 25 岁。

（本文摘编自 2003 年版《福鼎县志》）

郑丹甫略传

郑丹甫（1910—1983），原名开池，学名登墀，化名邓桂、翁元生，前岐彩澳村人。生于清宣统二年（1910）五月。因从小目睹父辈饱受地主压榨的悲惨情景，他幼小的心灵中刻下了爱憎分明的烙印。

郑丹甫像

1916 年，郑丹甫入学彩澳私塾，后就读于前岐、桐山小学。1925 年考入福建省立农业学校，1927 年农校结业回乡务农。1928 年春，应聘任彩澳国民小学校长，在师生中传播新思想、新文化，推行教学改革，但遭到当地士绅的排挤、殴打。他毅然辞去校长职务，于 1930 考入福建省政法学院附属高中。就读期间，他与在福州乌石山师范读书的表兄王宏文同宿半年，并结识了叶秀蕃等一批闽东籍进步同学。他们传阅进步书刊，针砭时弊。后因其父病而辍学。1931 年，他应聘沙埕、桐山、前岐等地小学任教，同时积极参加王宏文、王忠党领导的地下革命活动。

1932 年冬，郑丹甫考入国民党十九路军在福州东湖举办的民团干部训练班，学习军事。受训后，于 1933 年回福鼎，任桐山民团排长。1933 年冬，他调任前岐民团排长。这时，叶秀蕃、黄淑琮等在沿海地区策划武装暴动。郑丹甫在他们的领导下，开展前岐地区的革命斗争。

1934 年，前岐一带由于有郑丹甫的掩护，革命继续发展。王宏文、王忠党、郑衍宗等人常在郑丹甫家秘密聚会，并书写标语张贴，扩大革命影响。

1935 年春，国民党八十师一个营进驻前岐"清剿"。郑丹甫在一些同情革命的知识分子推荐下，打进前岐区"清乡委员会"任主任。敌人每次"清乡"前，他都及时将情报交给地下交通员吴石连，由其送到王宏文处，使敌人"清乡"屡次扑空。国民党八十师营长甘霖命郑丹甫抓捕王宏文，他趁机带医生给正在患病的王宏文治病。1935 年 8 月，因前岐的土豪劣绅告密，郑丹甫的身份暴露，国民党反动派密令逮捕。

郑丹甫得到彩澳林风和县城朋友吴泽夫的情报，旋即同林时勉一道，由王忠党带到上东区委驻地周家山。郑丹甫把3条短枪和数十块银圆交给组织，随后被分配到前岐的龟岭、凤桐、桥亭、坪尾和平阳县的五岱开展工作，组织贫农团，建立肃反队，进行肃反、抗租斗争。一个月后，郑丹甫被分配到中共闽东特委机关报《红旗报》社工作。同年11月，中共闽东特委常委阮英平率闽东红军独立团（红五团，后改为鼎平独立团）到闽浙边开辟革命根据地，郑丹甫随军行动，并由独立团团长陈义成、政委罗烈生介绍加入中国共产党。同月，中共鼎泰区委成立，他任区委书记。

1936年初，刘英、粟裕率领中国工农红军挺进师进入福鼎、泰顺一带活动。6月，郑丹甫被任命为浙南人民革命委员会主席兼中共瑞平泰县委书记，领导闽浙边苏区开展分粮食、分青苗斗争。8月中旬，郑丹甫参加在前岐李家山召开的中共闽浙边临时省委第十次扩大会议，后随粟裕夜袭桐山县城。1936年11月，郑丹甫领导浙闽边区人民进行了艰苦卓绝的8个月反"围剿"斗争。

1937年春，郑丹甫撤离鼎泰区，转移到福鼎县城附近，开辟三门里新区，将三门里村建成"战士之家"，保存了浙闽边区大批革命干部，并以三门里为依托坚持斗争。时国民党当局一面悬赏"通缉"他；一面派郑丹甫的同学吴泽夫、亲戚温承厚去游说，许以高官厚禄。郑丹甫却趁机把他们争取过来，利用他们分别任桐山联保主任和保长的身份，秘密为地下党工作。为了除掉叛徒，郑丹甫巧施反间计，致使陈文凯等3个叛徒被敌人处决。此时，革命活动经费极为困难，郑丹甫变卖自家的6亩水田，把所得的200块银圆悉交组织。

1937年11月，中共浙闽边区委成立，郑丹甫任书记。1939年4月，郑丹甫调任中共浙江省台州特委书记，7月当选为中共"七大"代表，10月又调任中共浙南特委书记，11月26日赴任途中在平阳县水头被捕。在平阳监狱中，他化名翁元生，与同时被捕的陈平等同志一道开展斗争，准备越狱时，因陈平等人患病不起而未果。1940年9月，郑丹甫被押到上饶集中营，关进茅家岭监狱。他装成目不识丁的大老粗，在狱中进行反饥饿、反自首斗争。1941年10月，由于叛徒出卖，他的真实身份暴露，情况危急。当月26日，在难友的帮助下，他越狱成功，历尽艰险于11月15日到温州找到中共浙江省委书记刘英。刘英题诗称赞："离乡舍爱赴疆场，七载征尘撼华邦。偷生弹雨息图狱，壮志不屈实堪扬。"

1942年7月，郑丹甫复任中共浙闽边区委书记，领导群众开展反顽斗争，杀了东云、峰门、茗洋等地的一批特务，使国民党的"驻剿"失去耳目。经过艰苦的斗争，至1943年，终于粉碎国民党的"驻剿"阴谋。

1944 年春，郑丹甫执行"隐蔽精干"的政策，并派人打入国民党军队内部，进行分化瓦解工作，使形势有了转机。1946 年冬，郑丹甫领导浙闽边区的恢复工作。

1948 年 11 月，中共浙南特委改为中共浙南地委，郑丹甫任地委常委、组织部长。不久后兼任浙南游击纵队副司令员。1949 年 1 月，青景丽办事处成立，郑丹甫任浙南地委暨游击纵队常驻青景丽地区代表兼办事处主任，指导该地区与浙闽边区的党政军工作。2 月上旬，他派余龙贵、刘正发、王烈评率部攻下泰顺县城，亲率游击纵队一部在泰顺南山岭伏击敌人援兵，歼敌 1 个营。4 月 1 日，浙南人民临时行政委员会成立，郑丹甫任副主席。4 月 25 日，正式成立浙南行政公署，仍任副主席。5 月 6 日，他被任命为温州前线浙南游击纵队司令员，负责指挥解放温州的战斗。5 月 7 日，温州解放，郑丹甫任温州军事管制委员会主任。

周恩来总理签署的郑丹甫任职文件（福鼎市档案馆 供图）

温州军事管制委员会取消后，郑丹甫任中共温州地委副书记。不久，调任浙江省农村工作部副部长。1950 年 3 月，奉调回福建工作，历任福建省农民协会组织部长、省农业厅水产局局长、省农业厅副厅长、中共福安地委副书记兼福安专区专员、中共福安地委书记、省林业厅厅长、省高级人民法院院长等职。他还曾担任省第四、五届政协副主席、第五届全国政协委员，被选为第一届中共福建省委委员、第三届全国人大代表。

郑丹甫平易近人，艰苦朴素。他关心老区，经常回浙南看望在革命斗争年代同甘共苦的群众和战友。在"文化大革命"中，他遭受迫害，但始终顾全大局，坚持原则，表现出一个共产党员的高尚气质和胸怀。1983 年 8 月 19 日，郑丹甫在福州因病猝然辞世，终年 73 岁。

（本文摘编自 2003 年版《福鼎县志》）

陈勉良略传

陈勉良（1913—1993），乳名尾，1913年8月22日出生，前岐龟岭村人。少时入私塾，因家贫而辍学，在家放牛、耕作。

陈勉良像

1933年6月，陈勉良开始接受革命教育，并由叶挺鹏、王勤聪两人介绍参加革命队伍。他先后在龟岭半山和临近家乡的浙江平阳县（今苍南县）岗头、温州窟一带活动，秘密带动黄忠钊、张国绥等15名青年参加革命。

1934年春，陈勉良任上东区筹备财政小组长。1934年冬上东区委成立，他同林老阙到平阳县（今苍南县）南宋洋、矾山一带开辟边区。在陈辉读率领的地方游击队配合下，他同林老阙等人夜袭埔坪街，打进土豪李广茂布店，筹到革命经费银圆500元。1934年8月，到麻竹和米粉坑、枫树坪、三百丘、拱桥内等地，化装为商人开展地下革命活动。1935年春，他先后到熊岭、梨美和平阳（今苍南）上港村，3次参加打土豪、筹财政的战斗，经受了革命斗争的洗礼。

1936年，陈勉良任前矾区人民革命委员会委员，负责前矾区秘密联络站工作。他在岭头村枫树坪以经营豆腐作坊为掩护，进行革命活动。

1937年农历正月初四，国民党前岐民团包围联络站，搜捕前矾区委组织委员林桂程。在这生死攸关之际，陈勉良置个人安危于不顾，掩护林躲藏后挺身而出，被捕入狱。他在狱中受尽折磨，仍保守党的秘密，未暴露身份，被关1个多月，敌人始终得不到证据。后经党组织多方营救，方获保释。

陈勉良出狱后，在家治伤3个多月。他不顾伤势未愈，亦不顾父母受株连，毅然出走，继续参加地下革命活动。不久，其父被捕，敌人声言，只要把陈勉良找回来，便可出狱。但其父坚贞不屈，忍受敌人酷刑折磨，数月后获保外就医，但因伤势过重，不久便去世。当时陈勉良隐蔽在家乡附近，为了革命却不能回家探望，也不能为其父送终。敌人拆了他家房子，家里的财物也被洗劫一空。敌人的暴行更加坚定了陈勉良革命到底的决心。1937 年 7 月，他加入了中国共产党。

卢沟桥事变后，陈勉良投入抗日救亡运动。1938—1940 年，他先后参加中共鼎平县委举办的党员训练班和中共浙南特委在平阳北港举办的党训班，学习党的统一战线政策。期间，他继续坚持在闽浙边区的藻溪、温州窟、龙头埯、岭头、米粉坑、岗头村等地开展抗日救亡宣传活动，并发展了林宏济、李若西、林书全、黄礼注等一批中共党员。

1941 年初，陈勉良参加中共浙南特委举办的军事训练班。训练班结束后，被分配到中共青景丽县委机关工作，同年 7 月，调到闽浙边区管财经工作，跟随郑丹甫、任曼君同国民党当局顽固派进行斗争。

在"隐蔽精干"时期，勉良同郑衍宗等人到南麂等岛屿做瓦解乌军工作。后转移到店下笪笪继续开展地下革命活动。1941 年冬，同郑衍宗、王烈评等人打入北关岛大刀会内部做宣传教育工作，共收缴到 50 多支步枪和 1 挺机枪。

1946 年 11 月，陈勉良任中共泰平区区委书记，恢复和发展 30 多个党支部，并开展农民文化教育工作，将泰平区建成牢固的革命根据地。1948 年，他组织军民击退敌人一个连的进攻。同年 12 月，他带领 150 名赤卫队员，配合浙南游击纵队，参加攻克泰顺县城的战斗。1949 年 4 月，他任中共鼎平县委委员。期间，领导矾山矿工开展反矾霸、反饥饿的斗争，并参加策划争取国民党前岐镇镇长李永耀的起义工作，获得成功。5 月 28 日，他率鼎平游击队接收李永耀放下的武器，随即进驻前岐，和平解放前岐镇。接着，他带领中共鼎平县委机关人员到前岐，发动当地群众做好迎接福鼎解放的工作，并筹集粮草，组织船只，配合浙南游击纵队第一支队第二大队追歼海上逃敌，攻打巽城。当年 8 月，他调任中共福鼎县委常委兼民运部部长，带领县民运工作宣传队下乡宣传演出，发动群众开展反霸斗争。

陈勉良心系老区人民。在革命战争年代，他学会用青草药为革命老区群众治病，并以郎中为掩护进行革命活动，同福鼎、苍南、泰顺革命老区人民结下了深厚情谊。

中华人民共和国成立后，陈勉良历任中共福鼎县委常委兼县农会主席，中共福安地委委员，中共柘荣县委书记，福鼎县委第一书记、书记、副书记兼县长等职。在福鼎任职期间，他于 1956 年领导完成全县对农业、手工业、资本主义工商业的社会主义改造。1959 年兼任县长时，组织 5000 多人修建了吉坑水库。在国民经济暂时困难时期，他贯彻"冬种自由一季"的政策，扩大农作物种植面积，缓解了粮食紧缺局面，并同县其他领导成员认真总结了工作中的经验教训，纠正了"一平二调"和浮夸风、"共产风"、瞎指挥风，为"反右倾"、整风、整社中受错误批判和处理的干部甄别平反。同时放宽农村政策，调动农民生产积极性，使粮食生产逐年增长。1963年冬，全县国民经济开始全面好转。

"文化大革命"中，陈勉良被诬为"叛徒""福鼎土皇帝"，隔离审查、受批斗达3年之久。1981年11月彻底平反后，他被调任福建省革命老根据地建设委员会办公室党组成员、副主任。

陈勉良平易近人，严于律己，宽以待人，生活俭朴，为政清廉。他经常深入老区，帮助老区人民克服困难，在物资、资金等方面支持福鼎老区建设，并继续为人治病。直至退出领导岗位后，他仍不顾年老体弱，关心福鼎甚至全省的老区建设。

1993年3月16日，陈勉良在福州病逝，终年80岁。

（本文摘编自2003年版《福鼎县志》）

忆先父张士团

张宜芳

　　先父张士团，于 1914 年 6 月 19 日生于前岐，2004 年 1 月 22 日去世。先父幼年身体羸弱，是祖母黄氏悉心照护、铁心坚持，才得有奇迹的姗姗眷顾。我辈此生都特别铭记祖母的如天恩典，也养就做事坚持的品行德性。父稍长，尽管家境并不宽裕，聪慧的祖母却没有安排先父"少年学艺"，而使之进学堂，成为岐小班上"一号弱小学童"。父于 14 岁毕业，靠家族"公田"资助，上福宁府"省立霞浦初中"。父在霞中第 18 班，低黄寿祺、杜琨两级，与杜星垣同级同班。50 多年后，杜星垣成为共和国国务院第五任秘书长。父亲在霞中毕业后，当了一年乡村教师，第二年报考"省立福州师范"（本科），在 3000 多人中，以第 4 名的成绩被录取。之所以报师范校，是因为读师范可以免交伙食费。福师毕业，在霞浦县建教科工作两年后，上南京测大。1937 年抗战爆发，学校内迁，怕堂上双亲挂念，遂辍学返闽。

　　先父在世时，无论认识、不认识的，人们都称他为"先生"。

　　先父的青少年时期，恰适中国社会"科学与民主"旗帜高扬的勃发期。时代给了他浓烈的民本思想与科学理念，这主导并贯穿先父一生的所思所行。例如 1956 年前岐初中建校选址，先父认为前岐是少田缺水的地方，建校决不能与农民争农田、与居民争生活用水，主张选址龙头岭狮墓头、东山岗脚的"棺柴垅"，此处方圆数十亩贫瘠山地，泉水澄澈，坐北朝南，是学习施教理想的弦歌之地。又如 1954 年前后，先父在供职之余，与上海、广东等地农场联系，购买无核西瓜、无核葡萄等优良果种，无偿供给老家亲戚与农民朋友，指导他们栽种；劝说农民种小白菜，改穴种为条播、散播，提高产菜量。再如 1984 年他在桐城玉塘原老区畜牧场，批租农地，培育四季柚种苗，70 岁高龄还亲自前往温岭、海门、黄岩、大荆等地采购、押运用作枯木的柑橘幼苗。运柑橘幼苗用的是拖拉机，橘木幼苗和人一起被装在拖斗里，行驶在村级机耕路上，一路颠簸，辛苦是可以想见的，先父却乐此不疲，数往产地调苗。接穗，则通过与前岐大澜头农民协议，先父提供果树磷钾肥与管理服务，换取成年柚树的多余枝条。嫁接操作则雇请技术工人，先父自己也做一部分。先父把退休补发的全部工资，投入了这项他认为带有助农兴果色彩的"理想作业"。

桐北小学

1938 年，先父在福鼎桐北小学工作，担任校长。是年秋季，学校升级，由初小升完小。学校从桐北街大帝宫迁至现桐北校址。过半年，学生数由 200 多人猛增至 800 多人，比中心校（现实小）还多 100 余人，按当时教育部班生 40 人规定，需配用教室 20 多间。可是县教育科仍按原编制 6 个班级划拨经费与配备教员。

此时正值抗战时期，物资紧张，百物昂贵，事务纷繁。面对现实，先父发动校内同仁，共克时艰，千方百计解决困难。教室不足——先向民间求助，比如借用颜姓仓楼等厅堂院所；教员不足——现有教员一个人顶几人用，好在同仁同心同向，办抗战教育的积极性高涨，给了先父很大的支持、鼓舞和安慰；经费不足——节衣缩食，精打细算，量入而出，量力而为，首先满足教育教学必需的开销，其次保证员工工资。家庭最困难的工友刘金龙（驼背）、教导施观山月领 14 元，教员朱绶、高英辰、卢学钧、饶新盘、卓朝基、赖思麟、罗谨临领 10—11 元，教员毛蒲蔼、陈廷猷、施翠莲领 8 元，先父自领 8 元。

国家兴亡，匹夫有责，民族有难，子民同担。先父将知识分子的担当，化作具体的实际行为。如：编印抗日战讯，先父组织教员中科技人才，自扎自制矿石收音机，收录前线抗战消息，整理编印抗日战讯，每日印发 200 份，免费分送各单位、张贴各处广告栏，让群众阅览，鼓舞民众抗日救亡信心与士气，开创福鼎自制收音机编报先河；加强抗战教育，先生组织教员收集编写读书与救国、科学与抗战、国难与兴邦等一系列以爱国教育为中心的课外教材，作补充学生教育使用，以增强青少年的爱国觉悟与情怀；组织师生上街宣传，每逢国难纪念日，学校都要发动全校师生，分组上街，向民众宣传抗日道理，揭露日寇侵略暴行，劝募一元钱献机活动，为抗日救亡购买飞机；野外疏散教学，为了躲避日寇飞机的轰炸骚扰，先父决定实行野外疏散教学。在班主任引领下，学生分年级转移到附近"神宫"、山前村铁塘里、树林里去上课，师生围着黑板，幕天席地讲授课文，教唱抗日歌曲，激奋救国感情，午间也在密林里吃饭、休息，下午再学习，待夜幕降临才整队归来。

福鼎桐城织布厂

2003 年 12 月 28 日，一群 70 多岁的老人集合在一起，集体庆祝他们心中的"圣洁"。这是原福鼎桐城织布厂（员工们习惯称"溪西桥布厂"）部分健在的、家住城关的员工，自发组织的"60 周年厂庆"活动。溪西桥布厂在他们的心中到底有多重？经历了 60 年风霜雨雪，至今依然钟情不忘。

1944 年 5 月,抗日的烽火燃遍万里河山,先父站了出来,邀集福鼎城关地方爱国人士,谋划筹集社会资金,创办织布厂,发展经济,保障供给,支援前方。因是战时环境,各方面的条件异常困难,创办事务需从零起步。先父秉持"从无到有,从土到洋"的理念,周详策划、艰苦实施,团结同仁、发动员工,准备厂房、购置机器,引进技术、招募工人,研究原料供应、生产组织、布匹销售、货款转盘等问题。生产从开工到正常运转,企业从出壳到一天天成长,先父作为一厂经理,事必深思熟虑,成竹在胸,从长计议。

先父是一位有担当的人,他把股东利益、员工福利扛在自己肩上,悉心料理厂内厂外师傅生产销售所有经营的细节。

厂里的织布机是从温州购进的,是当时最先进的机械织布机。技师也是从温州延聘的施从细、施连弟两位师傅。工人在本地青年中招收,大多上过学。织布生产工艺与流程、产品质量,在福鼎当时没有第二家。该厂是福鼎首家现代意义上的工厂,员工是首批真正的工人。

1949 年 6 月,福鼎解放。10 月,县委派陈廷书、曾碧宽同志来厂接收。布厂改公营,更名为"公私合营福鼎工成织布厂"。原厂工人继续留厂上班。先父仍担任新厂经理。

1951 年 6 月,先父调任县人民政府经济工作三人小组成员,为建国初期的恢复经济工作,发挥了他的知识与力量。

从现代经济的视角看这家植根于民间,创办于"抗战时期",转型于"建国初期"的桐城织布厂,可以归纳出以下特点:第一,利用社会资金,股份制形态运营;第二,采用现代机器设备,规模生产;第三,积极吸纳社会青年参加就业;第四,为国家恢复时期建设,积蓄人力资源。员工敖永亮、陈永乾、陈廷书、李光俊、张士扬、张士瑞、潘月桂、郑爱蕉、吴雪招、杨爱仙、蔡月儿、卓月莲、张爱菊、卓玫瑰等,日后都成了县级机关或所在单位的领导或骨干。

历史给人提供参照。60 年后,布厂的员工如是评价自己的工厂:桐城织布厂是成功的工厂,是富有生命力的工厂,是爱国主义的工厂,是适应社会需要的工厂,厂魂永远活在我们的心中。

前岐亭脚李果园

1938 年,先父从南京归来后,准备在前岐附近租块园地,栽种果树建果园。经过一番寻找,最后选定在前岐往澳口内路上,一片叫"亭脚"的山地(现前岐车站至亭脚的公路下，以及公路所占的部分路面）。亭脚面积大约6—7亩，先父认为，此处位于山脚，前面有一条小溪流经，土壤的保墒状况较好，而且土壤酸碱值不高。于是，他每年定时向谢姓山主付租金20元，租下这片山地。

之后，他雇请本地村民，顺山势等高开垦，整理出三坪水平梯园，坪台宽度都在2.6米以上，最上一坪有7—8米宽，有利果树根群发展。坪台外沿筑埂，内侧挖深沟，外高内低0.5米左右，有利保土、保肥、保水。定植穴距离4.5—5.5米，穴径0.8米，穴深0.6米，每亩栽38—40株。这些个"洋"种法，当时在本地还没有先例。

栽种的果苗，他选择霞浦"芙蓉李"。为什么要"霞浦"的？因为前岐距霞浦近，土壤、气候条件相近，果苗适应快，果树容易成林。

先父建园、选苗讲究。管理上，一方面参照专业书，预埋穴底肥、表土回穴、筑定植台、深翻培土；填埋杂草、挖穴施农家肥、猪栏肥、依季节适时修枝整形、提壮；及时合理喷洒农药、防治病虫害；等等。另一方面，也有先父自己独创秘方，比如"巧施深海磷钾肥"（从沿海渔港买来大量的深海巨鱼鱼骨，煅烧、粉碎，采用点施）；"八小时外捉虫法"（根据昆虫的生活习性，有的晚上打灯捕捉，有的需清早去捉，效率更高）；施肥与生长节点对称；等等。

经过先生精心打理，亭脚的李果，自然与别人风味不同：颗粒大（最大的四五粒过斤）、肉质脆、不粘核、酸甜适度，色泽悦人，受市场追捧。

1959年农业合作化运动，李果园的山主入社了，我家的果树也随他的园地一起入社。高级社领导以"一棵李树一元钱"作价，处置了园地上的地面物，让果树与树主人"决断"。据人说，脱离了主人的果树，不久就被彻底刨根，然后送进灶膛，炭化了。这个过程，可能叫退果还耕吧！

前些年整理先父文牍时，我发现两封与李果园有关的信件。一是中国薄荷育种农场（在浙江宁波）1953年11月9日给先父的来信中，有句话"你的李果苗和接穗我们可为推广"。看来1953年的时候，这家国家级农场对先父栽培的李果树就有一定的认识，愿意进行"推广"。由此可以看出，先父对自己的产品价值的信心，以及先父长远发展的打算。另一是南京农学院郑铮琳教授于1956年11月26日的复信，信中回答与探讨李果树病虫害天牛等防治问题，以及告之《原色果树害虫图说》一书，国内无翻印本。从中可见先父求真的学习精神，以及对果树栽培研究的热忱。

1959年，"亭脚李果园"从亭脚地面上消失了。今天，一些60多岁的老乡偶然相遇时，还会谈起亭脚的李果园。

郑衍宗略传

郑衍宗（1915—1982），又名际林，生于 1915 年，福鼎县前岐凤桐村人。少时就学于前岐小学，受校长王宏文等人的革命启蒙，积极参加革命秘密斗争。

1938 年 3 月，郑衍宗加入中国共产党。同年秋，任中共鼎平下东区组织科科长，受组织派遣，以凤桐小学校长之职便，开展抗日救亡工作。1940 年，任中共福鼎县委宣传部长。1941 年初，调任中共福鼎县委组织部长。任上，认真贯彻中共中央"隐蔽精干"政策，坚持斗争。同年 12 月，代理中共

郑衍宗像

福鼎县委书记。1944 年，以中共福鼎县委特派员身份，与陈勉良、龚显凑等人到嵛山、南麂等岛屿开展争取岛上乌军的工作。1946 年 11 月，任中共鼎平县委书记。1947 年 8 月，率部击毙国民党马站指导员叶菁和当地保长王在承。1948 年，他和浙南第三县队队长王烈评率部攻打前岐镇伪警察所获胜。1949 年初，他策划并亲自做争取国民党前岐镇镇长李永耀的起义工作，终使前岐镇和平解放。之后，领导鼎平县委配合中国人民解放军第二十一军六十三师一八九团和浙南游击纵队解放鼎平地区。同年 8 月，中共鼎平县委机关并入福鼎县委，他任县委书记。

中华人民共和国成立后，郑衍宗先后任中共上海市榆林地委组织部长、上海市杨浦区副区长、中共上海无线电厂党委书记、上海市二轻局供应处处长等职。他廉洁奉公，一家三代 7 口人始终挤居两间小房。1982 年 12 月在上海病逝。

（本文摘编自 2003 年版《福鼎县志》）

王烈评略传

朱江萍

  王烈评（1917—2015），曾化名石柱，前岐薛桥村人。1917 年 6 月出生于一个贫农家里，幼年时父亲王忠雍病故，靠母亲和两个哥哥抚养成人。小时候上过几年私塾，后来在家里从事滩涂养殖及农业劳动，帮助家里维持生计。1938 年，中共闽浙边区党委书记郑丹甫、鼎平县委组织部长郭道款等人到薛桥村宣传抗日救亡工作。1938 年 8 月，经郑丹甫同志介绍，他和郑开凑（郑丹甫的堂弟）离开家庭参加革命，同年 12 月加入中国共产党。1939 年 7 月任中共鼎泰区代理书记、书记。1943 年 8 月任福鼎县工作委员会主任，1946 年 11 月任中共福鼎县委书记。1947 年 7 月浙南游击纵队第三县队成立，任队长。1949 年 4 月第三县队奉命整编，随任中国人民解放军浙南游击纵队第一支队参谋长。1949 年 8 月任福鼎县县长。1950 年任福建省高级人民法院福安分院院长。1954 年后历任中共福安地委委员、福鼎县委书记、福安地区中级人民法院院长、福安专署副专员、福安地委组织部长。1969 年被下放政和劳动。1971 年调任建阳地区生产指挥处副处长，农办副主任。1977 年带领千人到海南负责育种工作。1979 年任福建省农科院副院长，1981 年任福建省老干局副局长，1982 年任福建省纪律检查委员会副书记。1985 年离休。2015 年 2 月 7 日逝世，享年 98 岁。

林永中略传

林永中（1919—1955），乳名书松，参加革命后曾化名老洪，前岐龟岭村人。

林永中像

林永中幼年丧父，从小牧牛樵薪，祖母含辛茹苦供读私塾，后入桐山育仁小学。1936年7月考入福州私立中学，因经济原因未就读，后在前岐梅树湾小学任教。

1938年4月，林永中投奔革命，于5月加入中国共产党。不久，任中共下东区区委青年科长。1938年夏，中共浙南特委推荐林永中与陈伯恭、王烈怡等到中共东南局在武汉举办的训练班受训。后因武汉会战，该班停办，林永中返回。9月，任中共福鼎县委宣传部部长，与陈辉等人在北岭初级中学组织"民族解放先锋队"，在桐城组织抗战青年工作队，积极开展抗日救亡运动，并从中发展中共党员，建立中共北岭初中支部。之后，他代理中共福鼎县委书记，主持召开福鼎县委首次党代会。

1939年3月，林永中受组织派遣，加入国民党福鼎县政府组织的"抗日青年后援会"任委员，引导青年运动。5月，他出席中共浙南特委党代会。10月，他在恢复南区党组织时遭国民党当局逮捕，次年获保释。1940年后，他任泰顺县委宣传部长。

1947年起，林永中历任中共浙闽边区委委员、浙闽边中心县委委员、中共福鼎县工作委员会主任兼浙南第三县队政治教导员、副政治委员。期间，与王烈评等人率队攻打南溪、金钗溪、福安上白石、泰顺雅阳、龟头等地的国民党乡公所，均取得了胜利。

1949年4月，林永中任中共福鼎县委书记。6月，兼任福鼎县人民政府筹备委员会主任。9月，调任泰顺县县长。

在艰苦的战斗岁月里，林永中身先士卒，英勇作战，忘我工作，悉心为公，积劳成疾。1955年8月，林永中溘然逝于无锡疗养院。1965年，被追认为革命烈士。

（本文摘编自2003年版《福鼎县志》）

投诚起义的镇长李永耀

李永恩　林开珠　陈敬仪

李永耀，号亦欣，生于前岐镇国阳村的书香门第。他天资聪颖，勤奋好学，擅长文学，为人称赞。"九一八"事变发生时，他还在霞浦中学念书，就积极参加救国宣传活动。中学毕业后历任前岐、彩澳小学教员、区公所区员、镇长等职。李永耀看见反动统治腐败后，在进步教师、同学的影响下，拥护共产党，积极参加抗日斗争，支持革命工作。在白色恐怖下，曾化名吴醒参加中国共产党地下活动，先后营救过共产党领导人林永中等 10 余人。抗日期间，他积极支持好友谢鸣銮（皖南事变中牺牲）赴皖参加新四军军部工作，而遭到反动派武装多次搜捕，流浪失业多年，后得到亲友支持，借贷经营食杂小本生意，维持一家 6 口生活。

李永耀像

1946 年底，国民党实行乡镇长竞选，中共鼎平县委书记郑衍宗为革命工作需要，动员他出来参加竞选。在地下党的支持活动下，他当选了，从此便积极收集情报，由亲信镇公所雇员蔡思交（地下党员）和堂弟李永恩抄后交鼎平县委地下交通员郑开珠转递，并借郑开珠带来《浙南周报》等宣传品开展宣传，同时掩护地下党同志活动的安全。临解放时，他负责支援游击队粮食、物资、劳军物品，并为迎接解放军南下做了大量工作，对革命事业的开展起了积极作用，曾受当时坚持浙南游击斗争的领导人郑丹甫、任曼君、王烈评、郑衍宗、林永中等的赞扬。由于革命形势发展和爱国主义感召，1949 年 5 月 1 日，中共鼎平县委派张德海、吴荣弟等在黄土筬家里召开秘密会议，部署前岐镇镇分队携械起义。李永耀作为镇长兼武装分队长，立即遵照鼎平县委指示，当机立断，监禁了顽固分子，及时动员镇分队于 1949 年 5 月 28 日凌晨携械起义，前岐因此和平解放。

他起义后，福鼎县城反动头子大为震惊。国民党"搜剿队"队长林德铭和伪警察局武装攻打前岐，包围他家，他和家属冒险脱逃。林德铭咆哮如雷，将他的店铺、房屋打毁，将他的财物洗劫一空。林德铭更扬言要杀他的头，杀他全家。他逃到矾山游击区，受到了中共鼎平县委的热情接待，并参与县委领导人郑衍宗等主持召开的研究解放福鼎县城、准备支前事宜。1949年6月11日，福鼎县城解放，成立县人民政府筹委会。党认定他为起义人员，留他协助县府接管工作。因一家六口生活困难，他经县领导林永中、郑衍宗同意后回家，继续经营京果食杂店。由于历史原因，他于1951年"土改"中受到冲击。

1952年12月3日，李永光得知镇反政策，主动"投案"，经法院判刑2年。刑满后，他多次申诉，并得到郑衍宗、王烈评和被营救过的地下党同志的证明，人民法院重新审查，仍被定为起义人员，于1957年7月15日下达正式文件通知平反。

"文革"中，他再次被打成"反革命"，直至1975年12月13日福鼎县人民法院重申他是起义人员，给予平反。

粉碎"四人帮"后，中央军委对起义人员重新发给证书。中共福鼎县委根据统战政策，选他为县政协委员，发给生活补贴，退还被错没收的海尾矾馆两座半房屋。其时他虽被醉汉殴打致残，却满腔热情地书写规划，绘制发展成果的蓝图，为家乡建设出谋献策。

1990年前岐福东桥扩建后，请各界题诗写联，百余人中只他一联被选刻在福东桥上，人们无不称赞他是前岐一支好笔。

1995年8月，李永耀突然生病，叹息将看不到香港回归，便书写十多幅讴歌新中国辉煌成就的对联，嘱咐子女用于布置灵堂。辞世时，前岐群众纷纷前往吊唁，寄予深切悼念。

李永耀起义证书（福鼎市档案馆 供图）

首位女教师李慕南

🍃钱其仁

　　李慕南，原名李羡兰，1919 年生于前岐镇福东街的大户人家"怀珍内"，1931 年毕业于浙江杭州女子学校，是前岐第一位女教师。辛亥革命之后，虽然提倡男女平等，但还只是一句口号，在前岐这山沟里，女人只能坐在家里，绣针黹，站灶头。李慕南的父亲是个大商贾，成天在上海、天津、武汉、福州等地到处跑。有一年，父亲要到外地做生意，当时刚巧是小学放假，她闹着要跟随父亲到外地去闯一闯，见见世面。父亲说："你是个女流之辈，只能待在家里学绣花，站灶台，外面不是你去的地方，不许去！"她说："女人就不是人吗？现在是什么年代了，爹的脑子还是这么老，一点新东西都没有，不行！我非得去不可。"她是她爹的掌上明珠，宝贝女儿说要去，她爹只好让她去了。

　　从前，前岐人到外地，不是走路，就是乘船。去温州走路要两天路程，去福州走路要四天路程，要是路上碰到麻烦，可能还要延误十天半月。要是乘船去福州也得两天水程，遇到风浪大的天气，木帆船耽误行程也是常有的事。这次李慕南随父取道福州，还算顺利，两天就到达福州码头了。

　　到了福州，李慕南真是大开了眼界，街上高楼大厦，路上人来车往，好一派热闹气象，特别是那些擦肩而过的女学生，让她好生羡慕。于是她牵着爹爹的手说："爹，你看！"爹说："有什么好看的吗？""那！"她用手指着女生那边问，"看到了没有？"爹问道："那有什么奇怪，你也想她和她们一样吗？她们可是福州女子学校的学生啊！"她说："我好羡慕哟！"爹语重情长地对她说："你如果想要将来和她们一样，那么从现在起你就得好好读书，用功求知，以后就看你有没有这个造化，能不能考上女子学校咯！"她十分坚定地答道："一定会的！"她回家后便在林商野先生倡办的前岐高等中心小学认真读书，1931 年以优异成绩毕业，同年考取杭州女子学校。1935年从女子学校毕业后，她被分配到温州第三小学任教。但她看到家乡文化落后，便立誓要回家乡协助文化建设，为改变家乡落后面貌贡献青春。

　　李慕南回到前岐后，被安排到前岐中心小学任数学兼音乐课教师。由于她矢志教育，恪守职责，爱护学生，深受家长和学生的尊敬和爱戴。她从任课的第一天起，坚持不打骂学生，而且还帮助生活困难学生，使他们安心完成各种学业。前岐大澜头学生陈明秒，在助理家务时让开水烫伤了脚，连续好几日不能来上学，她发现情况后每天到他家背着他上学。经过一个多月的细心照料，陈同学终于伤癒，感激涕零，对她说："好师娘，我一辈子不忘您的保护大恩！"另外有一位照澜村的黄素娟学生，因家庭困难，无法交学费，无法报名，她知道后，就用自己的薪金，帮这位同学付了注册费。这位同学的父母知情后赶到学校，双双流着眼泪说："谢谢您，李老师！"

李慕南平时教学五年级的数学课，每周5个课程，还教学高年级的音乐课，每周12个课程。她向校长提出教改的建议，将3个年级的音乐课，由单行式改为穿插式，这样既可节约教学时间，又可教好学生，达到一箭双雕的好效果，这个建议被校方采纳，受到了师生的好评。1940年，由于浙江矾山新办小学，特意聘请有教学经验的李慕南老师到该校去协助办学，她热忱应邀就任，一去就是5年。之后辗转福鼎城关小学任教5年，后辗转浙江桥墩、金乡等地任教。1967年，她又回前岐中心小学任教。她任教几十年如一日，不管在哪里，都是忠诚教育、勤奋教书。

李慕南于1998年10月18日逝世，享年79岁。

投身革命的教育家蔡承宇

鼎安和

蔡承宇，前岐彩澳村人，1927年2月11日出生。1947年就读于福安高级农校时，他加入中国共产党。为了响应党的"反饥饿、反内战、反迫害"号召，他以校学生会主席的身份组织学生罢课，举行示威游行。事后，国民党特务把他列入黑名单，党组织指示他撤出学校，上山参加闽北游击队。由于敌人"围剿"，交通中断，他不得不秘密转回福鼎，几经周折，终于找到浙南游击队。他投笔从戎，曾任浙南游击队文化教员、区宣传委员。在风雨如磐的岁月里，他凭着共产党员的理想和信念，不怕困难，不怕牺牲，同战友们多次与国民党福鼎县"搜剿队"队长林德铭等反动派殊死战斗，参加解放巽城战斗。福鼎解放初期，他在农村参加土改工作，任福鼎县桥亭乡乡长、福鼎一区（桐城区）副区长。他不怕苦，不怕累，凭着自己顽强的毅力，一次又一次出色完成了党交给的任务。之后，他先后担任福鼎前岐初级中学校长、县文教科科长、县政府办主任和福鼎一中校长等职。1959年，他任福鼎一中校长，当年福鼎一中的俄语、化学高考成绩名列全省第二。1960年，蔡承宇被组织调到福安专署教育局任中学视导组组长。他工作深入一线，勤勤恳恳，任劳任怨，获得很好的口碑。

1962年，35岁的他怀着建设闽北山区的满腔热情，带着自己的家眷，离开专署，并协助动员林有振、周赛卿、刘复明等一批大学刚毕业的年轻教师到政和县任教。经过不懈的努力，他们将当时仅有7个人的高中毕业班扩办成政和县第一所完中，并建起了大礼堂、大膳厅、大操场、实验室。学校坚持德、智、体全面发展的方针，组织篮球队和文艺宣传队，不仅在校内开展各种文娱活动，还与驻政和的省地质队举行篮球赛和开展大型文艺演出。一时间，政和一中在当地享有盛名，令人刮目相看。

"文革"期间，蔡承宇经受了种种的冲击和磨难，但他相信党，相信群众，始终保持一个共产党员的执着追求和坚定信念，关心学校图书馆、实验室建设。在夜深人静的时候，他独自一人到一间间教室、一间间图书阅览室，把一扇扇窗关上，把零乱的桌椅整理好。"文革"之后，蔡承宇更是全身心扑在教育事业上。他经常深入课堂听课，到班级与学生谈心，探讨教育教学问题，掌握教育教学规律。他认真贯彻落实党的知识分子政策，充分尊重知识分子，保护知识分子，以真挚的感情留住了许多福州籍的优秀教师，并调动起他们工作的积极性和创造性，使学校教学质量稳步提高。1985 年高考，福鼎一中考生理科获全省第二名，文科获全地区第一名，高考成绩总评位居闽东前茅。

蔡承字按处级待遇离休后，始终以老骥伏枥的精神，担任福鼎市离退休教育工作者协会会长，继续为福鼎教育作贡献。1988 年至 2002 年，他连任福鼎市离退休教育工作者协会会长达 14 年之久。

退休教师队伍是干部队伍中人数最多的一支队伍。蔡承字认为鸟儿尚且有个窝，更何况这么大的离退休教师队伍，为此他耗费大量的心思筹建退教协办公楼。他和退教协同仁们的办公室先是被安在部队离休楼，后租赁工人俱乐部，最后将退教协大楼建于十字街。其间的辛酸苦辣，只有与他一道工作的离退休教师协会的朱有为、喻立信等同志才会知道和理解。在大楼建设的日子里，人们经常看到他那瘦瘦黑黑的身子，骑着辆破旧的自行车往返于街道和工地，累坏了身体。开头是眼睛有些毛病，到福州检查时却发现胃有大问题。起初，蔡承字仍坚持工作，抢时间装修退教协大楼，想让协会早些乔迁新居，到后来实在不行了才去住院治疗。2002 年 7 月 4 日，蔡承字带着对党的无限依恋之情离开了人世，实现了他在生命垂危时"要走就坚持过完党的生日后走"的愿望。

蔡承字一生生活简朴，公正清廉，严于律己，宽以待人，乐于助人。他总是把方便让给别人，把困难留给自己。在 1960 年那段困难的日子里，他为国分忧，带头把自己的工资降下来。他对自己的子女亲属要求很严，从不让他们大手大脚地花钱，要他们艰苦奋斗，过紧日子，培养他们成为自立自强的社会有用之才。他同情弱者，对贫苦农民、困难学生、患难之人总是慷慨解囊，鼎力资助。农民进城求医治病没钱找到他，他把病人留在自己家里，还拿钱给他们治病。"文革"期间，许多下放干部、教师，都把蔡承字的家作为温馨的去处，有什么心里话都向他倾诉。因此，蔡承字深受学生、教师、家长和普通民众爱戴。

前岐重要党史人物补述

✍ 朱江萍

　　前岐是闽浙边区重点革命老区和鼎平革命的发源地。在革命战争年代，一批前岐英杰，为追求崇高的理想，紧跟共产党出生入死，组织、领导闽浙边区人民与敌浴血奋战，为闽浙边区革命斗争和中国人民解放事业立下不朽功勋，其中不少先贤为革命英勇捐躯，成为万古流芳的革命烈士；另一些人于1949年在各级、各条战线上担任要职，为社会主义建设服务奉献。他们是前岐人民的榜样，是老区人民的杰出代表。除前面介绍过的，本文对王忠晴等一批重要党史人物简略补述如下：

　　王忠晴（靖）（1901—1933.11）　　前岐镇薛桥村人。1932年4月参加革命并加入中国共产党，是前岐早期革命活动参与者，负责与店下沿海区的联络工作。1933年11月在店下革命活动时被敌抓捕后英勇不屈就义于前岐，是前岐为革命牺牲的首位烈士。

　　王忠党（1908—1935.11）　　前岐镇薛桥村人。1932年参加革命并加入中国共产党，是前岐早期革命的领导组织者之一，曾任中共霞鼎县委宣传委员兼下南区区委书记。1935年11月在店下革命活动时被敌抓捕后牺牲。

　　林时勉（1904.4—1937.1）　　原名光桂，号林舒，曾化名一家，前岐镇人。少时就读于岐阳小学、省立霞浦三中。1924年考入厦门大学，1925年因家庭变故辍学，后到厦门十三中任教。期间，追求进步，参加学运。1926年返乡任岐阳小学教师。1934年加入中国共产党，1935年8月加入游击队，1935年10月调任中共闽东特委《红旗报》编委。1937年1月，在战斗中，为掩护战友突围英勇就义。

　　郑奎（1902—1937.2）　　又名郑绍对、郑大挺，前岐镇凤桐村人。曾就读于岐阳小学、福建省农业专科学校。1923毕业回乡教书，1932年到前岐小学任教并参加革命，1934年冬加入中国共产党。1936年7月任中共桐霞县委秘书，11月任桐霞县委副书记兼桐霞县游击队队长，12月任桐霞县委代理书记。1937年1月在太姥山对敌作战中不幸被捕，英勇就义。

　　周钦明（1903—1937.4）　　又名祖文、均民、祖掠，前岐镇半山壁村人。1934

年参加革命，1935 年 11 月加入中国共产党。历任中共鼎泰区委委员、泰顺县委书记。1936 年 8 月兼任泰顺县人民革命委员会主席。1937 年 4 月在浙江平阳被敌人杀害。

刘日玉（1905—1940）　　又名刘凤玉，前岐镇枫树岭村人。1934 年 6 月参加革命，同年加入中国共产党。1938 年参加新四军北上抗日，任新四军某部教导员。1940 年在安徽某地与敌作战中牺牲。

谢鸣銮（1915.12—1941.1）　　又名谢作悟，佳阳乡佳山村人。1931 年考入霞浦省立第三中学，1934 年毕业后应王宏文聘请在岐阳小学任教并从事革命活动。1939 年 12 月加入中国共产党。1940 年春经组织介绍到新四军军部学习，后任新四军军部指导员，1941 年 1 月在皖南事变中牺牲。

王烈怡（1916—1941.6）　　前岐街道人。少时就读于岐阳小学，1935 年考入福州四中，1938 年夏毕业后任凤桐小学教师，并参加革命，不久加入中国共产党，同年 12 月由浙南特委选派到新四军军部学习，1939 年 7 月返回浙南后任中共泰顺县委青年部长。1941 年 5 月在浙江文成桂乡进行革命活动时被捕，同年 6 月被敌杀害。

欧阳宽（1904—1941.7）　　原名孟泉，化名济氏，浙江苍南南宋洋人。少时在前岐居住就学，1926 年毕业于福州师范学校，1932 年应王宏文聘请到岐阳小学任教并进行革命活动。1936 年加入中国共产党，1937 年后任闽浙边临时省委油印组副组长，浙南特委油印组组长。1940 年 1 月任中共鼎平中心县委委员，同年冬任鼎平县委组织部长，1941 年 6 月代理鼎平县委书记。1941 年 7 月 26 日，遭国民党军包围袭击，不幸牺牲。

郑香山（1914.6—1945.8）　　又名郑祖好，1933 年 1 月参加革命，同年加入中国共产党。1935 年后任中国工农红军挺进师油印组组长、师部秘书，同年 10 月，调任中共闽浙边临时省委秘书。1938 年在新四军驻温州办事处被捕，后被关押江西上饶集中营，狱中 7 年始终坚贞不屈。1945 年 8 月英勇就义。

郑丁元（1918.10—1955.5）　　原名郑乃波，前岐镇桥亭村人。少时入私塾、桐山育仁小学，1934 年考入浙江省立温州中学，期间参加进步学生运动。1938 年 7 月赴陕北洛川抗大分校、延安抗大总校学习。1939 年 9 月加入中国共产党。1940 年 1 月后历任晋察冀分区宣传干事、指导员、教导员、县大队副政委。1949 年后任北京军区后勤部油料处副政委、副处长，1955 年 5 月 6 日因病逝世。

陈新民（1916.9—1978.6）　　佳阳乡三丘田村人。1934 年 9 月参加闽东游击队。1935 年加入中国共产党。1938 年被编入新四军第三支队六团，北上抗日。历任苏北三分区独立团参谋长、中国人民解放军二纵六师四十八团副团长、一纵一师八团团长。1949 年后任海军青岛航空预备学校副校长。1958 年转业后任浙江绍兴铜矿副矿长、里渚铁矿副矿长、平水铜矿矿长和党委书记。

蔡子梧（悟）（1916.8—1995.1） 前岐镇彩澳村人。1938 年 4 月参加革命，7 月加入中国共产党。抗日战争期间任新四军浙东纵队五支队特派员、教导员。解放战争期间任华野一纵队三旅八团政治处副主任、主任、团副政委。1949 年后历任防空军探照灯团政委，防空军高炮五师、四师政治部主任，空军高炮四师副政委，空军盐城基地政委，空四军后勤部政委。1955 年被授予上校军衔。

李资平（1921.6—2010.4） 原名雷祖祇，畲族，福鼎前岐镇桥亭村人。1934 年 10 月参加革命，1935 年 10 月加入中国共产党。历任红军挺进师宣传干事、保卫员、中队长。抗日战争期间任新四军军部秘书、机要科长，解放战争期间任东北民主联军哈尔滨保安独立大队政委、第四野战军十二纵队民运部长。1949 年后历任解放军防空学校、高炮学校政治系主任，郑州大学函授部主任等职。1983 年 3 月离休。

郑昭（1917.12—　　） 又名郑乃撰，前岐镇桥亭村人。少时入私塾、桐山育仁小学。1934 年考入浙江省立温州中学，期间参加进步学生运动。1938 年赴延安陕北公学抗大总校学习，1940 年后任八路军 120 师 358 旅见习排长、文化教员、教育干事、政治干事。1942 年加入中国共产党。解放战争期间任团政治处宣传干事、师政治部秘书，1949 年后历任团政治处宣传股长，解放军后勤学院政治部干部教育助理员、秘书处副处长，解放军军事医学科学院办公室副主任、主任、院务部顾问。1980 年 8 月离休。

文教卫生

前岐中心小学史略

范则谊

独特的地理区位和文化传承铸造了前岐人敢为人先、勇于抗争的革命精神，而前岐小学的创办和发展就是这种精神的一个写照。100多年来，这所小学经历了革命战争的洗礼，奋进于社会主义建设时期，沐浴着改革开放的春风不断加快成长步伐，并以崭新的面貌跨入新世纪、新征程，形成了鲜明的办学特色。

拓荒创建　风雨漂泊

　　林商野，行名上汉，又名尝辛，生于光绪十二年（1886），前岐镇王桐街人，是福建省农林中学高才生，后就读福建法政学院。清光绪三十三年（1907），林商野积极倡导新学，在父老乡亲和乡绅代表鼎力支持下，毅然请求辍学回乡义务办学，取校名为"岐阳初级学堂"，借用临水宫（又名奶娘宫）为校址，隶属县劝学所。创建初期，为3年全日制学校，规模不大，学生仅数十人。推吴弼臣（福建法政学院舍监）为督学长，林商野为校长，王辅仁（福建法政学院高才生）为教导长。自筹资金，解决办学经费，自行编写教材。1916年，在吴任、陈揆辰、林疏九等一些乡贤的积极倡导和筹办下，区内实行私塾合并办校，定名为"前岐国民初级小学"，开设语文、修身、国

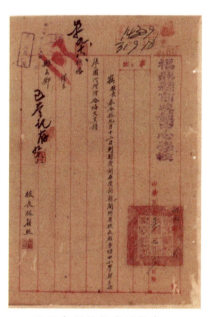

民国年间校长受训档案
（福鼎市档案馆 供图）

音、英语、算术等科目，全校学生80人，编作初小5个班。1921年春，梁镜寰先生接任校长，并改校名为"福鼎县岐阳高级小学"。为解决校舍问题，师生们相继对临水宫进行改造，历经多年，将这一座香火兴旺、远近闻名的神庙改造成书声琅琅的育才园地。学校克服了经费、校舍、师资上的重重困难，随着学生数、班级数的增加和

开设课程科目的逐步齐全，学校延聘了一批品学兼优的教师，使岐阳小学成为福鼎县内颇有名气的一所完全小学。

薪火相传　红色摇篮

20 世纪二三十年代，原来从该校毕业出去的学生陈祝三、陈伯恭、林时勉、李次山等人于 1926 年夏分别从省三中、省二中两所中学毕业归来。他们承担教员工作，并推陈祝三为校长。除了教学常规课外，常以《独秀文存》《胡适文存》，鲁迅的《呐喊》《彷徨》《稻草人》和茅盾、巴金等的作品，以及李大钊、陈独秀合编的《新青年》月刊等富有革新意识的作品，作为学生课外精神食粮的补充，启发革命新思潮。1932 年，王宏文自福州师范毕业回乡接任校长，以校长之便把密友郑丹甫、刘清扬二人引入学校担任教员，广聘陈伯恭、郑奎、欧阳宽、林时勉、王忠党等进步青年教师，成立党的秘密组织，开展学运，进行革命活动，在王宏文和这些革命教师的引导下，陈希简、王烈怡、郑衍宗、林永忠、曹宗明、谢鸣銮、郑嘉顺等一大批学生走上革命道路，为前岐、福鼎、浙南的解放事业作出了卓越贡献，学校因此被赞誉为闽浙边区的革命摇篮。

岁月动荡　历尽坎坷

1949 年后，学校定名为"前岐中心小学"并沿用至今。初期全校有 6 个班，学生 200 余人，教师 8 人。1956 年，为适应社会形势，满足人们进一步求学的需要，前岐中心小学附设初中班，从前岐、沙程两学区招收初中一年级新生 100 名。1959 年，前岐中心小学附设初中班分出独立，称"福鼎二中"。1965 年学校发展到 17 个班，学生 970 人，教师 38 人。1966 年 6 月，"文化大革命"开始，全体师生投身政治运动。学校取消校长称谓，改为革命委员会主任，由贫下中农管理委员会管理学校。学校按连排建制，班设排长，年段设连长、指导员。学校少先队组织被撤销，课程全面精简，内容以政治为主，文化知识为辅。文化课只开设语文、算术、革命文艺、军体 4门，统一使用省编课本，外加辅助教材《毛主席语录》和"老三篇"（《为人民服务》《纪念白求恩》《愚公移山》）。直到 1973 年春，学校根据福建省革委会教育组颁发的《全日制小学教育计划的意见》，课程才做了一些调整，开设语文、算术、体育、图画、唱歌，四、五年级增设《常识》。1976 年，粉碎"四人帮"后，学校的一切工作开始步入新的历史时期。

前岐中心小学 100 年校庆（夏念长 摄）

2001 年，佳阳乡成立，原属前岐学区的佳阳、罗唇、三丘田教学辅导片分出，成立佳阳学区。2013 年秋，学区建制撤销，由前岐中心小学负责管辖原前岐学区的完小、前岐中心幼儿园及教学点的教育教学工作。随着城镇化建设的加快，各村完小逐渐撤、转、并、关，本镇辖区的学龄儿童基本集中在中心校就读。2013 年，前岐中心幼儿园独立，前岐中心小学管理职能更加集中在九年义务教育中的小学基础阶段。

春华秋实　彰显特色

改革开放以来，学校在内部管理、师资建设、教研教改、校园文化建设等方面都取得了显著成绩，教育教学质量全面提高，并逐步形成与素质教育发展相适应、符合地方实际的四大办学特色，因此荣获省"有特色的农村小学"的称号。多年来，学校坚持"科研兴校"，积极开展教育科研与教学改革，先后承担 18 项全国、福建省和宁德市教育科研课题，并取得可喜的成果。数十名教师在参加全国、省、宁德市级教学观摩课竞赛活动中获奖，200 多篇教研论文在全国、福建省、地及市级刊物上发表。学校先后荣获"全国红旗大队""全国小语'注·提'实验先进单位""全国校园足球特色学校""福建省小学名校""福建省农村示范小学""福建省义务教育管理标准化学校""福建省先进党政工共建教工之家""福建省优秀家长学校"等 30 多项各级荣誉；先后有 11 位教师获得国家级表彰，38 人次获得厅级以上表彰，上百次获市级以上各项比赛奖次。

　　2020年9月，投资2884万元的前岐中心小学彩澳校区（一期工程）正式启用。现学校呈福东校区和彩澳校区"一校两区"的格局，占地面积30074平方米，校舍面积15439平方米。2021年秋季，共有学生3205人，共60个教学班。学校教学设施齐全，常规教育器材和设施分别达到省规定的Ⅰ类标准配备。学校拥有一支力量雄厚的师资队伍，教职工总数共181人，其中高级职称教师4人，省级骨干教师3人，地市级骨干教师15人，市级骨干教师11人，福鼎市名教师（名班主任）1人。

前岐中心小学搬迁记

卓国卫

　　前岐中心小学前身为"岐阳初级学堂",创办于清光绪三十三年(1907),当时借用临水宫(又名奶娘宫)为校址(今福东校区)。1921年春,梁镜寰先生接任校长,更名为"福鼎县岐阳高级小学"。1932年王宏文自福州师范毕业回乡接任校长。在王宏文和革命教师的引导下,一大批学生先后走上革命道路。这批革命教师和学生在之后的革命斗争中成为闽浙边卓越的革命者,学校因此成为闽浙边区的革命摇篮,闻名遐迩。1949年后,学校定名为前岐中心小学并沿用至今。

前岐中心小学福东校区

　　2010年之后,前岐集镇人口持续增加,生源不断增多,只有9亩地、30个教室的老校区已无法容纳全部学生,学校只好借用原前岐中心幼儿园一座教学楼办学。2013年11月,前岐中心幼儿园搬迁新址,旧园址由前岐中心小学接收,设立为前岐中心小学南校区,两个校区共有4座教学楼,50个班级,共容纳2000多名学生。虽然南北两校区同时使用解决了教室紧张的问题,但仍无法满足后续发展的需要。2015

年，前岐镇总人口达4.8万，其中集镇常住人口近3万，集镇外来人口8000多人。前岐中心小学在校生总数为2550人，处于超负荷的办学状态，学生的学习、健康和安全存在严重隐患。随着国家放开二孩政策和集镇化进程的加快，学校办学压力巨大。因此，前岐中心小学申请迁址、扩大办学规模的报告得到上级批复。

2016年，前岐镇开始新校区选址、规划和征地工作，确定在原彩澳小学校址的基础上向外拓展，规划新校区占地面积37.5亩，建筑面积9580平方米，规划36个教学班。建设规划图出炉后，发现新校区的大门外是前岐新集镇规划中的一条河道，学生离校必须经过一座桥，这会带来严重的交通和安全隐患。前岐镇分管领导高度重视规划中的问题，与相关部门多次协调，最终变更设计方案，改河道为道路。2018年6月4日上午9时填方开始，标志着前岐中心小学新校区工程正式破土动工。填方施工方全身心投入工作，一边把难商量的几块地征完一边填方，促使填方工程顺利进行，为新校区教学楼、综合楼建设奠定了基础。

2019年秋季，前岐中心小学学生数突破3000人，原来的南北两个校区还是无法容纳全部的学生。在彩澳校区尚未建成的情况下，一年级新生只好借用离集镇较远、交通状况复杂的原西宅小学的校舍来办学，形成"一校三区"的尴尬格局。学生苦不堪言，学校管理压力很大。在徐象党校长的带领下，全校教师上下奔波、超负荷运转，确保平安过渡。为确保前岐中心小学新校区新学期开学时能投入使用，2020年整个暑假，学校所有班子成员都付出了艰辛的努力，他们放弃了休息时间，"扎"在新校区筹备搬迁准备工作。在大家的共同努力下，由镇政府出资施工的通校道路完工了，用于绿化美化的大树和景观石进校园了，学校大门口内广场铺上了地砖……然而，由于受台风天气影响，新校区还是推迟了一周才开学。

前岐中心小学彩澳校区（夏林 摄）

2020 年 9 月，前岐中心小学彩澳校区一期工程结束，共投资 2884 万元，一座教学楼和一座综合楼正式启用。同时，原南校区归还前岐中心幼儿园，改建前岐第二幼儿园，原北校区改称福东校区，学校形成福东校区和彩澳校区"一校两区"格局。2020 年秋季，学校共有学生 3225 人，60 个教学班，教职工 158 人。新校区建设得到了各级领导的关心和支持，2021 年 6 月 3 日，福鼎市委书记包江苏和市长周春海陪同福建省政协领导到学校调研"非物质文化遗产保护与传承"，并下拨 18 万元支持学校省非遗项目"打马灯"等社团活动的开展。新校区建设期间，福鼎市委常委林施笔、市教育局局长方维通曾多次到现场指导，福鼎市教育局董觊永局长和林萍副局长也多次到现场办公，拨付 120 万元，用于学校内部设施的添置。新校区建设还得到了乡贤庄千然先生的慷慨相助，他出资 7 万元为新学校建成了一个塑胶篮球场。学校林凤霞老师为新学校送来了市值 3.8 万元的两棵大榕树，林秀杭老师送来了市值 6000 元的两块风景石。

塑胶运动场（夏林 摄）

为了凸显新校区办学特色，学校精心布置校园文化。学校请校友、前岐籍书法家王新生在学校景观石上题写校训"阳光的方向、多彩的自己"。请夏林撰写《前岐中心小学迁校记》，并镌刻在景观石上，内容如下：

清末鼎邑兴学启智，风气渐盛。光绪三十三年林公商野，卜址临水宫创办岐阳初等学堂，首播新学。民国年间，时局惟艰，革命先驱王宏文以校长之名，携仁人志士以教职之便，求救国救民之真理，或谓之"闽浙边界红色摇篮"。新中国立，双榕竞秀，惟弦歌不辍；百年淬砺，育万千英彦。庚子之秋，新校迁建彩澳。福东溪畔，寨子山麓，承风雕雨琢之世纪精髓，师生奋翮前程，再续璀璨。特镌石记之，以垂后昆。

同时，学校组织校园文化建设团队，在各楼层创建文化长廊，内容有"我们的家乡""我们的习俗""我们的先辈""我们的榜样""我们的学校""我们的老师""我们的社团活动"等，让学生在乡土文化、校园特色文化的熏陶中弘扬家国情怀，提高综合素养。

　　2021年秋，新校区二期工程（一座教学楼、一座综合楼）动工兴建，计划投资2467万元。新校区三期工程也基本确定，计划在新校区200米塑胶跑道外再扩展35米，建成两个五人制足球场、一座宿舍楼和一个停车场，计划投资1500万元。

前岐中心校 "注·提" 教改回眸

李敏助

1979 年 5 月 1 日，全县教育体制从 "教革办" 恢复为学区，办公室也从原公社搬到中心校。小学升初中实行全县统一的招生考试（初考）。由于积重难返，至 1981 年 7 月，前岐中心校初考成绩还是处于全县下游，福鼎二中招生录取 300 人，语数录取总分只有 70 分，这严重影响到二中对学生的进一步培养提高，社会反响大，群众很有意见。如何才能彻底改变前岐教育落后的面貌？大家认识到要真正抓好教学质量，必须彻底改革旧的教学思想、方法和设备。

前岐是闽东北老少边穷俱全的乡镇，全学区有复式教学班 87 个班。为了进一步发挥中心小学的示范辅导作用，1983 年秋，学校开设了复式教学示范班。

"注音识字，提前读写" 是小学语文教学的一项整体性改革实验。它充分发挥了汉语拼音的多功能作用，打破了 "先识字，后读书" 的传统语文教学程序，开辟了寓识字于读写之中的新路子，使提前阅读和写作变为可能。它对开阔学生的视野、开发学生的智力具有积极的作用。1985 年全国开展这项由国家语委创办的实验，前岐学区在 1986 年秋就在宁德地区率先进行这项突破性的教改实验。前岐学区开设单式和复式两个实验班，采用专用的 "注·提" 教材。1988 年和 1991 年宁德地区在前岐先后召开了二次 "注·提" 语文教研会，与会教师听取了学校的实验成效汇报，并观摩了教师示范课，触动很大，于是这项教改在整个地区的实验小学和中心小学如雨后春笋般地发展起来。

为了检验 "注·提" 实验的效果，1988 年，学校用人教版三年级县统考试卷给二年级的两个 "注·提" 班同时测试，结果 "注·提" 实验班二年级的成绩比普通班的三年级还高，单式 "注·提" 班高 3 分，复式 "注·提" 实验班高 12 分。

前岐学区 "注·提" 教改实验，从 1986 年开始，就受到福建省普教室的关注，1990 年 7 月中心校和福州实验小学二所学校代表福建省参加在昆明召开的九省 "注·提" 实验教材教学研讨会，中心校《在复式教学班开展 "注·提" 实验的探讨》论文在大会上口头发表。1992 年 3 月中心校又与厦门实验小学作为福建省的代表参加在哈尔滨召开的"全国小语'注·提'教改经验推广座谈会",当时国家教委主任（教育部长）何东昌亲自参加了会议，与来自全国200多位的代表合影，号召在全国范围内大力推广这项教改实验。中心校《我校开展"注·提"实验的回顾》的文章也在大会上进行书面交流。1993年4月，前岐中心校作为福建省唯一派遣的代表参加了在洛阳召开的全国"注·提"研究会首届年会，会后还在相应的"注·提"研讨会上对与会代表进行传达。1996年7月、1999年5月及2001年7月，中心校又代表福建省分别参加在昆明、武汉、西安召开的全国性"注·提"实验座谈会或研讨会。1995年9月前岐中心校全校5个年级21个班级（含1个复式班）语文全部采用"注·提"教材，全面开展"注·提"教改。

1995年11月，福建省"注·提"教学工作座谈会在前岐中心校召开。福建省普教室以及全省有关的领导和专家光临前岐中心校参观指导。1999年前岐中心校直接承担了国家语委重点科研项目《深化"注·提"实验，探索素质教育小学语文教学新途径》的子课题——《培养学生阅读兴趣、能力和习惯的研究》，同时作为福建省基础教育研究课题《构建素质教育小学语文阅读教学课堂教学模式研究》的子课题。2000年11月，前岐中心校在德化县召开的福建省课题研究性工作情况汇报会上进行汇报。

前岐中心校"注音识字，提前读写"整体性教改实验从1986年开始，至2002年经历了16年的时间，中心校复式教学实验则经历了20年，在省、地、县各级领导和专家的关怀下，取得了一定的成效，先后参加了15次全国性和省级的"注·提"教研会和观摩会。1993年7月学校获得全国小语"注·提"实验先进单位，1996年7月又获得福建省小学语文"注·提"实验工作先进单位，有2人获得全国小语"注·提"实验先进工作者，1人获得福建省小学"注·提"实验工作先进个人。

在"注·提"教改实验中，学校还结合"复式教学""部件识字""电化教学""布鲁姆教学法"等多项有关教改实验，形成整体力量，同时在学校的管理上采取了量标化、制度化的管理，调动了教师的积极性，使教学质量显著提高，同时也带动了学区完小教学质量的提高。20世纪90年代以后，学校初考成绩跃居全县前茅，二中招生数提高到400—800人，而录取分均稳定在160分以上。

为了提高实验班学生语文的综合素质，前岐中心校要求每个学生每周要努力办好一份8开的手抄报，充分体现个体性、差异性和创造性。学生自己设计版面，愿画的画，能写的写，对摘录的信息进行编辑。学校设专栏对各年级的手抄报进行展示，大大提高了学生学习语文的兴趣和水平。1999年福鼎市少先队在建队50周年时，开展"手抄报"展评活动，前岐中心校获得一等奖6名，二等奖8名，奖项占全市各校的三分之一以上。

由于"注·提"班学生在语音和语文表达上的优势，1988 年福鼎市开展小学生讲故事比赛，学校实验班二年级学生林苑、一年级张明常战胜其他学校高年级的学生分别获全县第一名和第三名。林苑还代表福鼎县的小学生到宁德地区参加比赛，获第五名。"注·提"班实验以发展语文和思维为重点，让学生智力得到良好的发展。1990 年"注·提"班学生潘河和李继扬以超过第二名 8 分的成绩，并列县数学竞赛第一名，潘河更获省第二届"小火炬"杯数学邀请赛二等奖。

教改的成败在于师资的水平和素质。20 世纪 80 年代，前岐中心校的师资合格率低，至 1991 年时担任实验班的 7 位老师，只有 2 位是中师毕业生。为了改变中心校的学历状况，从 1992 年开始，学区每年举办一次青年老师评佳课活动，至 2001 年共举办了 10 届。参评教师须中师学历，事业心强，组织教学能力过关，年龄在 35 周岁以下，参评教师经过严格的封闭式备课、上课、说课、论文、口语及三字（毛笔字、钢笔字、粉笔字）等现场竞赛，评出一、二、三等奖。在中心校缺编的情况，获一、二等奖教师给予调入，对全面量化考核差、不适应中心校教学的教师及时给予调离到农村校。到 2000 年时，中心校师资学历发生了根本的变化，中师达标率达 100%，大专学历也达 20%，青年教师占专业教师的 81%，并全部参加过电大或小自大的学习。

中心校对选调到中心校的青年教师积极培训，大胆使用，锤炼素质。一方面邀请省、地、市有关专家到校举办讲座，使教师了解实验的基本原理、指导原则、具体做法及教材教法等，把培训工作贯穿到整个教改实验过程中。中心校还组织实验班骨干教师到外地听课学习，先后派出 30 多人次，分别到杭州、福州、北戴河、黄山、昆明等地参加"注·提"观摩、培训。回校后让他们结合自己的课题实验内容，开讲座、上汇报课。放手让这些青年教师对外开课，参加省、地、市教学评佳活动，把培养和使用结合起来，逐步将青年教师培养成学科带头人。通过多年的培养，一支教改骨干队伍逐渐形成。到 2000 年，就有省级骨干教师 2 人，地级骨干教师 8 人。同时，经过多项技能竞赛的考验，有 2 人获地级优秀教师，3 人获市级优秀教师。在参加全省"注·提"评佳课活动中，马金欧获全国首届"注·提"观摩课优秀奖。王宇兰获在厦门举办的省"注·提"优质课一等奖。1999 年宁德地区分别开展思品课和复式说课比赛，第一名分别被中心校的蔡子群和简丽茹获取。至 2000 年止，前岐中心校在省级以上交流发表或获奖的"注·提"论文就达 38 篇。学校还为省、地、市的教研会等开了"注·提"实验公开课 26 节。在"注·提"教改实验中，学校还发明了"汉语拼音音节转盘"，获国家实用型专利。

前岐中心校参加教师基本功比赛获宁德市第一名（蓝家场 供图）

　　"注·提"教改实验培养造就了一大批骨干教师，也促进了教师素质的全面提高。1997 年以前岐中心校教师侯娇妹、夏林涛、蓝家场、马金欧、谢美雪、林海等组成的前岐学区基本功比赛代表队，参加福鼎市三字、口语和教具制作等教师基本功比赛荣获第一名，继而又代表福鼎队获宁德地区比赛第一名，并作为宁德地区代表队参加福建省教师基本功比赛，获省团体三等奖，集体和个人共获得奖牌 32 个。

闽东"电教之花"

✍李敏助

　　20世纪80年代，福建省的中小学电化教学活动开展得有声有色，跑在了全国前列。

　　1986年宁德地区电教站为了改变宁德地区电教落后的状况，在地区教育局的大力支持下，对全区各中小学配备的电教设备一律给予二分之一的补助，福鼎县教育局也做出相应的规定，再给予配置学校四分之一的补助。

　　前岐中心小学是一所农村小学，当时师资水平相对低下，教学设备匮乏。为了尽快地提高教学质量，在当时的条件下，利用现代化的教学手段——电化教学来提高课堂效率，是一种最佳的选择。中心校从1983年开始购进第一台反射式投影仪，经过多方的努力，到1986年才配置了4台，仅能供实验班使用。获悉地县有这样的优惠政策，他们喜出望外，但又忧心忡忡，要知道当时每个学生的学杂费一学期才5元，80%要上交教育局，到哪里去筹集款项负担自筹部分的资金呢？经过班子的反复研究，大家认为机不可失，决定向社会筹措资金，让"三机"（投影仪、收录机、电视机）走入每个班级。在前岐镇党委、政府的支持下，他们召开了前岐各镇直企事业单位的集资会。由于各单位的支持，一次性就集资了17000多元，这在当时是个大数目。就这样，他们充分利用政策优惠和单位支持，使前岐中心小学成为宁德地区首个班班配"三机"的学校。为了充分发挥设备的作用，学校加强师资培训，提高电教设备使用技能，进行电教设备的使用情况登记，开展电化教学的研究工作。有了投影仪，教师可事先设计幻灯片，用玻璃纸书写文字和图画，再也不只依赖小黑板教学，大大提高了课堂教学的效率。录音机的频繁使用，也有效地提高了学生的朗读兴趣和朗读水平。

　　1987年4月，前岐中心小学被评为"福建省优秀家长学校"。为了普及家教知识和加强家校联系，为学生的思想政治教育开拓新路子，前岐中心小学于1991年创办了全省首家"红领巾电视台"，在校园内设置了多媒体信息网播控中心，购置了摄像机、特技台等摄录器材和地面卫星接收系统，并添置了近200盒录像带和500多片影碟片等各种教育教学资料，还组织了红领巾记者团，培养了播音员和摄编人员。他们对学校里的校园动态、好人好事、存在问题进行采访、编辑。电视台设置了8个频道对内进行电视广播，每天早会课，由各班学生选择合适的频道观看节目。同时架设了2台无线发射装置，可同时用2个频道对外播放校园动态、家庭教育知识等，这样家长在家就可通过自家电视机收看红领巾电视台的节目，代替了原有的家长学校。1992年，福建省电教馆组织9个地市电教馆长专程到前岐中心校开展"基层电教工作调研活动"省电教现场会。来自福州、厦门、泉州、漳州等地市的电教馆长对一所农村小学能广泛开展电化常规教学大加赞赏，对能办如此规格的电视台更是惊叹不已，赞誉前岐中心小学为"闽东电教之花"。这些与会者回单位后，加大力度推广，红领巾电视台就此在全省各中小学全面铺开。但他们只是采用闭路电视在校园内播放，不能采用无线发射系统对社会进行视频播放。福建电教馆了解到全国的电教现状后，以"全国首家红领巾电视台"的标题，将前岐中心小学在《中国教育报》等四五家报刊上进行报道。在实现普教"两基"时，前岐中心校还利用"红领巾电视台"增加了"电视扫盲"的节目，文盲和半文盲的学员可在家看电视学文化，该信息还在中央教育电视台上进行过报道。

红领巾电视台地面卫星接收和无线电视发射装备（前岐中心小学 供图）

为了进一步提高电化教学的实效，1999 年前岐中心校率先在全县中小学装配了梯形多媒体电教室，可容纳近 200 人。学校花费 8 万多元购置液晶投影机、视频展示台、电动屏幕、监控等全套的多媒体设备，提高了教师对电教多媒体的使用水平，便利教师在多媒体电教室开公开课。接着又通过多渠道集资建立了电子备课室、电脑室、电子德育室。同时筹资十几万元将各班的电教设备进行提升，使之可在班级上直接点播所需的录像和影碟资料内容，由学校播控中心进行播放，不必将影碟机和录像机搬到班级，大大提高了音像资料的使用率。

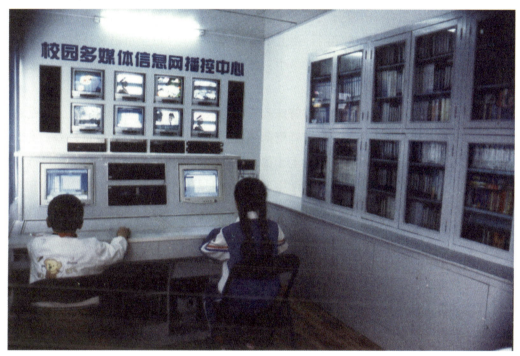

红领巾电视台主控室（前岐中心小学 供图）

学校将"注音识字·提前读写""复式教学""布鲁姆教学法"等多项教改实验与电化教学紧密结合。随着电化教学手段的使用，教学公开活动的开展，前岐中心小学的师资教学水平和教学质量不断得到提高，每年都有论文在省电教会议上交流或做大会发言，学校的知名度也不断提升，被地区教育局定为宁德重点联系校。1986 年10 月学校被评为福建省电教先进单位，1989 年又被评定为福建省 37 所"有特色的农村小学"之一。20 世纪 90 年代前岐中心小学又被福建省教委确定为"福建省小学名校"和"福建省农村示范小学"，还被评为全国"注音识字·提前读写"教改先进单位。

前岐中心小学开办"民族班"始末

🔖范则谊

　　普及九年义务教育工作实施之前，小学实行应试教育。当时，前岐镇只有福鼎二中一所中学，小学毕业生（5年制）要上中学读书，必须经过全市语文、数学两学科统考。二中按招生数录取成绩优异的学生，部分"落第"的小学生只能到小学附设的初中班就学或失学在家。

　　虽然国家对少数民族学生就学有特殊政策，但大部分畲族学生家居农村，还是在农村的初小校就近入学。由于农村师资薄弱、教学条件落后，教学质量较差，畲族小学毕业生能考上二中的很少，能考上宁德市民族中学的更少。由于当时福鼎民族中学尚未创办，为帮助解决少数民族小学生升学难的问题，福鼎县民委主任李学金和前岐中心小学校长李敏助等商讨，决定在前岐中心小学办"民族班"，面向福鼎市各乡镇招收五年级毕业初考落第的畲族学生复读。

　　1985年秋季招收1个班，有55名学生。这些学生的住宿由学校免费提供，伙食费、学杂费由县民委负责，学生一日三餐按桌统一就餐。学校派教学经验丰富、责任心强的教师负责日常的教学与管理，王传经老师担任数学教师兼班主任，方维宝负责语文学科的教学，这两位教师无微不至地关心学生的生活和学习。这些学生在生活上学会自理，吃苦耐劳，积极参加各种活动；学习上珍惜时间，勤奋努力。值得一提的是，学校组织开展了富有畲族文化特色的体验活动，其中影响较大的是"畲乡小主人在行动"系列活动，该活动获全国少先队活动最佳奖，福建省电视台曾专程到前岐拍摄畲族班学生学习、生活、活动等场景。"畲乡小主人在行动"主题班队活动专题片在中央电视台、福建省电视台播出。

　　1986年6月，经过一年多的努力，首届"民族班"教育教学效果显著，55名民族学生全部升入高一级学校就读。为适应社会需求，1986—1990年连续5年又办了5期"民族班"，继续招收全市小学初考"落第生"，后3个学年语文学科的教学由方维宝老师负责并兼班主任，数学由李祖节老师负责。连续6届民族班共招收352名学生，教学效果一直保持良好态势。民族班的开设，为少数民族学生创设了良好的学习平台，在他们的人生旅途上留下深深的印记。

前岐

福鼎二中史略

林 巍 王家全

福鼎二中坐落在前岐镇岐阳街龙头巷 100 号，创办于 1956 年，于 1970 年开办高中，2001 年被确认为福建省三级达标高中，2014 年被确认为福建省二级达标高中。校园占地面积 120 亩，另有劳动实践基地茶园 68 亩，建筑总面积 30000 平方米。现有教职工 167 人，一级和高级教师 102 人；有 42 个班，其中高中 30 个班、初中 12 个班；共有学生 1958 人，其中高中 1493 人、初中 465 人。

学校以习近平新时代中国特色社会主义思想为指导，全面贯彻党的教育方针，以"创优质达标学校，办人民满意教育"为办学目标，以"崇德、求实、博学、创新"为校训，形成"团结、拼搏、坚韧、和谐"的校风、"敬业、进取、奉献、爱生"的教风和"自强、乐学、明辨、善思"的学风。学校通过实施依法治校、管理立校、建设兴校、质量强校、科研塑校、特色显校等六大发展战略，努力提高办学效益，促进学校内涵发展。

福鼎二中校园一角（黄义肖 摄）

学校曾获全国青少年校园足球特色学校、全国教育管理信息化专业委员会理事单位、教育部教育信息化战略研究基地实验监测校、福建省绿色学校、福建省信息化应用典型示范单位、福建省义务教育管理标准化学校、宁德市文明校园、宁德市教育信息化示范学校、宁德市实施素质教育工作先进学校、宁德市德育工作优秀学校等荣誉称号。

筚路蓝缕奠基业

福鼎二中创办于1956年秋，前身是前岐中心小学附设初中班，创办之初借调小学教师、借用小学教室开班，当年面向前岐、沙埕等片区招收两个班共110名学生。1957年，经多次实地勘察，选定在前岐东山岗下一大片坡地作为正式校址。1958年春，学校破土动工，课余和节假日，师生与工人一道扛木运砖，夯基垒墙，建成2座单层木结构的平房，另利用旧教堂做宿舍及膳厅，学校有了最初的雏形。1959年，学校从前岐中心小学分离出来，定名为福鼎县第二中学；建成2座双层砖木结构的办公楼和宿舍。1960年7月，第二届初中毕业生参加中考，夺得福安专区中考红旗，反映当时学校情况的文章《鸡毛也能飞上天》在福安专区教育刊物上发表引起广泛反响，教导主任朱守翰出席全国文教系统群英会登上天安门城楼，受到毛泽东主席、周恩来总理等党和国家领导人的亲切接见。1960年下半年，征地建设当时全县唯一的一座学校礼堂。虽然遭遇3年自然灾害，但学校仍蒸蒸日上，从1961年到1965年，中考成绩一直名列福安专区前茅。第一份校刊《二中青年》记载了学校草创初期师生"一手拿书本，一手拿锄头"的工作学习生活。但由于种种原因，前七届初中毕业生不到500人。

"文革"时期，尽管日常教育教学工作秩序受到严重破坏，但学校仍在艰难中努力前行。1970年，开始设立高中部，被确定为完中建制。为响应勤工俭学号召，1973年开始，学校师生战酷暑斗严寒，历经4个春秋先后开荒建设68亩茶园和平整40亩滩涂地，作为学生生产劳动实践基地。1974年，张德元

茶山劳动（福鼎二中 供图）

等老师培育的蘑菇菌种试验获得成功，1975 年，学校建立菌种生产站，为福鼎蘑菇种植业后来的发展做出贡献。1975 年，建设一座两层八间教室的砖混结构教学楼。1976 年，部分滩涂地调换校园旁农地，扩增校园 3000 平方米。这一时期，培养了初中 7 届、高中 4 届共 1150 名毕业生，当中许多人成为各条战线的骨干，全国政协原常委、福建省政协原副主席陈绍军，中国人民解放军 180 医院眼科主任李学喜，武警福建省总队原政治部主任林秀川等就是这个时期杰出的校友代表。

喜迎春风换新颜

1976 年 10 月，"文革"结束，教育迎来新时期发展的春天，学校克服了校舍严重不足、教师调动频繁等许多困难，进入一段曲折发展时期。1978 年，修建 400 多米围墙；1980 年，平整场地，建设 200 米环形跑道；1981 年，又建设一座 2 层 8 间教室的砖混结构教学楼；1985 年，一栋有 32 单元间的砖混结构教工宿舍落成；1986 至 1988 年，建设一座 3 层 10 间教室的砖混结构教学楼；1989 至 1991 年，建设一栋 4 层学生宿舍楼……学校面貌焕然一新。

1980 至 1992 年间，菌种生产站培育蘑菇菌种，校办茶叶初制厂加工销售毛茶，这两项生产所得均为学校各项事业建设积累了大量资金，学校因此在 1982 年、1988 年两次被国家教委等 4 个单位授予"全国中小学勤工俭学先进单位"荣誉称号，1989 年被福建省教委等 5 个单位授予"省中小学勤工俭学先进单位"荣誉称号。

1985 年，学校被福建省人民政府评为"福建省教育先进单位"。1986 年，学校在校生突破千人大关。1986 年 9 月，马放、王维宁、杨萍等中央讲师团成员到校支教 1 学年。1989 年开始，学校与海军沙埕舰船修理所建立共建关系。1990 年，教职工共有 103 人。1991 年迎接建校 35 周年校庆期间，金伯雄作曲、卢声华作词，谱写校歌《东山岗的太阳》。1993 年，创办《绿柚》校报，成立绿柚文学社。

1977 年恢复高考后，相继有一批学生考入全国重点大学深造，其中 1974 届张光庭同学考上浙江大学，1979 届陈兴伟同学考上武汉水利电力学院（现武汉大学）、1981 届庄仁团同学考上北京大学。1990 年，刘素龙同学成为学校第一个福鼎中考状元。1993 年，有 40 多位学生参加高考，10 人上专科线，其中本科 2 人。1976 至 1993 年，17 年间培养初中毕业生共 3476 人，高中毕业生共 1192 人。

直挂云帆济沧海

1993 年 9 月，学校转变办学策略，坚持抢抓机遇、适度超前，借"两基"攻坚战的东风，通过建章立制，狠抓"三风"建设，学校各项工作开始跻身全市各中学前列。1995年，学校更名为福鼎市第二中学。1998年，迎难而上，提出创建福建省三级达标高中，于2001年8月，被福建省教育厅确认为福建省三级达标高中。2009年，继续抢抓"双高普九"和"教育强市"等机遇，鼎力争先，于2014年3月被福建省教育厅确认为福建省二级达标高中，后于2019年1月通过省二级达标高中复查验收。2020年12月，被福建省教育厅认定为福建省义务教育管理标准化学校。

1996年，提出建设"百亩校园"设想，通过多方渠道筹集资金，历经8年征地，校园面积扩大了80多亩，师生食堂、学生宿舍楼、教工单间宿舍楼、教学综合楼（育贤楼）、教学楼（创新楼）、教工榴房宿舍楼、教学楼（崇德楼）等相继拔起，建设了400米田径运动场等。1998年福鼎市财政局无偿划拨前岐镇妈祖宫旁市级公房8间供征地置换；2004年购买前岐镇办公楼改做教工宿舍楼；2006年迎接建校50周年校庆期间，校园大门由北面转为南面；2008年集资建设教工套房宿舍楼；2011年建成学生宿舍楼；2012年建成实验楼（求实楼）；2013年，在市、镇两级党委政府帮助下，解决校内坟墓迁移等建设历史遗留问题；2015年建成第二食堂。2015年，1994届初中、1997届高中李昌越、蔡万军、林其等14位校友捐资50万元建设新校门；2017年建成塑胶田径运动场；2018年建成教学综合楼（博学楼）；2018年、2020年建成8人制和11人制人工草皮足球场……办学条件日臻完善，校园绿化不断美化。

学校按照"先做大后做强，先初中后高中"思路，对外实行开门办学。1993至1999年，率先在闽东实现"跨省招生"，面向毗邻温州地区招收一定数量的高中学生；2000至2008年，面向全国聘请教师试办名师（重点）班，吸收全市各乡镇高中优质生源；对内扩大招生规模，并根据形势调整初高中招生比例，2000年，在校生突破2000人大关；2003年，高中班生数首次超过初中班生数；2012年，拥有50个班（高中38个），共2702名学生，寄宿生800多人，办学规模创历史新高。办学65载时，培养初中毕业生约11700人、高中毕业生约10830人。

学校优化教学管理，面向全体学生，培养学生核心素养，全面提高教学质量。1996年起，学校中考成绩一直在福鼎市完中前列，2009年后中考综合比率连续多年居全市中学前茅，获得宁德市"中考红旗学校"称号。高考自2005年取得历史性突破，年年上新台阶，2008年本科上线114人，2009年本科上线183人，2012年本科上线285人，2014年本科上线412人。高考成绩连续实现进位前移，稳居宁德市同类校前茅，创造"低进高出、高进优出"的成功范例。2006届谢尚和616分、2007届郑祖节630分考入厦门大学，2012届马家兴626分、郑立群606分、简永辉605分分别考入中南大学、福建师范大学、福州大学，2014 届刘伦庆 606 分考入华东理工大学，2015 届林鼎峰 647 分考入厦门大学……获得家长和社会各界的广泛赞誉。

学校以提升教师教学能力为主线，提高教师教科研水平，促进教师专业成长。学校积极探索实践，推进教育教学改革，2020 年 10 月 13 日，通过"福建省义务教育管理标准化学校"评估验收；2020 年 11 月，被确定为福鼎市教师进修学校"三单"研修项目实验校；2020 年 12 月，被确定为宁德市教师进修学院第四届研训基地校；2021 年 12 月，被福建省教育科学规划办和研究所联合授予"科研实践基地校"。

多样办学创特色

学校坚持立德树人，落实"五育"并举，全面发展素质教育，促进学生德智体美劳全面发展，学生思想道德教育成效显著。2019 年 10 月 1 日，2017 届高中毕业生郑衍和 2018 届高中毕业生谢达威、林浩同学入选海军徒步方队，光荣接受中华人民共和国成立 70 周年阅兵检阅；2011 届初中毕业生钟舒娴同学，作为全国畲族代表入选民族团结方阵参加群众游行。学校立足校情，坚持多样化特色办学，促进学生主动、全面而有个性地发展。

从 1993 年创办《绿柚》校报及成立绿柚文学社以来，学校连续 28 年办报 71 期，100 多篇学生习作在省级以上刊物发表，校报《绿柚》曾被评为全国优秀校刊校报一等奖，《语文报》《美文》《闽东日报》《福鼎周刊》曾对学校办报办社情况给予报道。学校积极培养学生写作人才，其中蔡蓉蓉同学在 2004 年第 11 届全国青少年爱国主义读书教育活动征文比赛中荣获特等奖，晋京领奖。

学校培养艺体类学生成绩斐然。2005 届陈一玲同学闯入湖南电视台 2013 年"中国最强音"音乐大赛全国四强，2011 届潘建雄同学成为 2014 年国奥篮球队集训队员。近 10 年高考艺体类本科上线 500 多人，2014 届陈思思、黄真珠考入厦门大学，2015 届孔艺丛、蔡年涛分别考入东南大学、北京体育大学，2016 届李国辉、陈诗洁分别考入福州大学、西南交通大学，2017 届周屿筠、杨琪琪考入福建师大美术基地班，2020 届李诗琦考入西南大学……走出一条符合校情的艺体教育发展之路。

2016 年，学校成立第一支初中男子足球队，当年学校被授予"福建省青少年校园足球特色学校"。2017 年 6 月，学校被教育部授予"全国青少年校园足球特色学校"。高中男足在 2018 年、2019 年、2021 年福鼎市、宁德市中学生校园足球联赛（高中组）比赛中连续荣获福鼎市冠军和宁德市二等奖。2017 年 9 月，成立学校高中女子足球队，在 2018 年、2021 年分别荣获宁德市中学生校园足球联赛（高中组）冠军、亚军。2018年以我校担纲组建的宁德市女子甲组足球队（18个参赛队员中有我校学生柳晶晶、徐月玲、徐斌斌、张小玲、曾小密、吴秋季、陈嘉欣、林锶锶、李文斌、朱晓蝶、林静、林雯、林晨等13人）在福建省第16届运动会上荣获冠军，2019年高中女足"我爱足球"中国民间争霸赛（5人制女子组）荣获福建赛区总冠军，2019年、2020年、2021年福建省青少年校园足球联赛分别荣获一等奖、二等奖、三等奖。2019年，刘伶俐、钟雨洁、谢雨欣同学，助力福建女足首夺U15全国亚军。高中女足队员中先后有10人入选参加全国青少年校园足球夏令营（高中组）第八营区，6人入选最佳阵营参加全国总营活动，其中徐斌斌同学通过中国足球学院严格选拔，作为重点培养苗子前往美国IMG学院集训3个月。柳晶晶、徐月玲、徐斌斌、张小玲、曾小密、吴秋季等6位同学先后被福建师范大学、山东体育学院、江西师范大学等院校足球单招录取。高中女足教练夏振华于2019年被福鼎市教育局评为首届"最美教师"，2020年被评为福建省"五一劳动奖章"获得者。

2015年组建学生民乐团，由国家级民族管弦乐协会会员钟敦龙老师等人负责训练指导。2017年乐团被福建省教育厅列为福建省中小学普及型学生乐团培育建设项目，此后，参加第四届前岐桃花节、中国微演艺舞台、第七届宁德世界地质公园文化旅游节等省、市大型演出均获得好评，2018年合奏的《欢乐的彝寨》节目荣获福建省第六届中小学生艺术节中学甲组三等奖，2019年荣获宁德市青少年民族乐器比赛第一名。2017年，学校还成立校畲歌合唱团。

教育信息化让学校发展插上翅膀。2014年，探索尝试形成具有农村中学特色，基于移动终端和Moodle平台的信息化教学新模式，被誉为"草根教育信息化典型"。2015年，组织基于电子书包信息化教学模式尝试，开展校内机房在线课程翻转。2016年，组织学情数据分析和在线练习尝试，整合提出基于移动学习终端的数字化混合式教学模式，将信息技术与课堂教学融合创新不断向纵深推进。2015年8月，学校登上《中国教育信息化》杂志封面及微信公众号，中国教育信息化网、《福建日报》、福建省教育厅网站、福建教育电视台等十多家媒体先后以《翻转吧！课堂》《"草根"也能"高大上"》《乡村课堂深度试水"互联网+"》等为题进行相关报道。近几年，教师参加各级各类教学比赛荣获27个全国奖项、15个省级奖项、30多个市级奖项。2018年在全国青少年信息学奥赛中，李达同学荣获福建省二等奖，学校奥赛省级获奖至此实现零的突破。

回忆二中的学生生活

黄建军

20世纪70年代中期，学校当时有许多全国各地下放来的教师，有的是省城机关干部，有的是大学老师，来自各行各业。由于那几年学生人数的增多，学校招入一批高中毕业的知青到学校当代课老师，使得校园多了生机与活力。当时生活条件艰苦，物资匮乏，校园简陋，但师生的精神面貌却是积极向上、轻松活跃。到1977年恢复高考时，校园的学习氛围有明显的转变，大家以叶剑英的诗"攻城不怕坚，攻书莫畏难。科学有险阻，苦战能过关"为精神支柱，以陈景润为学习榜样，刻苦努力学习。校园到处是匆匆的脚步，明亮的教室里是安静读书的学子。

1975年，我在二中读初一。数学教师林培炎是福清人，也是侨属，毕业于厦门大学数学系，是一位很有才华的人，为人正直，遇到看不惯的事会怒形于色，对学校个别领导"左"的做法敢于斥责，但与学生相处则很随和。我们上完课经常围到他的小房间，讨论一些数学问题，也听他发发牢骚。我们毕业后不久，他就去了国外。

学校教导主任朱守瀚老师，大家公认他教学水平高，上课比较严厉。有一次期末考试，几百名学生排在大操场上考，他一人坐在一张学生桌上监考，闭着眼睛，下面学生都不敢作弊。但他有一颗慈祥仁爱之心，很关心学生，特别是对那些来自农村贫困家庭的学生，他鼓励帮助他们完成学业，颇受学生爱戴。一次我遇到一位多年未见面的老同学，他跟我讲，他每年正月都要去看望朱守瀚老师，当年正是有了朱老师的鼓励，才使他克服家中的困难，坚持读完高中。还有一次，那是一个夏天的晚上，我住在老家照澜村，还没有通电，点着煤油灯，夏天很热，我坐在屋前空埕纳凉，几个小伙伴在四周嬉闹。突然间，朱守瀚老师带几个老师出现在我们面前，询问我们晚上是否做了作业，有没有念书。那时在农村，晚上基本上没有孩子会念书做作业。二中距照澜村约3千米路程，那次朱老师他们不知是专程家访还是顺路检查，给我印象很深。1981年我从师专毕业，被分配到城关中学（福鼎六中前身），朱老师也被调到城关中学任教导主任，成了我的同事和领导，这是后话。

朱江波老师是我初二的班主任，是当时新来的知青代课老师之一，特别有活力，责任心很强，在班级管理上有个性。他与班上同学同甘共苦，赢得了大家的信任，师生关系很融洽。我是班级的学习委员，期末他召集班委一起给全班同学写评语，他的评语既独到也很中肯。1977年我们初中毕业，那一年刚好恢复高考，他顺利考进宁德师专化学科，毕业后分配到宁德一中。1979年我也考进宁德师专化学科，成为他的师弟，而他的未婚妻是我结构化学实验课的老师。

教我高一语文的赵伯沛老师是福安人，是当时二中的名教师，教务处副主任。高一下学期他就调到宁德师专中文科任教，同学们对他的离去依依不舍，班上几乎每位同学都送了礼物，体现了农村孩子的纯朴厚道，也说明赵老师在学生心目中的良好形象。

我的初中物理教师是位被下放的大学老师，据说学历很高，但他口音很重，我基本上听不懂，那时我物理成绩特差。教俄语的女老师原来是温州广播电台的播音员，说话字正腔圆，很动听。教地理的李老师是前岐本地人，课上得非常好，条理清晰，授完课常留出一部分时间让学生提意见。教生物的张老师在学农劳动中带领大家用扦插方法培育茶苗，修剪果树，种植花卉，在他的带领下，二中绿树成荫，四季鲜花盛开。体育教师李鼎生是二中第一届高中毕业留校任教教师，是个大帅哥，篮球打得非常好，投篮动作潇洒，吸引过许多女生的目光，他常穿一套时髦的红色运动衫。

高一时物理教师陈克波上课反复强调，要我们认真听课，掌握科学知识。他自己也很努力，1978年他考上福建师范大学地理系，被分配到宁德地区民族中学任教，现已退休。谢新秋老师的数学课清新自然，很受同学们的欢迎。那时她女儿还未满周岁，现在已经成为我的同事，是一位优秀的生物教师。

20世纪70年代中期，教育的思潮是学工学农，走与工农相结合道路，半工半读，学校每周要安排一两天参加学农劳动。二中有多处学农劳动基地，一处是龙头冈，我们在那开辟荒山、种植茶树。学校到龙头冈要爬一条很长而且陡峭的山坡，山冈上烈日当空，同学们扛上锄头带着簸箕在荒山坡上挖土开辟茶园，很是辛苦。现在回想，当时很少人叫苦，那时十三四岁，青春热血，铆足劲在干。那几年，学生造出的茶园有五六百亩，硬是把一座荒山变成绿色的茶园。

二中还有几处劳动基地，一是海滩围垦地，可种地瓜；二则位于大澜溪边的沙滩，可种茶树、造茶园，面积也很大。

除了上山下地劳动外，还有一项是平时的积肥劳动，由各班级分配任务，不分男女，每位同学一周内积肥7担。所谓"积肥"就是利用课余时间到垃圾堆、阴沟地挖垃圾做肥料，挑到学校由专人进行登记。学校还要停课安排劳动，把所积的肥料挑到

龙山岗茶园给茶树施肥。十三四岁的少年挑着几十斤重的土肥，爬行在陡峭的崇山峻岭，半天要来回挑两三次，现在回想起来真是难以想象。

二中那时实行早锻炼制度，全校师生早上6点多就要到校集中，按班级排列方阵跑步，地点在学校旁的沙吕线公路上。

师生参加生产劳动（福鼎二中 供图）

校旁的沙吕线公路上。早锻炼队列整齐，大家喊着口号，由体育委员领队，教师也要跟班参加。有些女生怕迟到，脸没洗头没梳就跑来参加早锻炼，常被同学们讥笑。早锻炼活动益处多，有利于少年学生身心健康，有利于培养早起守时的良好习惯，有利于集体团队观念的形成，以及师生对体育运动的爱好。

学校开运动会没有田径场，跑步比赛就安排在沙吕线公路一段直线道上。我也参加过一届运动会，第一轮就被淘汰。二中当年有一座大礼堂，供学校师生开大会时使用，平时也做食堂的餐厅，还安装了室内篮球架，在农村中学中条件算相当不错。学校根据需要布置学生写大字报，大字报就张贴在礼堂周边的墙壁上。印象最深的是毛主席逝世时，学校在礼堂中布置灵堂，举行悼念活动，整个礼堂成了白色花圈的海洋。

我曾在学校寄宿一年，寄宿的同学多来自周边农村以及沙埕等地，家庭生活条件比较差。许多同学带来的粮食是地瓜米，只有少数带大米，放在铝制饭盒拿到学校食堂中蒸饭，食堂买菜只花3分、5分一碟，也有从家中带来咸鱼咸菜配饭的。尽管生活条件艰苦，但大家乐观开朗，质朴敦厚，无忧无虑，绝不会因为谁家条件差就看不起谁，同学之间能相互照应，相互关心。我在寄宿期间就得到多位同班同学的照顾。

一晃30多年过去，当时的少年郎变成如今50多岁的半老头，有的老师和几位同学已远离我们而去，学校也发生了翻天覆地的变化，我时常会回忆起中学时代发生的事，那些与同学相处的纯真美好时光。福鼎二中现在成为福建省二级达标学校，美丽的校园，良好的教学设施，高水平的师资条件，以及良好的学风教风，吸引着周边乡镇及城关的许多学子前来就读，培养的人才遍及全国各地。

勇闯国际学术殿堂的女学者

✍ 夏　林

　　她，9次获得加拿大西蒙菲沙大学博士研究薪金校长奖、北美春季研究会议旅行奖、加拿大女皇大学研究旅行奖等学术奖项，多次在国际一级学术刊物上发表科研论文，出版过学术专著，得到国际学术界的肯定和好评。她，一个出生在前岐镇彩澳村一户农民家庭的"80后"女孩，成了福鼎市第一个闯进西方经济统计学和计算机领域国际学术殿堂的女青年。她叫林春芳，现任加拿大女皇大学数学统计系教授、博士生导师，是当今国际知名的经济统计学专家和计算机专家。1981年4月出生的林春芳，从小在彩澳、前岐等小学完成学业，没有与众不同之处，除了成绩总是名列前茅。中考时她面临着两种选择：是考中专，还是考高中？在当时考中专，是许多人的选择，因为中专毕业后国家包分配工作。能端上铁饭碗，成为国家干部，对农民的孩子来说，意味着跳龙门。如果选择上高中，考大学将是一件难事，当时大学的录取率很低，如果考不上去，意味着将要成为一名待业青年。

　　那年中考分两次进行，报考中专和报考一中的考试是分开的，而且不得兼报。志向远大的林春芳毅然放弃当年非常热门的中专考试，报考福鼎一中。她的决定得到班主任夏老师和父母的支持。班主任对自己教了3年的学生十分了解，他对她的父母说，以她的资质和学习基础，考上大学不是一件太难的事。林春芳父母也坚决支持她的想法，说只要她考上高中和大学，家里即使砸锅卖铁变卖房产也要送她读书。老师和父母的鼓励使她更有信心和干劲，1995年中考，她果然以优异的成绩考入福鼎一中。高中时，她多次参加各种竞赛，屡屡获奖。

　　1998年她高中毕业，考入中国科学技术大学金融系，4年时光如饥似渴地遨游在知识的海洋中，成绩在系里遥遥领先。2002年中国科学技术大学推荐她参加国务院公派留学生考试，被美国和加拿大多所大学录取。经过反复考虑，她选择加拿大西蒙菲沙大学学习深造。2004年，她以优异的成绩获得西蒙菲沙大学统计学硕士学位，之后她又继续在西蒙菲沙大学攻读博士学位。在攻读硕士和博士期间，她边学习边工作，先后在西蒙菲沙大学担任助教、在加拿大健康信息所任数据分析员。2008年获得加拿大西蒙菲沙大学统计学博士学位后，她在加拿大女皇大学数学统计系任副教授，2011年在美国统计和应用数学所做访问学者。

林春芳不仅活跃在教学科研一线，在带好本科生和研究生的同时，还在加拿大自然科学工程研究理事会和加拿大统计协会以及加拿大安大略省研究生基金协会担任职位，从事科研服务社会应用的工作。她的主要研究成果是对多种计算机仿真实验设计和多系统计算机仿真实验设计方法的创新，为采集大型计算机仿真实验数据和多系统计算机仿真实验数据提供了一系列系统有效的方法。这些方法简单且具有可操作性，进而可以更科学地分析计算机仿真实验。她与合作者还首次将实验设计的想法用于其他交叉学科，这个全新的理念成功地将实验设计用于机器学习，使其建模和分析大型数据更有效可靠和准确。林春芳迄今已在统计学国际顶尖学术期刊发表《评论利用遗传算法产生实验设计》《计算机实验设计的新构造方法》等8篇论文，出版研究专著《实验设计和分析·拉丁超立方和空间填充实验设计》，其研究结果的重要性和影响力使其多次受邀出席国际重要学术会议和计算机实验权威研讨会，并做主题演讲几十次。她还荣获加拿大自然科学工程研究基金和皇后大学多项研究基金，取得与美国Westat公司和保洁公司（Proctorand Gamble）等多家公司的合作。

在加拿大和美国学习工作20年来，这个性格刚强的福鼎"80后"女孩在国际经济统计学和计算机实验这个男人唱主角的国际学术殿堂中崭露头角，让西方学界刮目相看。近年来，她致力于大型计算机仿真系统数据采集和分析的学术及工业运用研究，学术成果获得该领域多名统计学家的高度肯定，已培养20多名优秀博士生。

前岐中心幼儿园史略

✎ 范则谊

四处迁址，艰难办园

前岐镇幼儿园（所）设置可追溯到 20 世纪 50 年代。据了解，1955 年至 1965 年间，前岐中心小学一年只开设幼儿学前班 1 班，园舍无固定，或在前岐小学内，或借在前岐发电厂（前岐过桥），教养员由中心小学指派。1966 年"文革"开始后，幼儿班停办。

1972 年，幼儿班开始复办，教养员由前岐教革办聘请，初期借用前岐夏厝和林厝大厅等各办学前班 1 班，后集中在前岐小学校内，发展至 2—3 个班。1979 年 5 月，福鼎恢复学区建制，同年福鼎县成立托幼领导小组，在县妇联设托幼办公室，统一管理全县托幼工作。1980 年，前岐幼儿园被福鼎县妇联、福鼎县托幼办联合授牌确认为"福鼎县前岐幼儿园"，由前岐学区直接管理，经费由镇统一核算，人员编制由县教育局管理。1981 年，前岐幼儿园改为前岐中心幼儿园，设有 3 个学前班，在园幼儿数 113 人，另在西宅、薛桥、桥亭等完小附设学前班各 1 班，在班幼儿数合计 67 人。采用部编教材，进行分科教学，教育的内容有语言、计算、常识、体育、美术、游戏等。

1985 年，幼儿入园人数增多，前岐中心幼儿园按年龄设置小班 1 班、中班 2 班、大班 4 班，形成一定办园规模。由于前岐街道居委会办公场所的需要，其中寄在前岐"打击办"（原前岐村部，凤桐巷 3、3-1 号）中的 2 个大班被迁移到前岐工商联（原岐阳街的前岐居民大队），其他幼儿班级仍在前岐小学内。1989 年，该园借用老街市场（原岐阳街的前岐文化站）集中办学。按照国家教委《幼儿园工作规程》，幼儿园统一使用省新编教材，教育内容分社会性、健康、语言、认知、艺术 5 个领域，改革幼儿园一日活动安排与各类活动时间比例，把上、下午半日活动各分割为分区活动、体育活动、生活活动、集体活动和欣赏练习、生活活动、游戏活动、体育活动，保障了幼儿主动活动的时间与机会。1998 年始，前岐学区的幼儿教育逐步走向规模化，据当年报表统计，前岐共有中心幼儿园1所，再加农村完小校开始附设幼儿学前班，合计44班（含学前班34班），其中中心幼儿园本部有8个班。1998年离园人数194人，入园人数801人，其中学前班611人，在园幼儿1083人（含学前班752人），教职工53人（含农村完小），其中公办19人。前岐中心幼儿园成为农村幼儿园（班）开展教学研究、师资培训等项活动的中心与基地，带动全镇幼儿园全面提高保教质量。2000年9月，该园借用前岐四季柚厂办园，同年，用41.3万元从福鼎市国有资产拍卖市场拍得前岐金健四季柚厂房土地使用权，并将原有厂房改为教室，曾迁址多处的前岐中心幼儿园终于有固定的办园场所。

新园落成，独立办园

2011年，前岐镇辖19个行政村和岐阳、福东2个居委会，已有户籍人口4.7万，学前教育适龄儿童1012人，但还没有公办独立幼儿园。根据福建省人民政府《关于加快学前教育发展的意见》（闽政〔2010〕24号）有关实现每个乡镇、城市每个街道有一所公办幼儿园的目标要求，2011年12月，福鼎市教育局向福鼎市发展和改革局发函，要求立项建设前岐中心幼儿园。2012年，该项目被列入福建省、宁德市、福鼎市下达的为民办实事项目，市级以上政府投资618万元（其中省级补助224万元），前岐镇为"三通一平"、围墙等配套设施投入将近200万元。在各级政府及主管部门的领导和社会各界的支持下，占地面积5709平方米，建筑面积4568平方米，绿化面积1520平方米，户外活动场地面积2600多平方米的前岐中心幼儿园于2013年9月建成，2013年11月正式投入使用。

前岐中心幼儿园新校区（夏林 摄）

2013年，经福鼎市人民政府同意，坐落于前岐镇福昌路二巷新的前岐中心幼儿园独立办学。前岐中心幼儿园新校区环境优美，设施齐全，设幼儿活动室、幼儿寝室、保健室、早教室、多功能室、创意空间、宝贝厨房、幼儿绘本馆、教职工阅览室等，各班级配有希沃一体机、钢琴等硬件设备。户外设有16×8米标准化幼儿足球场、25米跑道、沙坑、水池、种植区、各类大型户外活动器械及自制体育活动器械等，为幼儿园发展提供良好的硬件基础。2021年秋季，该园共开设16个班，小班230人，中班194人，大班160人，总计584人。在园教职工共计72人，在编人员31人，在编专任教师均取得大专以上学历。按规定设置园长、副园长、教导主任、总务保卫主任、办公室主任等内设机构岗位。

前岐中心幼儿园十分重视校园文化建设，充分挖掘前岐镇的"花海果乡、书香前岐"的特色，将前岐特色文化融入校园文化建设中，积极探索开发园本课程"快乐足球""海滨小镇""畲族人家""前岐马灯"等，创设"马灯体验馆""畲家风情""渔排风光""足球印象"等主题廊道，让幼儿通过动手操作、亲身体验，在自主游戏中融入角色，深入认识和了解前岐，感受家乡之美，培养幼儿爱家爱国情操，也为校园文化建设增添新的文化内涵。

前岐中心幼儿园坚持以"生态学园，幸福种子"为办园理念，本着"自然和谐、积极向上"的园风，建立科学化管理机制，塑造一支能"用爱养育，用心教育"的师资队伍，以"适性而育，向阳而生"的教育理念，培养"会玩、能学、有爱"的孩子，达成"百'花'飘香，'果'满万家"的办园目标。先后获得全国足球特色幼儿园、福建省网上家长学校实验基地校、宁德市示范性幼儿园、福鼎市第一届文明校园、福鼎市4A平安校园、福鼎市巾帼文明岗等多项荣誉。

快速发展，创办二园

2020年前岐镇幼儿人数达1689人，但此时前岐镇只有一所公办幼儿园，只能招收户籍在前岐村、福东社区和岐阳社区区域范围的儿童，2020年在园幼儿人数已达到445人。随着人口不断增多，前岐幼儿教育资源不足问题日益突出。2020年3月，为保障教育民生实事落实，着力破解"硬件薄弱、学位不足"难题，市政府决定建设前岐第二幼儿园。由于前岐中心小学于2020年秋季搬迁至彩澳新校区，前岐中心小学南校区腾退，市教育局便计划将其改造后作为前岐第二幼儿园使用。前岐中心小学原南校区（前岐镇海滨路151号）占地7亩，有两栋教学楼，一栋楼是由省文联牵头，社会贤达林明海、吴健南、吴换炎等慷慨解囊助建的"爱心楼"，建筑面积1600平方米，建于2008年9月，另一栋是校安工程楼，建于2012年4月，建筑面积1612平方

前
岐

米。两栋楼48个教室均按义务教育校舍标准建设。

前岐第二幼儿园建设项目对小学南校区两栋小学教学楼按幼儿园园舍建设标准进行装修改造，总投资350.6647万元，建筑面积3225.59平方米，共设置9个班，新增学位405个。该项目是福鼎市2020年政府性投资项目（第一批）计划安排，但因原校舍的两栋建筑物没有房产证，只有土地证，现过户需两证合并，故单证无法进行正常的过户。2020年6月9日，教育局与前岐镇人民政府沟通，由前岐镇向市政府提交报告，协助解决土地证变更等事宜，同日，前岐镇人民政府出台《关于改建福鼎市前岐第二幼儿园有关事宜的请示》文件（岐政〔2020〕92号）并递交给福鼎市人民政府，寻求解决办法。通过协调安排，2020年7月16日上午，由市教育分管领导蔡梅荣副市长牵头政府办、自然资源局、住建局、发改局、财政局、教育局、城投公司、前岐镇等多个部门召开了教育项目专题会议，商讨土地证变更等事宜。最后，会议讨论结果为可不进行立项，直接由原单位（前岐中心小学）进行装修改造，做装修改造项目。2020年11月5日，该建设项目由福建省齐筑建设工程有限公司中标并负责施工。

前岐第二幼儿园内景（夏林 摄）

经过9个月紧张而有序的建设，2021年8月，前岐第二幼儿园工程竣工，其他配套设施如多功能室、幼儿寝室、保健室、建构室、游戏室、美工室等也同期完成，为幼儿园发展提供良好的硬件基础。新园交通便利，环境宜人，场地宽敞，设备现代，建筑符合幼儿特点，环境富有儿童情趣，是一所适合幼儿健康成长的乐园。2021年秋季，前岐第二幼儿园正式启用，开设4个班，招收幼儿136名，分别是小一班32人，小二班32人，小三班33人，中一班39人。前岐第二幼儿园的投入使用，进一步增强了前岐镇幼儿学位供给能力和供给质量，大大缓解了前岐镇幼儿入园难的问题。今后，随着福鼎时代投产，前岐片区人口不断聚集，前岐将规划建设更多公办幼儿园和布局新建民办幼儿园，以满足日益增长的就学需求。

前岐慈济中学创建记

王为美

"闽台情，教育兴"是福建省政协副主席刘金美的题词，"慈教育英成才，济困助学兴邦"则是福建省政协副主席潘心城的题词。这两句话字数不多却寓意深刻，不仅高度概括了慈济中学的由来，热情称赞了闽台两岸人民的深厚情谊，以及台湾慈济基金会关心福建教育和培养国家人才的重教美德，同时也寄托了对办好这所学校的热切希望。

1996 年夏天，12 号强台风袭击闽东沿海，一时间暴雨成灾，山洪暴发，许多民房倒塌，庄稼被淹。在海峡彼岸的台湾慈济基金会得知这个消息后，即派出以德怀法师为领队的 16 位慈济基金会成员到受灾严重的前岐赈灾。他们运来许多大米、衣服和棉被，逐一把这些粮食和衣

慈济中学全景（陈晓 摄）

被拨给灾民。在赈灾中，德怀法师等人了解到前岐镇有不少孩子入学困难，便察看了原二十中、二中和前岐中心小学等几所学校。他们看到原二十中上千个孩子挤在一座两层楼的校舍里，一个教室坐着六七十个学生，一个寝室睡着七八十个孩子，一张床铺睡四个人，而且寝室还做餐厅，床铺当饭桌用，心里感到十分难受。陪同前往赈灾的洪恒钗主席和许文斌副市长向台湾客人做了说明：祖国大陆正在大打初中翻身仗，实施"两基"工程，普及九年义务教育，我市教育基础薄弱，面临大量适龄儿童入学，教育设施一时跟不上。

回台后，德怀法师便将前岐镇教育方面的困难向董事会做了汇报，引起慈济基金

会董事会的关注和重视。在福建省政协的大力支持下，经福鼎市政协洪恒钗主席的协调疏通，台湾慈济基金会同意为前岐捐资办学。为了确保项目成功，政协专派李行副主席协调帮助做好有关工作。1997 年春天，慈济基金会董事会派出教育考察团来到我市，进一步了解前岐和市教育情况，并商谈办学问题。其时，市长黄朝阳代表福鼎市政府与慈济基金会在充分商讨的基础上，共同签署了创办福鼎前岐慈济中学的协议书。这样，一个由台湾慈济基金会工程师姚仁禄先生设计，捐资 538 万元，负责地面建筑物建设，由福鼎市政府及前岐镇政府共同负责 124 亩土地征用、赔青、拆迁、基础打桩等任务的慈济中学建设工程便开始运作。当时，洪恒钗主席、许文斌副市长曾向台湾慈济客人反映城区学生多、初中容量少的问题，希望能在城区也帮助建一所中学，慈济客人也表示同意，但由于校址选定和征地等多种原因，最终没能实现。

1997 年 11 月 21 日，福鼎市委、人大、政府、政协等领导，前岐镇党政干部、中小学师生和部分群众及全市中小学校长等 1500 多人冒雨参加了庆典仪式。庆典大会由政协主席洪恒钗主持。宁德地区政协工委主任姚智梅、行署副专员郑民生等领导参加奠基典礼。姚智梅主任和德怀法师先后致辞，热情洋溢地赞美闽台人民共建慈济中学的善举，一致表示携手办好学校。福建省政协副主席陈增光等领导发来贺电。

由于双方高度重视以及前岐镇党委书记林时铭、台办马显扬主任和教育部门等领导密切配合，经过 2 年 10 个月的紧张施工，克服了许许多多困难，凝聚着闽台两岸人民深厚情谊和聪睿智慧的慈济中学终于在 2000 年 8 月落成并启用，没有学校上学的孩子们终于能坐进明亮宽敞舒适的教室上课。

学校启用后，慕名前来参观的各路来宾络绎不绝。有的人对慈济中学独具特色的设计风格而感到新奇，有的人为校园的整洁秀丽所吸引，当然更多的是为台湾同胞如此慷慨解囊、兴教助学的精神所感动。因而，参观者中善于书法者便情不自禁地挥毫泼墨，留下许多庆贺的词和赞美的诗，也有许多人在校门口留影纪念。福建市委、市政府为办好慈济中学，加强了校班子和教师队伍建设。福建市委常委会决定把学校办成农村初中示范校，福建市委和市政府主要领导多次到校视察指导工作。慈济中学建成招生以来，每年暑假，台湾慈济基金会都组织一批富有教学经验的优秀教师前来访问指导，与慈济中学以及福鼎市教师磋商素质教育等问题。台湾教师的教育理念有许多值得我们借鉴，如他们主张爱满校园、寓教于乐以及对小学生采用以图解文等教育方法，对于转变学生的性格，增强教育效果有相当好的作用。特别值得一提的是，他们对学生的爱，可以说是细雨润物似的爱，学生有缺点、毛病，他们除了苦口婆心、面对面进行正面教育、激励教育外，还给学生写信，说清道理，解除困惑，让学生的心灵受到感动，很多学生因此得以转变。

台湾慈济基金会对慈济中学的学生十分关爱，为鼓励品学兼优的学生设立了奖学金，为家境贫寒又能勤奋学习的学生设立了助学金。当然，他们对是否具有享受奖（助）学金资格的学生审定十分认真。对家庭困难的学生，慈济基金会都派员到其家庭去考察，了解其家庭人口、经济收入等状况。有的学生家住在偏远的山村，他们也不辞劳苦，亲自登门调查。至于享受奖学金的，他们除了看成绩报告单外，还找学生交谈，了解他们的思想品德和才学情况。台湾慈济基金会派来的老师每次到前岐慈济中学时，都和师生一起联欢，并向参加活动的学生赠送纪念品。

在各级领导的关心指导下，近年来慈济中学全体师生以学校发展为己任，以"树德、博学、务实、创新"为目标，积极工作，努力学习，树立起良好的教风、校风和学风，教育教学质量大幅度提升；同时，进一步加强思想品德、文艺体育、安全卫生、校园绿化美化等工作，受到社会的普遍赞誉和好评。学校先后被评为福建省首批"花园式单位"、"福建省绿色学校"、"福建省普通初中示范校""宁德市文明学校"等。

前岐卫生院史略

范则谊

1951 年开始，政府号召个体诊所和社会医药人员逐步走上集体合作办医道路，按照"自愿结合、自筹资金、民主管理、按劳分配"的原则，组织联合诊所。1953 年 6 月，前岐联合诊所建立，当时有黄士箴等 6 人参加，分设西医和中医诊所，由前岐医疗合作小组负责管理。西医诊所所址在原同齐药堂（前岐旧理发店对面，岐阳街 232 号），中医诊所所址在中街上下城门兜间（岐阳街 112 号、114 号）。联合诊所由组成人员共同集资（包括药品、器械、用具折价投入），经济上独立核算、自负盈亏，政府给予劳务补贴，免征税收，人员工资按技术高低、服务态度和业务情况民主评定，按劳取酬。1956 年 12 月，县成立联合诊所管理委员会，加强了各乡镇联合诊所的管理。

1958 年下半年，全县农村大办人民公社，为适应公社化的新形势，通过社会医药人员整风，统筹安排，组织医药入社。在这大形势下，8 月，前岐公社在联合诊所的基础上从社会上（经批准）吸收社会医药人员建立前岐公社保健院。建院时人员数 12 人，征用前岐街头顶民房"意心内"（岐阳街 143、145、147 号），黄士箴为负责人。该房是由三大榴民房组成的独门小院（四合小院），外墙砖围，内有三层楼木房，作为门诊、药房之用。初建时规模小，只有狭窄的走廊和低矮的病房，设施十分简陋，设几张临时观察床，对外应诊。并设立中药房、西药房、内科、外科、简易化验室、防疫保健、妇幼保健等科。

1960 年前，前岐公社保健院负责人由前岐公社委派，业务院长由黄士箴担任，医政院长由王烈完担任。行政上受区公所和县卫生科领导，防疫保健、医疗等卫生业务受县卫生院指导，县卫生科逐步派遣业务人员来前岐公社保健院任职，参加公立医疗机构工作，队伍逐步扩大。

1969 年，前岐公社保健院隶属福鼎县人民委员会下辖的卫生科管理。1972 年 12 月，前岐公社保健院改称前岐公社卫生院，隶属福鼎县革命委员会下辖的卫生局管理。

1979年6月，前岐公社卫生院由宁德地区卫生局确定为前岐中心卫生院（另三所公社卫生院是秦屿、白琳、沙埕）。

1970年，由于前线战备的需要，前岐公社保健院作为二线战备医院（沙埕作为一线医院）必须选择在公路沿线再建，因此，院址选在临近沙吕线公路旁（岐阳街夏厝巷），通过上级拨款、地方政府补助、自筹资金等渠道，解决前岐公社卫生院新院所需的业务和生活用房，1972年正式投入使用。通过几年的扩建，至1990年，医院占地面积6.0亩，房屋面积2713平方米，其中门诊840平方米，病房583平方米，医疗辅助用房273平方米，职工宿舍621平方米，其他396平方米。逐步开设内科、外科、妇产科、五官科、口腔科、放射科、急诊科、B超室、化验室、妇科和住院部等。

1990年，前岐中心卫生院与其他乡镇卫生院一样，隶属福鼎县人民政府下辖的卫生局管理，均属集体所有制单位，接受县卫生局和前岐镇政府的双重领导，担负本镇的卫生行政管理和卫生业务工作，经济上"独立核算、自负盈亏"。当年，全院人员共计48人，卫技人员40人，其中，副主任医师1人，中医师4人，医师4人，中药师1人，医士5人，护士5人，助产士2人，中药士1人，其他技工1人，其他中医3人，员级13人。年门诊人数31128人，病床30张，年住院人数826人次，治愈率59.27%，好转率37.27%，计生四术1899例。

1991年开始，前岐中心卫生院为了适应和方便群众看病，在福鼎市前岐镇福东路17号建设800平方米的门诊综合楼一座，后经过两年的陆续建设，占地面积拓展到364.95平方米，建筑面积1500平方米，并配备有较先进的医疗仪器设备。1994年，前岐中心卫生院全部搬迁到该址办公。

2011年5月31日，根据闽卫农社〔2009〕20号《福建省卫生厅关于印发福建省乡镇卫生院分类及社区卫生服务中心设置的通知》文件，福鼎市前岐卫生院为丙类管理，由福鼎市前岐中心卫生院变更为福鼎市前岐卫生院。

近十几年来，随着前岐镇集镇面积不断扩大，人口增多，再加新农村合作医疗惠民政策的推行，前岐卫生院日常就诊的病人随之增多，原有的卫生院医疗设施已不能满足群众需求。为解决矛盾，福鼎市人民政府专题会议决定：同意将坐落于前岐镇福东街48号原前岐镇政府办公用地，总面积3544.88平方米的国有土地全部无偿划拨给前岐卫生院，作为卫生院建设用地。建设病房大楼1座，占地面积400平方米，建筑面积1196平方米，三层框架结构，总投资180万元，其中财政拨款90万元（省级预算内资金补助80万元，市政府补助10万元），自筹资金90万元。该楼于2010年10月开工建设，2011年4月工程竣工。新门诊办公综合楼改造，投入144.4万元，2012

年 7 月 13 日开工，工期 80 天。配套工程设施，建设内容包括围墙、污水处理、环境绿化、配电设施等配套工程，项目总投资 85 万元，其中财政拨款 60 万元，自筹资金 25 万元，工程于 2013 年 11 月动工建设。

2013 年 1 月 10 日，在各级党政领导及上级部门的关心支持下，福鼎市前岐卫生院整体搬迁工作正式启动。

前岐卫生院旧址与新貌（郑雨锋 摄）

为进一步深化医药卫生体制改革，优化配置医疗卫生和计划生育技术服务资源，加强妇幼保健和计划生育服务工作，根据《中共福鼎市委办公室 福鼎市人民政府办公室转发〈关于优化整合妇幼保健和计划生育技术服务资源的实施方案〉的通知》（鼎委办〔2016〕49 号）和《中共福鼎市委机构编制委员会关于乡镇卫计机构整合有关编制和人员划转事宜的通知》（鼎委编〔2016〕28 号）文件精神，将乡镇计生服务机构与乡镇卫生服务机构的妇幼保健职能整合，前岐卫生院加挂"福鼎市前岐妇幼保健计划生育服务站"牌子，编制数由 52 名核增为 55 名。2017 年，根据《福建省卫生计生委办公室关于印发 2017 年福建省中医药工作要点的通知》（闽卫办中医〔2017〕5 号）文，前岐卫生院被遴选为中医馆建设项目基层卫生院。该项目于 2017 年 9 月 15 日开始动工，2017 年 11 月 15 日主体装修工程完工，主体装修工程 93516 元，总费用 165459 元。中医馆建设项目的落实大大提高了基层中医药服务能力，促进中医健康服务发展。

2018 年 11 月 19 日，福鼎市成立了福鼎市总医院。为开展整合医疗资源和卫生服务一体化管理工作，进一步推进分级诊疗制度建设，为健康前岐建设提供强有力保障，根据《福鼎市总医院组建工作实施方案》（鼎委办发〔2018〕12 号文印发）精神，2018 年 12 月 30 日福鼎市总医院前岐分院挂牌成立。同时，该卫生院致力于标准化卫生院建设，不断提高规范化管理水平和服务能力，积极开展"优质服务基层行活动"，2020 年通过国家"优质服务基层行"基本标准评审，2021 年通过国家"优质服务基层行"推荐标准评审。

目前，前岐卫生院是一所由政府承办的非营利性医疗机构，担负着前岐镇近4.6万人口的医疗、防疫、妇幼、计划生育技术服务和基层卫生行政管理等任务，医疗服务半径约7千米，辐射范围至佳阳乡等周边乡镇。截至2021年底，全院职工59人，医学专业技术人才46人，其中已聘副主任医师2名，卫生专业中级资格18人（包括主治医师3名，主管公卫医师1名，主管检验师1名，主管护师4名，已评未聘主治医师5人，已评未聘主管护师1名，已评未聘主管药师1名），核定病床40张。目前，前岐卫生院已配齐全自动生化分析仪、彩超、数字化X光机、全自动五分类血球分析仪、全自动尿液分析仪和12导联心电图机，并通过接入区域信息平台实现了远程会诊。科室设有内科、外科、中医科、妇保科、儿保科、放射室、彩超室、心电图室、肺功能室、动脉硬化检测室、化验室、中西药房等，并提供儿童、孕产妇、老年人保健项目，预防接种、健康体检、慢性病管理和重性精神病患者管理等公共卫生服务，基本能满足全镇人民一般防病治病要求。下辖的22个村卫生所（室），注册乡医32人，均能开展一般诊疗和预防保健等公共卫生工作。

前岐民间戏剧文化

林启雄

前岐民间戏班

前岐地处闽浙交界，与浙江省苍南县的矾山、马站等乡镇毗邻，历来民间文化交流频繁，民间戏剧活动活跃。早在 20 世纪初叶，前岐就流行京剧，一般老百姓都会哼几句，当时群众还自发组织了一个京剧班，经常深入城乡和闽浙边界演出。戏班有个著名演员，叫阿盖，是个花脸，擅长演包公戏，曾轰动一时，后被温州京剧团吸收为主要演员。

1949 年以前还有一个京剧"阿九班"经常在前岐演出。这个班有个主要演员，名阿九，又叫"十二年"，十二岁就登台演出，是个著名老生。

1950 年前后，前岐又成立了一个京剧班，演员由当时赋闲在家的小学生组成，如林道庆、林招权、阿干、郑佳全、吴笑然（女）、侯阿娇（女）

前岐百花越剧团剧照（郑雨锋 摄）

等，戏班由许文林负责，前后还聘请了两位戏师傅，一个是桐山的阿蕚，原是京剧票友，对京剧表演颇为内行；另一个是前岐本地的阿西，曾在京剧班里任丑角。剧目有《逍遥津》《萧何月下追韩信》《打龙袍》等。戏班就设在妈祖天后宫，白天排戏，晚上演出，还曾到桐山"中山堂"演出，很受观众好评。

前岐大路村于 1982 年元月组织前岐大路畲族业余京剧团，全团 38 人，演职员全是畲族群众。农忙务农,农闲演出,深入闽浙边界的农村特别是畲村演出。剧目有《仁宗登基》《打龙袍》《小红袍》《斩黄袍》《曹操逼宫》《投军别窑》《打銮驾》《界牌关》等20多个传统戏。该团曾参加1983年畲村"二月二"活动,被福建电视台录像播放并编入《太姥山下的歌声》中。

越剧在20世纪30年代从浙江传入福鼎,当时人们称它为"绍兴班"。由于越剧的优美唱腔和贴近生活的家庭戏深受群众赞赏,一时风靡福鼎。1952年,为了繁荣地方经济,前岐举办物资交流会,还专门请温州越剧班前来演出,这个戏班的著名演员吕爱宝、黄湘娟等的精彩演出,受到群众的热捧,一时传为佳话。

彩澳越剧团创办于1952年,1965年解散,1977年恢复。有演职员32人,大部分演员是半农半艺,团长由当时大队副主任李友宣兼任。经常深入闽浙边界农村演出,演出剧目有《钟儿泪》《碧玉簪》《十五贯》《辕门斩子》《望江亭》《春草闯堂》等。1985年还应邀在浙江苍南龙港镇举办的业余剧团会演并获奖。

抗日战争时期,前岐中心小学部分青年教师等进步青年还在街上法爷宫戏台演出文明戏,实际上演的是活报剧,目的是向群众宣传抗日救国。

前岐大戏台

1950年以前,前岐街上有两座大戏台,经常举行戏剧演出。一个是法爷宫戏台,位于前岐岐阳中街,是全开放式的,四周没有围墙、门户,戏台前是广场和街道,戏班到此演出,是由商家和群众集资公演,不用买票。演出时,男女老少观众特别多。有些孩子还提前搬来条凳排在台下占位置。同时,每次演出又是小商贩们做生意的好机会,往往台上演出,台下叫卖声不断,小贩们或拿着糕饼糖果,或拿着水果甘蔗,或拿着馍馍等,在台下穿梭叫卖;还有小贩挑着面担子、馄饨担子停在场子旁招揽顾客。前岐下街还有一座戏台——妈祖天后宫戏台,位于海尾码头(下埠头)旁边,这个戏台在宫庙里,整座宫庙呈四合院结构,观众看戏需购票入场。

前岐戏班演出习俗

由于群众看戏乐此不疲,戏班演出每天要演2场,下午一场,晚上一场,每场演出两个半小时左右,如有加演折子戏,则需3个小时以上。戏班每次开演前要先打三番锣鼓经,即闹台,以招徕观众,每次要打40分钟左右;接着要"跳加官",由老生表演,五绺须,宰相帽,穿红蟒袍,戴假面具,手执朝笏,上台作请神、拜寿、晋禄、晋爵等舞蹈表演,最后出示"加冠晋爵"的小条幛,或拿起"五谷丰登""合境平安""风调雨顺""国泰平安"的对联。据老艺人传说，唐朝皇帝命郭子仪跳加官，郭子仪面对君臣和自己的七子八婿，羞而难却，只好戴上假面具表演；另有一说，是武则天命狄仁杰当宰相跳加官。戏班跳加官后，演出才正式开始，演出结束后，还要进行"扫台"，由扮演"关公"的演员手持大刀上场，在戏台各个角落打扫一番，寓意把来看戏的邪魔鬼怪全部驱除干净。

大众影剧院的兴衰

✎杨昌寿

1984年10月1日，前岐大众影剧院落成开业。这在步入改革开放初期的中国乡镇，是一件文化领域的盛事。全镇人民就像过节一样奔走相告，人们由衷感慨，从此也可以像城里人那样坐在宽敞、舒适的影剧院里欣赏电影和戏剧艺术了。开业的那几天，前岐大众影剧院广场前每天人山人海，许多乡亲还从外地赶回家乡见证这一历史时刻。大众影剧院上演的电影和戏剧成为那些年人们聊天热议的话题之一。

大众影剧院外景（福鼎市档案馆 供图）

筹建与基建

改革开放前，前岐一直没有一家像样的室内电影院。难得放一场电影也都是露天放映。当时，新潮的年轻人谈恋爱，带女朋友到城里观看电影，是一件很拉风的事。全镇人民盼望着前岐什么时候也有一座自己的电影院。1979年底，前岐公社党委就把建设"前岐人民影剧院"摆上重要的议事日程。改革开放初期，前岐公办企业异军突起，如水电站、车队、塑料厂、渔塑厂、再生布厂、草编厂、水厂等相继建成投产，使前岐公社的预算外收入逐年增加，但群众文化生活相对贫乏。全公社近7万人口，没有一个室内影剧演出场所，与当时中央提出的社会主义精神文明建设和群众文化建设等一系列精神不相匹配。1981年春，经前岐公社党委研究决定，由陈绍坦（时任前岐公社党委副书记）为组长的筹建领导小组具体负责"前岐人民影剧院"的筹建工作。

以陈绍坦副书记为组长的工作团队，按照分两步走的思路，一方面，把前岐岐阳街旧农贸市场迅速改造成前岐公社中心文化站，占地面积 480 平方米，其中站内设有 500 个座位的简易室内曲艺场，用于临时解决电影戏剧入室演出的问题。1983 年春节，前岐中心文化站开业，从此前岐人民可以在室内观看戏曲和电影。另一方面，积极着手筹建"前岐人民影剧院"，并在当时将其定调为前岐公社永久性、形象性、标志性建筑。

经过一年多的前期筹备工作，开工建设的各项条件已具备：选址在前岐中心小学相邻的原前岐明矾厂旧址（其前身是前岐火柴厂）；经钻探、设计、论证后，建造图纸已敲定；主体工程总造价为 48 万元的资金拼盘已基本有着落；施工方经公社党委上会研究，确定为福鼎县第二工程建筑公司；前岐明矾厂的搬迁及周边水田的置换调整已妥善安置。

1982 年初夏，福鼎县第二建筑工程公司进场并施工。计划经济年代，建材来源渠道单一，施工进度常受影响，负责基建的团队选派人员下政和、建瓯等地采购木材，又请前岐籍在平阳矾矿（后更名为温州矾矿）工作的林守政先生帮忙，疏通平阳矾矿领导，支持一部分急需建材。1984 年初，陈绍坦副书记因工作劳累病倒住院治疗，公社党委决定由前岐财政所所长潘孝贵（后为前岐镇镇长）负责影剧院工程的续建工作，并将"前岐人民影剧院"更名为"前岐大众影剧院"。

开业与运行

大众影剧院内景（前岐中心小学 供图）

1984 年 10 月 1 日，前岐大众影剧院隆重开业，特邀温州市京剧团演出 7 天。前岐大众影剧院分楼上和楼下两层，共 1107 个座位，占地面积为 4800 平方米，建筑面积为 3600 平方米（含配套）。设有售票处、办公楼、放映室、机房、演员宿舍楼（后改为鹿峰招待所）、厕所、水井等配套设施。主体工程的屋顶有"大众影剧院" 5 个霓虹灯大字，是当时福鼎县首家安装霓虹灯的单位。前岐大众影剧院与福鼎县电影公司联办，即大众影剧院出场所、场务管理人员、水电费等，电影公司出电影放映设备、放映人员，除国家电影片租金（片租一般为总营业收入的

35%—40%）外，营业收入六四分成，各方财产自行负责维修。戏剧演出由影剧院提供演员住宿、食堂、水电、宣传广告，营业收入影剧院分三成，剧团分七成。先后有京剧、越剧、黄梅戏、婺剧、杂技、歌舞、木偶等剧团和剧种在大众影剧院演出。除电影放映和戏剧演出外，大众影剧院还承接各种大型会议，包括承接中小学生的各种演出和法院公开开庭审理案件等业务。

大众影剧院工作人员最多时为14人，即影剧院10人，电影公司4人。电影最热门影片一天放映7场，进出观众约7000人。对中学生包场实行收取五到六折和小学生包场收取四折的电影票价优惠政策。前岐大众影剧院第一任负责人刘朝谦，主要负责影剧院收尾工程和配套工程；第二任经理林昌堆，原是黄仁村党支部书记；第三任经理杨昌寿兼前岐文化站站长；第四任经理是影剧院职工自选……当时大众影剧院隶属企业站管理，初期经济效益最好时，每年可上缴财政1万—2万元。随着社会经济文化多元化的发展变化，录像、有线电视等先进文化项目的普及，人们改变看影剧是唯一娱乐选择的传统习惯，前岐大众影剧院的观众也渐渐流失。最后，前岐大众影剧院和全国基层电影业一样走下坡路，直至停业关门。

前岐足球特色小镇发展侧记

范则谊

2018 年 8 月下旬，在福建省第十六届运动会女子甲组足球比赛中，由福鼎二中担纲组建的宁德市代表队以 4 战 3 胜 1 平积 10 分的不败战绩（进 36 球失 1 球）勇夺桂冠，摘得 3 枚省运会金牌。同时在省运动会女子乙组足球比赛中，由福鼎市前岐中心小学输送省队的 4 名主力队员代表队宁德市荣获女子乙组金牌，福鼎市分得 1 枚省运会金牌。2021 年福建省青少年足球锦标赛（乙组），宁德代表队女队最终获得赛事亚军，有 7 名队员来自福鼎市前岐慈济中学女子足球队。这些是对前岐足球特色小镇发展的最好诠释。

建立"双推进"格局　小镇再添一张新名片

前岐镇深入贯彻中共中央、国务院印发的《中国足球改革发展总体方案》《关于加强青少年体育，增强青少年体质健康的意见》等文件精神，以校园足球为起点，大力推动青少年足球事业发展。

福建省足球协会根据省体育局的指示，适时与该镇接洽，达成共同打造和建设特色足球小镇的意向。该镇一面推进足球特色小镇建设，包括土地规划、资源利用，组织、协调、监督和检查创建工作的开展；一面推进足球训练普及、赛事交流工作，探索校园足球文化发展模式，形成"政府主导、

足球特色小镇授牌

学校主体、社会参与、扎实推进足球特色小镇建设和推进校园足球特色校建设"的格局。慈济中学、福鼎二中、前岐中心小学先后被评为全国校园足球特色学校，前岐中

心幼儿园为全国足球特色幼儿园。慈济中学被评为"福建省足球示范校""福建省青少年足球训练基地"，前岐中心小学获得中国足球发展基金会赞助，被列为青训布点学校。2016 年 10 月，福建省足球协会带领省足球队教练员和队员到福鼎市前岐镇集训。期间，福建省足球协会向前岐镇授予了"福建省青少年足球训练基地"的牌匾。

努力夯实基础　足球发展高起点

前岐镇结合均衡教育需要，加快运动场馆建设。在活动经费投入方面，该镇采取"政府拨一点，社会筹一点，单位出一点"的办法，同时通过设立校园足球基金，积极引导和鼓励企业、社会团体及个人进行多种形式的冠名、支持、捐赠和赞助，解决经费紧张的突出问题。在福鼎市财政大力支持下，累计投入资金 1126 万元，镇域内 4 所学校的运动场实现标准化建设，全面改善校园足球训练、踢球条件。目前，全镇校园有大小足球场 25 个，其中标准 11 人制足球场 2 个，8 人制足球场 4 个，学生可在运动场上尽享足球的喜悦与激情。该镇校园足球还呈现阶梯式发展状态，青少年球员从小学、初中到高中，都可以通过足球专业升入相对应的学校。这种阶梯式人才输送，一定程度上保障了该镇足球人才不会断层，人才培养有了后续的发展空间。

请进来走出去　优化足球专业队伍

前岐镇加强校园足球发展的专项指导培训，积极为体育教师提供各种培训和学习机会，从而不断提高教师的足球业务水平。目前，全镇学校的足球教练均参加省级足球教练研修班或国家级足球骨干教师专项培训。除了走出去参加培训，该镇还利用寒暑假邀请足球专家、教授、退役运动员等对足球教练员和教师进行初级和中级培训。此外，还邀请浙江苍南足球教练团队和本市足协成员参与指导与训练校队。前岐镇还以"兼容"策略，建立足球兼职队伍，通过聘请足球行家里手、招募义工志愿者等，充分调动社会内"有学者、有才者、有力者、有心者"的积极性，充实足球教学与训练师资队伍。通过送出去学习和请进来"传经"的方式，教练员（体育教师）的足球专业水平不断得到提高。目前，全镇已拥有国家二级裁判 9 人，足球教练员 18 人（外聘 6 人），其中持有中国足协 C 级教练员证 1 人，D 级教练员证 14 人。

打造足球文化　足球发展有品位

漫步在前岐镇各中小学，校园足球场奔跑着运动健儿，足球文化海报贴上宣传栏，班级里队名、队徽、队旗、吉祥物、口号及一些小挂件精心装饰……浓郁的足球文化气息扑面而来。每年秋季开学，每位就读慈济中学的初一新生都能收到一个特殊的礼物，就是由校长发的一个属于他们自己的足球，可供体育课和大课间活动使用。福鼎二中将足球精神的学习与学科教学有机融合，定期开展"我运动，我快乐"征文、"足球梦 中国梦"演讲等活动。前岐中心小学让有各种兴趣、爱好、特长的学生以不同的形式参加校园足球活动，如"写足球""画足球""演足球""聊足球""跳足球""算足球"等。前岐中心幼儿园根据幼儿年龄特点，创设"足球印象"等主题廊道，自编以各类幼儿游戏位置的《快乐足球》园本教材，在健康教育活动中开展足球知识游戏，在区域活动中画足球，表演幼儿足球操，将"足球从娃娃抓起"的理念转变为实实在在的操作行为，足球文化已成为前岐镇一张亮丽的名片。

以赛事促普及　搭建学生成长舞台

前岐镇全面推进足球进入课堂，组织学生积极参与以"走进足球""体验足球""享受足球"和"追梦足球"为主题的足球文化节活动，坚持以赛事促普及、提水平，建立并完善班、段、校的三级竞赛体系，通过开展以校园足球为主题的趣味赛、对抗赛、挑战赛、锦标赛、青少年足球夏令营等活动，切实保证学生有足够时间参与足球运动，提高技术水平，打造前岐校园足球精品赛事。在足球运动的普及、提高与学生的学业两方面做到"两手抓，两手都要硬"，在学生的培养和成才方面走出特色之路。经过几年的发展，该镇足球事业取得飞速进步。各级别男女队多次获得县、市、省及国家相关部委组织的赛事的优异成绩。期间，4名前岐籍女足球员钟雨洁、刘伶俐、谢雨欣、江婷婷入选 U13 女足省队。刘伶俐因为表现突出，还入选了2018年全国 2003—2004 年龄组女足精英球员集训名单，成为福鼎首位国足女队员。这些优秀球员的成就，激励和鼓舞着更多的前岐少年加入绿茵竞技的行列。

福鼎市兵馨育才国防教育实践基地创办记

> 范则谊

　　福鼎市兵馨育才国防教育实践基地，创办于 2020 年 10 月 16 日，是由福鼎市兵馨育才投资有限公司投资建设，为福鼎市民兵训练和福鼎市国防教育的配套场地。2021年 6 月 10 日，"福鼎市民兵训练基地""福鼎市国防教育基地""福鼎市中小学生研学实践基地"授牌仪式同时在该基地举行。福鼎市人民武装部、福鼎市教育局、前岐镇党委领导以及民兵和学生代表参加授牌仪式。

兵馨育才国防教育实践基地内景（夏林 摄）

　　该基地位于前岐镇西宅村六罗岗 65 号（原西宅小学校址），根据"不求所有，但求所用"的原则，采取军民融合的方式，依托前岐镇原西宅小学校址作为福鼎市中小学生研学实践基地合建福鼎市民兵训练基地，以解决全市民兵训练"无场地、打游击"的问题，提升民兵训练质效。基地建设面积为 18 亩左右，建筑面积 3375 平方米，可满足 230 人同时开展室外训练、室内教学、国防教育、食宿保障等多功能需求。为确保民兵训练基地正常运行，基地还在薛家村建设 10 亩民兵实弹射击靶场和野外作训场地。

　　该基地具有教育、体验、素质拓展、学习、娱乐功能，是服务、凝聚、教育广大未成年人的活动平台，是促进青少年全面发展的实践课堂，也是体验式教育的活动基地。

作为福鼎市民兵训练基地，它承担全市民兵年度常态化训练，开展封闭式集中轮训，集训采取理论授课与实战教学相结合的方式，突出抓好以军事技能、抢险救灾、卫生与急救、思想政治教育、党史学习、国防主题等为主要内容的学习。通过集训，民兵队伍增强了凝聚力和战斗力，提高了军事技能和理论水平，为今后应急处突打下了坚实的基础，真正做到以训备勤、以练促建，基地正常运营 2 年以来，完成 21 批次、9000 多人次的民兵训练任务，努力打造一支"平时服务、急时应急、战时应战"的民兵队伍。

作为福鼎市国防教育基地，它承担高中新生军训任务。为落实《高中阶段学校学生军事训练教学大纲》，2021 年秋季，选派 46 名教官分批参与全市普通高中和中等职业学校的 4600 多名高一新生为期 7 天的学生军事训练，训练内容包括基本军事知识和基本军事技能、国防教育、应急救护、远足拉练、队列会操表演等。它还承接福鼎市入伍新兵役前训练。役前训练是新兵跨入军营的第一站，对新兵迈好军旅第一步起着至关重要的作用，通过新兵适应性训练，在提升新兵政治思想素质、身体素质的同时，力争向军队选送"政治素质过硬、立场信仰坚定、身体素质优良"的新时代优秀

花海果乡　书香前岐（夏林 摄）

青年，训练科目为体能训练、内务训练、队列训练及政治教育。

　　作为中小学生研学教育基地，它立足准军事化专业开发青少年素质拓展基地与训练，开设以"前岐红色旅游网点"和照澜"花海果乡""福鼎市乡村旅游"为拓展载体的研学实践教育课程。军事课程有队列训练、格斗基础、器材识用、装备介绍、军兵种知识等，生存体验课程有心肺复苏、骨折固定、止血包扎、定向越野、野外应急采集等。基地通过论证，确定了红色记忆、绿色生态、传统文化、安全体验四大研学旅行课程，并按照课程主题逐步开发了"成就军营梦想，精彩飞扬""学习技能，应急有序""红色故里可爱家乡""传红根，树新风"等4条线路，这些线路集观光体验、求知习艺、民俗风情为一体，研学目标明确，主题特色鲜明，富有教育实践功能。一年来，该基地共开办6期，计1000多名学生参加研学活动。学生家长对研学实践教育活动的支持率、满意率达99%以上。2021年11月，基地经宁德市教育局推荐，向省教育厅申报为"福建省中小学生研学实践基地"。

前岐

民·俗风情

前岐姓氏源流略述

钟 合

前岐镇现有人口46000人，约106个姓氏，主要有汉、畲、回等民族，通普通话、闽南话、桐山话、畲族话等。据《福鼎县志》记载，前岐有文字记载的历史可以追溯到晋朝。据张士团《前岐今夕谈》记载：西晋永嘉二年（308），中州板荡，林、黄、陈等八姓入闽，史称"衣冠南渡"，其一支迁居前岐；明朝世宗嘉靖年间，有许多下府百姓为逃避倭寇入侵，纷纷迁徙本地居住。历经千年岁月，前岐各姓氏共同创造出灿烂深厚的地方文化，延续着淳朴的民风，传承着独特的地方文明。有人将106姓氏编成《前岐百姓歌》如下：

> 林陈李郑，吴潘许王。
> 蔡徐邓周，池孙蒋张。
> 金苏占温，梅廖叶庄。
> 赖范曾柳，游胡易杨。
> 曹施涂简，丁郭沈黄。
> 何鲁谢吕，尤薛严颜。
> 刘高肖卓，夏董马洪。
> 邱邵缪魏，宋戴余姜。
> 毛卢陶杜，敖欧尹江。
> 罗钱朱石，雷蓝钟梁。
> 侯钮包程，白孔赵翁。
> 冯孟甘傅，姚唐纪章。
> 段费殷项，庞田阮彭。

下面，据各宗族源流变迁资料，对部分宗族源流变迁情况做些简述。

王氏

西宅王氏　西宅王氏系开闽王王审知后裔。其先祖入闽先居于漳州长泰县廿七都鹰山，后支派又分迁泉州南安十二都吕洋（今南安市蓬华镇黎阳村）。明朝天启三年（1623），王政宇兄弟与侄孙王邦璋迁入浙江温州平邑南港（今属苍南）。清康熙平三藩收台湾时期，实施海禁，王政宇一房又举家内迁于关内叠石（今叠石乡）。康熙二十三年（1684），福建水师提督施琅率军收复台湾，随后沿海开界，王政宇之子王元睿、王元卯和王玄之子王一畴、王一略与王邦璋之子王工锡、王成锡同时迁居前岐西宅。王氏后裔勤劳创业，家业渐渐发展。清咸丰三年（1853）春，王氏族人将古井头旧宅改建成祠堂，为五间四龛，供奉先祖牌位。王氏迁居前岐镇西宅村迄今330年，定居在本村的桥亭头、南山、亩地湾、古井头、王山头、亭仔内、南岭脚、山河溪、柘头、寮仔、占望底等自然村，现有420多户，共1600多人。西宅王氏出了不少文化名人和仁人志士，如王宏文、王益甫等，在革命战争年代，有6人被评为革命烈士。1949年后，西宅王氏培养大中专毕业生近百人。

文林王氏　文林王氏入闽始祖为闽王王审知，传至三十八世，由王邦都、王邦省自泉州安溪举家迁徙至福宁，转徙鼎邑二都武垟文林山。文林王氏宗祠位于前岐武垟村文林山自然村，始建于清光绪十一年（1885），砖木结构，为一厅两边房。曾遭破坏，后重新修建。文林王氏子孙繁衍迁徙各地，共3000余丁，除定居本地外，其余分居店下、沙埕、佳阳等地。

薛桥王氏　薛桥王姓家世源流属闽王王审知后裔，清初顺治年间始祖王文照携带家人，因避乱自漳州迁徙而来，定居前岐彩澳，现居薛桥村粒沙、岭边。薛桥王氏至今已有360多年，人丁繁衍1300多人，出了不少优秀族人，如王忠党、王忠晴两位烈士为本地早期革命的领导者和活动者之一，王烈评曾任福建省纪委副书记。薛桥王氏宗祠，始建于1932年，砖木结构，于1993年重建。

梨山庄氏

梨山位于闽浙交界处，与浙江苍南华阳村毗邻，青山环抱，茶园叠翠，是一块宜居的宝地。据族谱记载，梨山庄氏源于入闽始祖庄森九世孙庄夏（1155—1223），原居泉州永春桃源里，宋淳熙八年进士，历任宣州宁国知县、赣州兴国知县、太常博士、尚书省员外郎、漳州知州、兵部侍郎，赐第刺桐城（今泉州），为官刚正不阿，著有《礼记解》《国史大事记》等。南宋灭亡，元兵南下，1277年泉州庄府遭兵损毁。庄夏之孙庄弥约，从泉州迁仙游霞霄定居，庄弥约第八代孙庄璋又从仙游分支迁往闽南安溪开创基业。明万历年间，为避倭乱，庄璋第六世孙庄仰渠从安溪迁入浙江苍南藻溪。清康熙三十年（1691），仰渠第四代孙庄华国从藻溪迁入苍南桥墩。5 年后，又携三子迁至福鼎前岐梨山村，繁衍生息，迄今 320 余年，其后裔子孙分布闽浙各地。为纪念先祖功德，后裔子孙于 1921 年始建庄氏宗祠。抗日战争、解放战争年代，为革命事业英勇献身的庄氏革命烈士有庄其跃、庄孝林、庄友观等人。在中越自卫还击战中牺牲的庄其明烈士，曾被授予二等功。梨山庄氏还出过 1 名教授、数名处科级干部以及 50 多名大学生。

梨山庄氏宗祠

张氏

澳口里张氏　　前岐澳口里张氏，源自永定岭东张氏第 127 世，原居江苏张家港，繁衍十世，入闽居宁化石壁村，历六世（143 世）张全于洪武十一年（1379）带着云、斗、星三兄弟从宁化石壁村经上杭古田，在龙岩新罗短暂停留后，把家安在培丰镇岭东村。张云为岭东村张氏肇基始祖。此后，1384 年未婚的斗、星两兄弟又迁徙他地（张斗入赘漳州南靖梅林背岭村，张星往广东饶平小郑定居）。据《永定县田地岭东张氏家谱》和《福鼎前岐澳口里张氏家谱》记载，第十一代裔孙张乃标，是众多外拓远涉，且取得辉煌族业的岭东张氏子孙之一。因为当时恰逢康熙亲政后，大力奖励垦荒减免赋税，并实行"更名田"（将清代藩主庄田免价给予佃户耕种的"永为世业"田），至乾隆，全国边疆、山区、海岛、荒地得到大规模垦辟。张氏先祖乃标在这样大背景下，依照政策，一边继承祖业——打铁（现仍存当年打铁遗址），一边垦荒，为子孙后代开拓发展空间。经过几代人努力，张氏后裔逐渐发展。先祖乃标一支派至今已有 12 代，人丁发展至 400 余人。1996 年，薛桥大埭、龟岭、澳口里三地张氏联合筹资，在薛桥大埭择地，新建张氏宗祠。

薛桥张氏 前岐薛桥张氏始祖为苍南县昌门张子崇，上溯其源为晋江张延鲁，延鲁后裔分迁晋江、泉州、安溪、龙溪诸地。张子崇属漳州府龙溪人氏，祖妈姓氏失考。张子崇生六子，明季倭乱海疆，张子崇于万历三十八年（1610）携家移居大坑内数载，备尝艰辛。不久听说浙南倭寇祸平，上有招垦之令，闽人多有归之，便与妻携子张少峰举眷迁徙浙江苍南藻溪昌门。20 年后，复由祖妈携长房张少峰迁桐山东南离城 40 里之十五都前岐彩澳。而后少峰长子张桂严携子孙分支迁于二都桐山镇边；次房张锦迟仍居昌门，分支四代洋、盖竹、玉琳；三、四支未详；五房监峰则迁盖竹，分支腾垟；六房张耀峰迁浙江台州风岩。从张子崇至今已繁衍 400 余年，16 世，总人丁 1500 余口。其祖祠汇合前岐薛桥、龟岭、澳口里三支张姓建于 1996 年，址在薛桥大埭狮峰之麓。背山耸立，明堂辽远，十分壮伟。目前人丁兴旺，人才辈出，为前岐一望族，属清河郡追远堂裔下。薛桥地处海边，依山面海，滩涂条件较好，故族民多以讨海为生，兼营肩挑贩卖。明清以降，明矾业大兴，陆运肩挑矾石至前岐，海运出口明矾到南北各地。薛桥族民亦有从事此中营生者，故经济条件当比周边为好。改革开放以来，较为灵活者则有经营茶业或四季柚、蘑菇等，还有外出经商、打工，经营各种企业的，生活较前有所提高。随着经济条件改善，薛桥张氏族人更加重视文化教育。1996 年以来，共培养本科生 40 多人，研究生 2 人。

龟岭张氏 前岐龟岭张氏乃安溪天山大坪儒林派裔下子孙。其村地处前岐东北向与浙江矾山交界处，在垄底、上半山、下半山自然村之间。传说因其南面一片大山曰"牛大帅"，颇似龟形，而西北延亘而下一片大草岭，似蛇形，俗称龟蛇相会；复因龟岭起步往矾山镇即得爬岭，故称"龟岭"。此地为闽浙交界，南来北往一孔道，山清水秀，是宜居之地。龟岭始祖为大坪张汉慎（汉升），其于清康熙年间（约 1668）迁福宁州沙埕，之后移前岐安塘街。据载，二世祖张香玉为避世乱，移居点头，再转泰顺、平阳北港，复回前岐，于龟岭定居，传 14 世，如今人丁 400 余口。龟岭地处山区，主要靠农耕茶果营生。明清以降，矾山矾运发达，龟岭亦有族民以运矾等为生者。多年来随改革开放形势，多有外出工作、打工或营商者。居村者几年来植柚 400 余亩、杨梅百余亩，还经营蘑菇种植等多种产业。历史上族民对文化教育亦较重视，清末出过贡士、武生各 1 人；民国出有绅士、老红军干部，其中有受任中共泰顺县委组织部长的张国绥（秀山）烈士。1949年后有局科级干部10余人，县处级3人，硕士1人，大专生20余人，中级职称9人，高级职称多人。

李氏

李厝里李氏 李氏先祖宜隐迁居福清，延及李爵生三子，分三房：长李秉佳为天房，次李秉作为地房，三李秉仁为人房。李秉作支派后裔二十一世大德继业移迁南镇，后裔二十四世李志兴再迁前岐，为前岐李厝里之始祖。自李宜隐繁衍至今已传三十五世。先祖李宏诚，于乾隆十三年（1748）建造李厝，建厝占地面积5000平方米，房屋占地面积近3000

李厝里（夏林 摄）

平方米，整体布局以三进合院为主体，由1个大厅、3个小厅、5个天井、60间房、120根木柱组合而成，且户户相通，后院一古井百年不枯，甘甜爽口，前厅搭有戏台，但凡有到前岐巡演的剧团（木偶、布袋、越剧等），都曾在李厝上演。李家祖辈经商重文、知书达理，有多人考取国学生、贡生等；善经商，收入殷实，购置大量房田产，经营店面，家中置有金银古玩，牲毁于20世纪中期。李厝里存续时间长达266年之久，可谓历尽沧桑。李家人丁兴旺，至今已有200多名后裔。

柯湾瓦窑头李氏 柯湾村瓦窑头位于前岐镇东南部，距离集镇5千米，靠近柯湾中心村，李氏聚居于此。明朝万历年间，李宗江第八世后裔李育卿为摆脱贫困境遇，自闽安溪湖头迁往浙江苍南县马站上魁桥头居住，后又转迁福鼎前岐，谱载"育卿，讳光英，蒲门顶魁转迁福鼎前岐"。李育卿为前岐瓦窑头李氏始祖，其子世源生四男，其中二男李贵侯、李元侯"迁居福鼎二都前岐下杨家屿上塘古头"，后移居瓦窑头自然村，已历14世，人丁兴旺，裔孙约300人，1949年以来已走出20多位大学生。

武垟李氏 武垟李氏入闽始租为李宜隐，系唐福建观察使李椅五世孙。唐乾符六年（879）八月宜隐由浙江杭州迁居福建福清北垞繁衍。李宜隐后裔李桂盛于明崇祯年间与兄弟同游沙埕，后在前岐武垟定居，已传35世，繁衍人口1000余人，分布在厦门、福州及浙南等地。

柯湾陈氏

前岐镇柯湾自然村陈氏，是几经辗转迁徙到这里的唐朝"开漳圣王"陈元光之后裔。明万历年间，闽南倭寇猖獗，陈元光三十一世孙陈丕育与同族兄弟18人相携由漳州府龙溪县天宝市（今漳州市芗城区天宝镇）北迁，衍居于温州，世居平阳藻溪昌门宫石板路（今苍南县藻溪镇碇步头村）。因水患频繁，陈丕育六世孙陈光禄于清乾隆年间携妻迁居前岐镇柯湾村，至今已传11世。柯湾自然村位于前岐镇南面约4千米，北靠从前岐延绵而来的山丘，从西北到东南都是浅海围绕，照澜溪从村东南面流入沙埕港。当年，陈光禄夫妇寻至此地，见是安居乐业的好处所，就地安家。他们开山筑田，勤劳耕耘，置业兴家，人丁不断壮大，村庄不断扩展。目前，人口达1000多人。1938年，抗日战争进入新的阶段，南方革命组织浙南鼎平县委、上东区委负责人陈伯恭、吴明注等到柯湾村秘密开展地下宣传工作。受进步思想影响，柯湾村陈氏青年陈敬坦、陈绍和、陈敬桃、陈绍杏等先后加入中国共产党，积极开展抗日救国宣传，开展革命工作。1939年6月，前岐伪镇公所以诱骗的手段抓走了陈绍和、陈绍杏、吴守富3人并押送到县警察局，敌人以"异党嫌疑"的罪名施以重刑，要他们招认是共产党。他们仁都经受住了考验，拒不招认。陈绍杏、吴守富惨死狱中，陈绍和被判处5年徒刑。柯湾党支部发动社会力量营救被捕同志，变卖田产，赎回了狱中的陈绍和。柯湾陈氏非常重视教育，注重人才培养。清光绪年间，陈黼宸考中秀才。1949年以后，从柯湾陈氏中走出大学生40多人，并有多位博士、硕士生，陈绍军是第一个获得博士学位的福鼎籍学子，陈先文被保送就读清华大学。

林氏

海尾林氏　林氏先祖林伯添，前岐海尾林氏始祖，明崇祯二年（1629）自福建兴化府东门外迁福宁府福鼎县二都育仁里前岐安塘溪，迄今已历13世。林伯添迁居前岐年方20余岁，后与吴氏联姻，生男四，长曰林朝芭，定居海尾安塘溪；次曰林朝修，移居柯湾狮山脚；三曰林朝三，迁居浙江永嘉下涂，此支派人丁兴旺，繁衍谱户达1000余灶，谱丁近5000人；四曰林朝四，去向不明。

彩澳林氏　彩澳林氏入闽第一世祖林禄，随晋元帝渡江任晋安郡（今福建福州）太守。到第六世林元泗，先是在泉州府安溪县湖丘里涂塘赤岭定居，明正统年间随父林三禄宦游处州（今浙江丽水），林三禄为处州府学教授，任期满返乡。明正统十四年（1449）林元泗奉父之命迁至浙江平阳蒲门。至顺治十八年（1661），因海氛未靖，蒲地迁界，其子孙移居内地。后于康熙二十三年（1684）春，开疆拓界，复返故里。至第七世，林应朝举家迁居前岐彩澳，至今已传至 19 世。第四世伯窗生子三，文赞、文魁、文余，由浙江蒲门迁居佳陇巷（宫边）。文魁后又迁居叠石乡库口双溪口（宫下）。后文赞一支迁居霞浦牙城。后公臣一支由霞浦牙城复迁居硖门渔井黄螺潭。彩澳林氏现居彩澳内、宫边、松柏岚、茶湾、傅家店、寨仔山等自然村，共有 2000 多人。彩澳林氏家族有优良家风、族风，林氏家训有十项：一崇孝道，二睦家族，三重教养，四齐家政，五正礼节，六务读书，七明德性，八谨言语，九慎交友，十处世事。并有族规 23 条，最重要的有如下几条：一、为人以孝悌忠信为本；二、内外有别，族中断不容有乱伦兽行；三、子孙虽贫但不可失志，断不许卖妻鬻子溺女，不许逞凶顽害亲族；四、族中倘有不肖子孙犯奸为盗，开庄聚赌，一切犯法经官讯实惩治者俱革逐；五、绅衿不许恃势害人，笔刀唆讼；六、族中有佳子弟，无力读书者，族众宜体祖宗之心共培植之。由于彩澳林氏家族重视教育，培育人才，新中国成立后仅彩澳内就涌现博士 2 人，硕士 2 人，大学生 25 人。

郑氏

平美郑氏　郑氏源自郑国，太始祖为郑桓公。西晋末年，发生"永嘉之乱"，四十一世郑昭随父南来，率兵入闽，迁居永泰。到明末清初，连年战乱，民不聊生。八十四世郑道信举家从连江迁居浙江平邑四十七都下澳（今苍南北港小江南）。到第八十九世郑汉瑞举家从北港水月村迁到福鼎前岐平美，成为平美郑氏肇基始祖。平美虽地处偏僻山区，但其众山拱秀，地气钟灵，适宜定居，先祖于是结草为庐，立基创业，择地建屋，子孙安居乐业。260 多年来，繁衍 5000 多人，人才辈出，其中，副处级以上 6 人，科级以上 25 人，硕士研究生 8 人，大学本科生 139 人，大学专科生 105 人。平美郑氏于 1943 年兴建郑氏宗厅，于 2003 年由族人集资扩建宗祠。

凤桐郑氏　凤桐郑氏始祖洪福源自福州洪塘，于明成化年间迁居凤桐下洋。洪福生七子，长子仲彭，迁居浙江平阳金乡；次子郑仲彰，定居凤桐；三子郑仲彩，迁居浙江苍南桥墩黄檀底；四子郑仲彬，迁居贯岭镇文洋；五子郑仲彤，迁居店下镇巽城村仓头；六子郑仲雕，居住情况无记载；七子郑仲影，迁居于山后溪。光绪五年（1879）腊月，郑洪福派下后裔始建凤桐郑氏宗祠。凤桐郑氏名人有历任中共鼎平县委、福鼎县委书记的郑衍宗等人。

岐阳夏氏

大禹是中华大地夏氏的始祖。他奉舜帝命治水 13 年，三过家门而不入，终于治水成功。由此舜帝禅位，诸侯拥戴其子启建立夏朝，后子孙以国为姓，即夏氏之始。

夏仁骏，唐僖宗时值时乱携家眷隐居白云山下澳底，即莒冈始祖。现在闽浙两省绝大部分夏氏属于他的裔孙。夏一理，前岐夏氏始迁祖，于明嘉靖年间由浙江处州青田县迁徙至福鼎前岐，至今有 400 余载，繁衍后裔子孙 16 世，分 7 房，现入谱人丁将近 400 人，大部分居住前岐、桐山、点头三地。清末至民国，前岐街"合顺渔行""华成布店""兴泰南货店"诚信经营，童叟无欺，生意兴隆发达，点头"夏广裕药店"遵循"宗传济医广积德，踵门施药裕民福"的理念，深得大众赞颂。前岐夏氏历代宗亲对子女、儿孙文化、教育非常重视，培养了不少人才，对社会贡献也比较突出，至今培养出博士 2 人，硕士 2 人，大学本科毕业生 48 人，大专毕业生 10 人，其中，教授 2 人，讲师 2 人，中学高级教师 10 人，小学高级教师 17 人，工程师 5 人，会计师 5

岐阳夏氏文化中心
（岐阳夏氏 供图）

人，农艺师 1 人，经济师 1 人，一、二级警督各 1 人。前岐夏氏族规家风良好，在各条战线上工作的宗亲都做出了突出成绩，受地市级表彰者众多，受国家和省部级表彰者有 13 人，其中 1 人受全国级表彰，3 人在部队立过三等功。

黄仁梅氏

黄仁，古名"王臣"，位于前岐北部山区，地处闽浙交界，山清水秀，气候宜人。清康熙年间，梅氏肇基始祖梅珏原浙江泰顺罗阳漈溪坪人。方祖时年 30 岁，来游闽地，见黄仁土壤饶沃，风景秀丽，遂举家迁居此地。其妻林氏，育五子，为五房，繁衍生息。清嘉庆年间，鼎建祠宇，旧祠为两进，四周筑石为垣，周长 80 余丈。正堂悬故闽省统领梅占魁手书"俎豆千秋"匾额。因旧祠年久失修，族人倡议，于原址重修扩建。新祠为五开间三进木石结构，面积 700 余平方米。黄仁梅氏自始祖来迁迄今 200 余年，薪火相传，已 13 世，谱丁有 1600 余人。历代裔孙禀尊祖训，敦伦睦族，耕读传家，家风不坠，人文蔚起，成为一乡望族。清代有庠生 3 人，岁贡 1 人，恩耆 5 人。1949 年以后，共培育各类大中专院校毕业生近 100 人，其中博士 1 人，硕士 6 人，党政机关及企事业干部 30 余人。

薛桥蔡氏

蔡氏第一世祖蔡马居，原籍泉州晋江大南门外石狮古浮村，因清耿精忠叛乱，举家迁到现福鼎桐山北门外新街处，后来第三世祖蔡吉又迁居前岐薛桥柳板桥。蔡氏族系繁衍忠、孝、仁、爱、信、义、和、平8房，其中忠房蔡马居派居薛桥柳板桥，孝房蔡马怀派居柯湾长社岭脚，仁房蔡马普派居过水洋，义房蔡祖台派居索溪内，和房居沙埕后澳，平房居沙埕水澳，现有族人2300多人。蔡氏宗族人才辈出，有革命前辈蔡子梧，20世纪30年代参加红军，后编入新四军北上抗日，参加过黄桥战役、山东孟良崮战役、莱芜战役、淮海战役、渡江战役及解放上海等20多次较大战斗和战役，荣获三级独立自由勋章、三级解放勋章和淮海渡江战役纪念章，离休前任空四军后勤部政委（少将）。有终身为教育事业贡献的蔡承字，青年时就读福安高级农校，组织学生反内战，反迫害罢课，曾任浙南游击队文化教员，参加过巽城激战，后担任福鼎一中校长、福鼎二中校长、政和一中校长、福安地区专署督导组长等职务，毕生办教育，桃李满天下。蔡氏宗祠坐落于福鼎市前岐镇薛桥村，1946年始建，2007年重修，占地2100平方米。

大岳潘氏

潘氏源于有熊氏，周时毕之子食采于潘，以地为姓。因"五季之乱"，八十世祖潘希由余杭迁徙钱塘，其子人达迁浙江青田县沐鹤溪。相传大岳先祖潘挥于北宋仁宗嘉祐年间迁到大岳，称沐鹤潘，因谐音称大岳潘，至今已有900多年，现有人丁1800多口，主要分布在大岳、小岳、兰田、乌岐屿、薛家等村。大岳村90%以上村民姓潘。潘姓在大岳繁衍，历经磨难，饱受战乱之苦，曾受海盗劫掠。围海造田后，大岳发生很大变化，形成万亩良田，双岳垦区里族人安居乐业。

龟岭敖氏

相传，帝颛顼有老师太敖，太敖的子孙以他为荣，以敖为姓。另据《姓谱》记载，黄帝裔孙封地于敖（故城在今河南孟津东北之故河阴县），谓之大敖，其后以地为氏。龟岭敖氏源自玉融东塘龙江（今属福清市）。宋代，敖氏家族出了一位进士敖陶孙，为人乐善好施又疾恶如仇，因拜访朱熹，而得罪当朝宰相韩侂胄。韩侂胄命人四处捉拿敖陶孙，敖陶孙不得不隐姓埋名，四处流亡，最后隐居在福清东塘，直到韩侂胄死后才恢复姓氏。敖陶孙后裔敖伯远、敖伯迥、敖伯通三兄弟从福清东塘迁居各地，其一支迁居前岐龟岭开枝散叶。龟岭敖氏敬仰敖陶孙的正义之举，以"正义堂"为龟岭敖氏宗祠堂号。

前岐民间习俗

✎ 黄建军

节俗

年夜饭　除夕晚上，全家人团聚吃年夜饭。丰盛的年夜饭是孩子们期待已久的，饭后长辈会向孩子们分发红包，寄托对下一代的期许和厚爱。

正月初一　开门点香祭拜天地，鸣放鞭炮，穿新衣，早上吃线面加一对荷包蛋，寓意一年平安顺利，有的吃水煮年粿，谐音"年年高升"。初一这天禁忌很多，不准讲不吉利的话，为一年讨好彩头，不出远门，不动菜刀，不煮饭，不扫地，不洗衣。吃除夕剩余的菜肴，寓意"年年有余"。

回娘家　初二开始到各亲戚家相互走访，互贺新年。农村亲友平时走动少，更利用春节时间宴请亲友，加深情感。有女儿出嫁的人家，第一年女儿女婿回娘家，娘家的重要亲戚要轮流宴请，称"请新女婿"。

二月二　二月二是农村芥菜收成季节。据医书记载，芥菜具有良好的食疗作用，能解毒消肿，明目利气，清热利尿，平肝凉血，还有治疗便秘等功效。农村俗语："二月二吃芥菜饭，一年不长疥疮。"

清明节　清明节扫墓，多同族人一起祭扫，先由家中长辈或族中头人置办祭品、蜡烛、墓饼等，后一起到墓地清理杂草，打扫墓埕，烧纸钱，燃放鞭炮，结束后向周边及前来围观之人分发墓饼。有的家族会办"墓酒"，家族聚集，缅怀祖先，祭拜先人，教育下辈。清明节前后，山野间会生长一种鼠曲草，人们采摘嫩绿的鼠曲与粳米加工成鼠菊粿，清香软糯、富有弹性。加红糖烹炒，更是一道深受大家青睐的美味小吃。

端午节　各家各户要在门前插菖蒲和艾草，有除菌防病作用，也有镇宅驱邪之意。家家户户包粽子，吃粽子。外婆给外甥送夏季的新衣服，小孩穿新衣、挂香袋、涂雄黄酒。一般在中午过节，吃完午饭后全家去看划龙舟。

福东溪上赛龙舟（妈祖宫 供图）

六月六　　又名"尝新""吃新"。农村在第一季水稻收割完成后，会用新收成的稻谷加工成新米做米饭吃，以庆祝丰收。做成的米饭要先祭祀天地祖先，以祈求来年丰收，然后全家一起吃新米饭，还要将新米饭分送左邻右舍一起"尝新"。

七月七　　七夕节，舅舅要送外甥七夕饼、炒麦豆。人们会将七夕饼和豆子撒到屋顶瓦片上给喜鹊吃，吃饱的喜鹊飞去架鹊桥让牛郎织女相会，称七夕相会。七夕饼是一种如食指大小的面食糕点，又称"手指头饼"，是福鼎特色小吃。

七月半　　福鼎俗语："年没看，节没看，全看清明七月半。"农历七月十五是中元节，为祭祖日，这一天要准备供品祭祀祖先，烧纸钱。前岐人过"七月半"有句顺口溜"下南三，本地四，畲客五，乞丐六"，即：讲闽南话的前岐人农历十三过节，讲桐山话的前岐人过十四，畲族人过十五，乞丐过十六。

中秋节　　中秋节，舅舅要给外甥送中秋饼，几个外甥就要送几份，一直送到外甥16岁。前岐中秋饼个头大，直径达30—40厘米，饼馅是冬瓜糖、花生末、蜜枣、肥猪肉等，表皮撒上芝麻，以香、酥、油、甜为特色，深受小孩和老人喜爱。中秋夜晚，月挂中空，小孩子们搬出凳子，围坐在自家门口，将中秋饼和柚子放在果盘中，点香，插在月饼和柚子上，拜月许愿，吟唱儿歌。

立冬进补　　农村人对立冬进补很看重。立冬代表冬季的开始，进补是为了抵御冬季寒冷的侵袭。在立冬前几天，各家药店会购进大批进补药材，那几天药店的生意特好，买进补药材的人络绎不绝。鸡肉、鸭肉、山羊肉、猪脚肉、狗肉都是进补的好食材，加入中药材炖煮一大锅，肉香药香，香飘四溢，全家人一起享用，解馋又进补。困难的家庭用自家种的黑豆在锅中炒熟，加米酒、姜丝、白糖一起煮，也是一道很好的进补药膳。

冬至　冬至早上全家吃糯米粉做的汤圆，加芝麻、花生碎、糖煮成甜食丸仔汤。元宵吃汤圆称"头圆"，冬至吃汤圆称"尾圆"，头尾都圆，寓意全家一年一切圆满。在旧的纪年方法里，冬至为一年劳作的结束，大人会对小孩子说吃了汤圆就长了一岁。旧时读私塾的小孩子在冬至前一天放假，先生回家，故俗话说"先生不吃冬至丸"。长工或帮工也在冬至前一天领取工钱回家过年。

做尾牙　农历十二月十六，开商铺的老板要祭祀土地公和财神爷，祈求生意兴隆，财源广进，然后用供品宴请员工，犒劳他们一年来的辛劳。古时对来年不准备续聘的员工，在宴席中以鸡头相对。

春粿　在年前的二十五、二十六，各家各户就开始忙碌春粿，把浸泡过的粳米磨成米粉，上大蒸桶蒸熟，趁热倒入石臼中，用大石槌捶打。打制时邻居的男人们都会来帮忙，大家轮流捶打，然后放在木板上搓揉，压入用柚木做的模具，印上各种吉祥图案。此外，有的做成圆锥形的"小冥斋"，用于祭祀祖先和神灵；有的做成长方形，可作为礼物送给亲戚；有的制成圆形铜钱状，称"粿钱"，便于在春节期间送乞丐。

大扫除　也叫"扫堂"，即清洗房子，把家中物件搬出清洗，洗完在太阳底下晒干，洗去旧年的晦气，干干净净迎新年。大扫除还会选一根细长竹子，对自家的烟囱内部进行打扫，除去烟囱内的烟灰，对楼板底下的烟灰也要进行打扫，防止烟灰着火。清理后的烟囱要贴上黄纸。

祭灶　腊月二十四，把旧的灶神画像揭下和稻草一起烧，然后贴上新的灶神画像，点香祭拜，并在灶台上方黏几粒汤圆，黏住灶王的嘴，让他在玉帝面前只说好话。

送年　"阿爸送年，仔送节。"出嫁的女儿过年要给父母送年，除了自家养的鸡、鸭特产外，一定要有猪脚肉和长寿面。父母亲收一部分礼品，再添加几样作为回礼。女儿出嫁第一年给父母送年礼物要丰厚，称送"头年"。

礼俗

结婚　过去结婚要先请媒人提亲，女方同意后，把女方的生辰八字送给男方，请算命先生根据双方的年庚看是否会犯冲。订婚，初定称"插定"，是指男方向女方送金戒指和少量礼金。结婚前一段日子，举行"大定"，正式订婚，男方请媒人送全部聘金、聘礼和成亲的"日子单"到女方家中。男方要向所有亲友送"订婚包"和喜帖。结婚前一日，男方家要将猪脚肉、已杀的公鸡、万年青、酒、线面、红蛋等送到女方家，女方要把猪脚肉分成小块，分发给亲友，称"吃猪脚肉"。结婚当日，女方要哭嫁，拜别父母双亲，由娘舅抱上轿，"送孙嫂"陪同，约中午时间到男方家，到家门口时新郎和父母都要回避，以免以后日子犯冲。新郎姐姐向邻居孩子和亲友分糖果、花生、蚕豆、红枣等，寓意早生贵子，婚后日子红红火火、甜甜蜜蜜。结婚前一天晚上宴席称"起媒酒"，宴请重要亲戚和媒人，故又称"谢媒酒"，酒菜比较简单，媒人要坐在主要位置。结婚当日中午是正餐，娘舅要坐在厅堂中间的正位，娘舅没到，酒席不能开菜。晚宴朋友坐在厅堂连桌，桌上放一对由娘舅送的大红烛，称"联烛"，由大姐夫起头划拳喝酒。新郎新娘由大红烛引导，向男方长辈行跪拜礼，长辈要向新郎新娘送红包。宴毕闹洞房。结婚第二天，要宴请新娘的兄弟，称"请阿舅"。

生孩子　生儿育女是人生大事，极受重视。妇女在怀孕期间，家中要酿一缸红米酒，称"月子酒"。孩子出生第三天要送面、蛋、酒到外婆家，并向亲戚报喜，娘家要送婴儿衣服，称"送三旦"。亲朋好友要来"送甘"，祝贺孩子出生，主人要煮荷包蛋加红米酒招待客人。孩子满月时，若生男孩要向亲友分发"红龟"和喜蛋。"红龟"由糯米、熟豆粉、红糖做成，印制成红色龟形吉祥图案，寓意长命百岁、吉祥如意；若生女孩则做糖包分发。主人还要办满月酒。外婆要多次买礼品送给刚出生的外孙，除"三旦"送衣服外，孩子满月时应送鸡、鸭、虾等营养品，孩子4个月送银手镯、银脚镯一套，周岁时还要送衣服等礼品。

酿酒　春节前一个月各家各户开始酿制米酒，将优质糯米淘洗，清水浸泡一夜，放入杉木做的蒸桶中蒸熟，倒在竹匾上放凉，待冷却后，将糯米与酒曲拌匀，放入大酒缸内发酵。辛苦劳作一年，做几缸米酒犒劳自己，或者留待正月宴请亲戚，对于农家那是幸福的事。

做寿　也叫"做十"，当地习俗是老人50岁以后才开始做寿，逢10年做一次，亲朋好友都要前来祝寿，时间一般安排在正月初二到十五。至亲好友要送寿幛、寿烛、寿面、寿联，女儿、侄女要送布料等寿礼。晚辈要按辈分跪拜祝寿，寿星要向晚辈分发"红包"。富裕的家庭设寿堂，点红烛，挂书画对联，摆寿桃，办寿宴，请乐队吹奏。20世纪七八十年代农村还比较贫困，村中老人做寿大多不摆寿宴，但全村每户人家都会煮一碗长寿面送给寿星，祝福寿星长命百岁，主人要回赠一对长寿糕，称"压碗"。做寿是尊老、敬老、爱老，是对中华传统孝道文化的传承。

建房子　上梁时，木匠师傅要把装有稻谷的红布袋和一对红灯笼挂在主梁上，鸣放鞭炮，舅舅等亲戚送的对联应贴在厅堂两侧。主人要做"捞运糍"分送亲友，还要办"上梁酒"招待客人。乔迁新居，亲戚要送豆腐、鱼和鞭炮前来祝贺，表示年年有余。主人要设"闹灶酒"答谢亲友。

"碾铺" 婚俗

　　婚俗最能代表地方文化特色，闹洞房是其中不可缺少的一个环节前岐人结婚闹洞房，有一道与众不同的重要环节——"碾铺（柚）"，它把闹洞房推向高潮。

　　"碾铺"在前岐作为闹洞房必不可少的压轴环节，与前岐四季柚有关。前岐人对四季柚有着深厚的感情，四季柚已融入人们的生产生活之中。"四季柚"与"四季有"谐音，与"四季佑"同音，当地人视之为吉祥物，以求富有，求福佑。前岐家家户户种柚子，请客送礼用柚子，宴席桌上摆柚子，敬祖进香献柚子，醒酒治病吃柚子，姑娘婚嫁陪柚子……当地姑娘出嫁时，先把嫁衣叠好装进箱里，再把一个个贴着红喜的金黄色的四季柚压在衣衫上，作压箱之宝。闹洞房时，傧相要拿出两只柚在床上滚动，从床头滚到床尾，又从床尾滚到床头，从床上滚到床下，再从床下滚到床上，边滚边唱："碾铺，碾铺，碾到眠床头，生子有出头；碾铺，碾铺，柚子滚床面，生儿有人面；碾铺，碾铺，碾到眠床框，生子会做官；碾铺，碾铺，碾到眠床下，生子有懒叽（男孩）。"

　　一人唱，众人和，在大家的唱和声中，闹洞房气氛达到了高潮。随后，宾客们退出洞房，闹洞房结束。

前岐妈祖信俗

林启雄

　　妈祖这位乐善好施、扶危济难、护航保驾、拯救海难、爱国爱乡、和谐佑民的海上保护神，几百年来一直受海峡两岸民众崇拜。

　　前岐地处闽浙交界，又是沿海的重要商港。毗邻的浙江矾山盛产明矾，鼎盛时日产明矾千担，全年计有 35 万担。所有明矾都需先运输贮存在前岐矾馆，而后运销于沿海商埠和海外，本地出产的茶、烟、麻等大宗土特产品，亦通过海运运销到福州、上海以及港澳台地区。船家航海和渔民打鱼很重视安全，便常把希望寄托于妈祖保佑平安。因此，前岐老百姓极为崇信妈祖娘娘，都尊称她为"妈祖婆"。

　　前岐妈祖天后宫始建于康熙五十四年（1715），乾隆二十年（1755）重建，迄今已有 300 多年的历史，是福鼎市最早建的妈祖天后宫之一。据说清康熙年间，一艘运输帆船遭受台风袭击，锚绳被拉断，船身在大浪中颠簸漂泊，情况危急。船上人员一齐焚香下跪，祈求妈祖神灵保佑平安，并立下誓言："若船只平安靠岸，就在岸边建庙塑像奉祀。"果然，船只安全漂到前岐下埠头。船上货主万分感恩，践行了诺言，在前岐捐资建了妈祖宫。

　　据资料记载，前岐妈祖宫位于前岐街海尾码头下埠头附近，宫庙原呈四合院结构，占地面积 2000 平方米，宫里的戏台左右是两支石笔，石笔的脚盘是 2 米高的石墩，石笔中央套着四方形石斗，上面依次刻着"天上圣母" 4 个大字。1949 年前后，妈祖宫年久失修并遭受毁灭性的破坏。为抢救历史文物，弘扬妈祖文化，社会上一批热心人士倡议重修妈祖宫。在广大信众的支持下，2002 年 7 月，妈祖天后宫理事会成立，筹集资金 30 万元开始动工，2003 年 12 月，大殿主体工程竣工，两旁厢廊修缮结束，妈祖天后宫主体工程已初具规模，占地面积约 3200 平方米（其中长 77 米，宽 42 米），为福鼎市现有妈祖天后宫之最。现妈祖天后宫的门楼为青砖砌就的重檐歇山顶式，具有浓郁的明末清初的建筑风格，正面左右两扇门上分别画着尉迟恭、秦叔宝两位门神的巨幅画像。走进宫门便是戏台，戏台为歇山顶式，戏台两侧为两层结构硬山顶式厢廊。中央是天井大场，正中有一块 10 平方米大的深净雕石刻"浮龙壁"，中间雕有 9 条龙。通过两旁 23 级台阶，到了正殿，两旁各建 3 间钟楼和鼓楼。后面的一座大金炉专供焚烧冥币。正殿为重檐歇山顶、琉璃瓦、砖木建筑，面阔5间19.56米，进深5间13米，灰砖古瓦，气势恢宏。正殿内中间神龛上供奉着一尊2.8米高的泥塑立姿妈祖神像，另有一尊木雕坐姿软身妈祖神像，这尊神像是2003年农历十二月初八日从湄州祖庙分灵请回，正身娘娘的两旁站立金娥、彩女两尊，两旁还有郑成功、施琅、李光地、姚启圣等19尊塑像。

2005年至今，前岐妈祖天后宫在每年农历三月廿三妈祖诞辰日和农历九月初九妈祖升天日都举行祭拜典礼及出巡活动，场面十分隆重，善男信女手合香烛列队迎接，朝拜妈祖。

2013年6月8日至11日，全国海协会顾问林丽韫一行莅鼎访亲探宗，专程到前岐妈祖天后宫参观，她深情地对大家说："我们敬仰妈祖，就是要学习妈祖的佑民精神，为百姓做善事。"

前岐

前岐晏公信俗

☞夏　林

前岐晏公宫香火甚旺，香客长年络绎不绝。特别是每年农历六月廿四和七月初三，更是热闹非凡，不但有许多前岐信众，甚至福鼎市区和其他乡镇信众也前来顶礼膜拜，焚香祈福。农历六月廿四晏公宫内照例举行太平醮，祈求风调雨顺国泰民安，并请戏班在宫内大戏台唱上几天大戏。每年七月初三晏公诞辰日，晏公宫内都要举办百席宴会饮福，晏公信俗成了前岐一种独特的地方民俗文化和地域文化现象。2018年，前岐晏公信俗被列入福建省非物质文化遗产。

晏公和前岐的渊源

据说晏公原是江西一带的地方性江神。为什么前岐乃至福鼎各地有许多群众信奉晏公呢？这位外地的神仙是怎么"来到"前岐的？前岐人为什么要拜一位外地神祇，他和前岐又有怎样的渊源呢？中国民间和道教的神祇一般在历史上都有真人或生活原型，晏公又是谁呢？这些问题让许多爱好民俗文化和地域文化的人感到好奇。带着这些问题，我们参观走访了晏公宫。据住在晏公宫的年近八旬的林时满老人讲述，从前彩澳是前岐沿海的一个渔村，这里的村民主要以打鱼讨海为生。村前渔船码头上有一口大水井，井里的泉水终年清澈甘甜、不溢不涸，不但村民饮用，外地过往船只也常在这里靠岸取水饮用。村民素来淳朴，对外地客商来井里取水，从不阻拦，任其取用。话说晏公当时是船老大，长年闯荡于江河湖海，那年行船到前岐港，抛锚彩澳码头。当时彩澳正遭受盗贼倭寇扰掠，且又瘟疫蔓延，生灵涂炭。一天，晏公上岸来井里提水，忽闻村头传来凄凉的啼哭声，村民告诉他："近日村人不知何故，时染怪病，晨染暮死，暮染晨亡。"晏公愕然痛心时，眼前金光忽闪，一鹤发童颜的老叟指着井对晏公说："怪病者皆因井水而起，你屡行善事，不忍惨睹你客死异乡，此水不可饮也。"言毕随着一阵清风而消逝。晏公知是神灵指点，守井三昼夜，寸步不离，善告村民禁饮井水。第四日，晏公见村民不信，情急之下，遂勺水而饮，立即脸色苍白，大汗淋漓，眼球突出，脸色发黑，呜呼而亡。他以死拯救了全村人和船上人的生命。村民都不认识他，经打听才知道他是船上的船员，姓晏，乃江西人士，也不知道他叫什么名字。为了感念他对大家的救命之恩，村民就在水井旁建了一座庙，取名"晏公宫"，四时祀奉，传有一井联为证："一泉清水村民泪，万世感恩功德碑。"这个故事口耳相传了几百年，其真实性已经无从考证。沧海桑田，20世纪70年代前岐围海造田，彩澳也变成一片农田，打鱼讨海为生的渔民变成以耕作为生的农民。但是，信奉晏公的习俗传了下来。

晏公信仰的由来

其实，关于晏公是谁，还有别的说法。我们遍查资料发现，最普遍的一种说法见于《三教源流搜神大全》，其中载晏公名戌子，江西临江府清江镇人。"大元初以人才应选入官，为文锦局堂长。因病归，登舟即奄然而逝……启棺视之，一无所有，盖尸解云。父老知其为神，立庙祀之。有灵显于江河湖海，凡遇风波汹涌，商贾叩投所见，水途安妥，舟航稳载，绳缆坚牢，风恬浪静，所谋顺遂也。皇明洪武初诏封显应平浪侯。"至于明太祖为什么册封他，清赵翼《陔余丛考》说明了原因。相传当时毗陵（今江苏常州）被张士诚部将占领，朱元璋部将徐达屡战不利，朱元璋亲自率领冯胜等十人前往增援。他们扮作商贾，顺流而下，途中忽然江风大作，眼看船就要倾覆，朱元璋惶恐万分，求神相助。忽然，他见到一个身着红袍的人挽舟到沙滩上。朱元璋问："救我者是谁？"默然中听到江涛中传来一句话："是晏公。"太祖平定天下之初，长江江岸常常崩陷，据说是猪婆龙在其下搞破坏所至。沿岸居民不堪其扰，苦寻破解之法而不得。正在为难之际，一天，突然有一个老渔翁前来，教授烤猪做诱饵钩钓之法，然而猪婆龙太重，常力难以钓起。老渔翁说："它四足爬于地面而借土石之力。应当用瓮罩住其头顶，将钓具贯穿到底下。它必用两只前爪推拒，从而两股力并用，其足悬空，自然钓得起来了。"照老翁所说的做，果然得以成功。老翁说："请告知天子，江岸可以垒成了。"众人问其名姓，老翁说姓晏，说罢忽就不见了。此后江岸果然筑成。朱元璋知道后猛然悟道："此翁必是当初救我于覆舟之仙。"此时朱元璋已经当了皇帝，联想到上次救驾，于是，于明洪武元年（1368）下诏封晏公为都督大元帅、显应平浪侯，管辖全国水域，职司平定风浪，保障江海行船，并命天下建庙祀之。各地纷纷建庙祀奉，凡来往船家经过时，都要登岸进香祈福，以保平安。由此，晏公这个原为江西一地的江神，在明太祖的强力推行下逐渐成为具有全国性影响的水神。

前岐宫庙

🍃 夏　林　黄友科

前岐信俗文化历史悠久，民间信俗文化流行，妈祖娘娘、临水夫人、晏公、马仙娘娘、五显大帝等民间神祇各有其信众，全镇建有多座教堂，21 个村居均建有寺观宫庙，现择要介绍部分：

妈祖宫

前岐妈祖宫坐落于前岐镇海尾，始建于清康熙乙未年（1715），迄今已 300 多年，有现存的宫门楹联为证："霞岐云冠海上仙迹隐现，瑶函玉简熙朝宝命辉煌。韩城郭兆禄左手敬书，康熙乙未。"（郭兆禄系福安人，进士出身）据说清康熙年间，一艘货船在海上遭受台风袭击，锚绳被拉断，船身在大浪中颠簸摇晃，情况危急。船上人员

妈祖宫（郑雨锋 摄）

一齐焚香下跪，祈求妈祖神灵保佑平安，并立下誓言："若船只平安靠岸，就在岸边建庙塑像奉祀。"果然，船只安全漂到前岐海尾下埠头。船上货主万分感恩，践行了诺言，在前岐海尾捐资修建了妈祖天后宫。据清嘉庆《福鼎县志》记载，前岐妈祖文化在清乾隆年间处于鼎盛时期。后来，天后宫一度作为前岐绣花厂厂址，同时又是演戏演电影的"剧场"。"文革"初期，天后宫前石碑、望柱及正殿内重要文物均被毁。

2003年，前岐地方热心人士为弘扬妈祖文化，倡议重修天后宫，得到前岐旅外乡亲和闽浙两省特别是沿海地区的众多善信的积极响应支持。大家纷纷慷慨解囊、捐款捐物，重修于2005年竣工。重修后的天后宫呈四合院结构，占地面积达2000平方米，砖木框架，泥塑装饰，气势恢宏。进入宫门便是戏台，由4根方石柱撑着八角顶，顶上木雕镂刻尚在，绘画图案依稀可见。戏台四方柱刻着两幅精美对联，一联为"做些忠孝节廉叫人葫芦依样，看这王侯将相笑他傀儡登场"，妙趣横生，耐人寻味；另一联为"圣德合坤贞而配乾大；神功昭巽顺以济坎平"，是对后人的谆谆教诲，要人们学习妈祖"博爱仁慈，扶危济困，见义勇为，除暴安良"的精神。戏台前侧立着2根望柱，中央是天井。宫殿中央是大天井，天井正中有一块巨大的深浮雕石刻"浮龙壁"，上面雕刻9条龙。通过两边23级台阶，拾级而上便到正殿，两旁各建有钟楼、鼓楼。正殿为重檐歇山顶结构，砖木建筑、屋顶铺满琉璃瓦。面阔5间，19.5米；进深5间，13米；灰砖古瓦，气势恢宏。正殿中间神龛上供奉着1尊2.8米高的泥塑立姿妈祖神像，1尊木雕坐姿软身妈祖神像。正身娘娘两旁分别站立金娥、彩女，两旁还有陪神多尊。

近年来，每年农历三月廿三妈祖诞辰日和农历九月初九妈祖升天日，前岐妈祖天后宫都举行祭拜妈祖典礼及出巡活动。2013年，前岐妈祖天后宫被公布为福鼎市第四批文物保护单位。

临水宫

前岐临水宫，始建于明朝万历年间，占地面积7000余平方米，民国初被借用作为前岐中心小学校址，"文革"期间其附属建筑被拆。2000年，大殿被拆毁，用于增建校舍。临水宫新址位于前岐镇水电站边，占地面积2000平方米，坐北朝南，眺望东山岗，背枕凤山，依山建筑，红墙绿瓦，参差错落，气势恢宏，雄伟壮观。正殿神龛供奉临水夫人陈靖姑神像。其像眉清目秀、神情慈祥。旁边两尊分别为林夫人和李夫人，与陈靖姑合称为"三奶夫人"，3人为结拜姐妹，闾山学法时认识结拜。

每年的农历正月十五，既是传统的元宵节，又是传说中的"临水夫人"神诞日，临水宫香烟缭绕，人流如织，热闹非凡。

晏公宫

前岐晏公宫位于前岐彩澳，始建于明朝天启七年（1627）。清嘉庆元年（1796）仲冬，庙宇遭火焚毁。光绪三年（1877）村民献资重建，于光绪六年（1880）秋完工。20世纪60年代，庙毁。1993年2月，彩澳村民共商重修晏公宫事宜，得海内外侨胞和台湾同胞支持，至1998年一期工程完工。

晏公宫（夏林 摄）

新建晏公宫占地面积6000平方米，建筑面积800平方米，坐北朝南，建有牌楼式大门、前后大殿、大戏台、花园、鱼池、封侯碑、亭榭、伙房等，为二进仿唐式古建筑，铁红色双层翘角戏台楼阁。

1997年，晏公宫经福鼎市宗教局审批，成为宗教活动场所，并成立"福鼎市前岐晏公宫管理委员会"。现宫内供奉的主神是"晏公都督大元帅"，面如黑漆、浓眉虬髯、身材魁梧、头戴金盔、身披帅袍。左神龛供奉文昌帝君，右神龛供奉妈祖娘娘。每年的农历六月二十四日举行盛大醮会，七月初三庆诞聚福。2005年，前岐晏公宫被公布为涉台文物保护单位。

马仙宫

小岳马仙宫坐落于前岐镇小岳村洋心，整座宫观呈四合院结构，建筑占地面积1000多平方米。宫内建制分别有戏台、天井，戏台正面是正殿，殿内供马仙娘娘等众神像，戏台、天井两侧建有两层厢廊。小岳马仙宫观最早落成的年代已无从考证，目前宫内最久远的匾额为赖氏信众于清咸丰五年（1855）供奉的"泽溥珠宫"匾额，碑记为清同治七年（1868）信众捐资修缮佛像銮驾碑记。据此，马仙宫至少有150多年的历史，且当时宫观已经被修得"较为宏敞"。

据宫内近70岁的执事介绍，原先小岳村民多以讨海为生。一天，一位渔民发现

马仙宫（郑雨锋 摄）

一尊金身神像浮靠在洋心岸边，遂即召集村民搭建石屋以供奉神像膜拜。仙即显灵于域内求雨祈子、驱瘟遣疫、祛病禳灾、保境安民。此后，宫观几经扩建，成现有规模。

每年农历七月初七的"马仙巡境"活动是马仙信仰的集中体现。这一天，马仙神像被请出宫门到村居各地巡境，以表达信众们希望马仙驱瘟遣疫、祛病禳灾、保境安民的美好愿望；而在小岳"马仙巡境"活动中还有一项仪式，就是每到一个村落，必由当地年轻媳妇出一份供果来祭祀马仙，祭祀完毕后，则将这些物品用来孝敬长辈，以体现马仙的孝道精神和融洽和谐的婆媳关系。"演戏谢恩"不仅表达了信众对马仙的感恩，也成为村民们接受"忠、孝、仁、义"等传统文化的体现。现在"马仙巡境""演戏谢恩"已经成为一个民间传统流传至今。

五显大帝宫

五显大帝宫位于前岐镇柯湾村梅湾鹿坑，背靠狮山，临近姚家屿码头。据记载，五显大帝宫始建于清康熙二十六年（1687），于1930年重建，整座庙宇为砖木结构，集主殿、两廊、戏台等大小建筑为一体，颇为壮观。庙内供奉五显灵官大帝、福德正神、地主爷、千里眼、顺风耳5尊菩萨金身等诸路神像。"文化大革命"期间，五显

五显大帝宫（郑雨锋 摄）

大帝宫被列为"四旧"，遭受严重破坏，宫内菩萨被毁，庙宇被强行拆毁。

2005 年夏天，五显大帝宫信士倡议重修鹿坑大帝宫，得到柯湾村民及广大信众的大力支持，大家纷纷慷慨捐资，于 2006 年正月建成。大帝宫主体建筑占地 2800 多平方米，建筑面积 1440 平方米，造型别致，恢宏气派。大殿神龛由左至右安坐着"福德正神""关圣帝君""文昌帝君""五显大帝""地主爷""财神爷""牧牛大王"等。神龛前排正中位置供奉着"五显灵官"的出巡软身塑像，香案左边神作供奉"千里眼"右边供奉"顺风耳"。

建昌宫

照澜建昌宫位于前岐镇照澜村，宫庙始建于清代，于清光绪年间进行维修，1999—2006 年间又进行多次维修。建昌宫坐南向北，一进合院式木结构，供奉的主神是五显大帝。通面阔 11.4 米，通进深 24.4 米，面积 278.16 平方米。中轴建筑由

照澜建昌宫（郑雨锋 摄）

大门、戏台、天井、大殿组成。外墙已改贴瓷砖，门上画二门神，戏台上铺八角藻井，大殿面阔 5 间，进深 5 柱减中柱带前廊，抬梁式悬山顶。斗拱、雀替刻有龙凤、人物、花卉、人骑狮等图案，雕刻精美。2013 年被公布为福鼎市第四批文物保护单位。

前岐马灯

<leaf>夏　林

　　千百年来，聪明勤劳的前岐人民，创造了很多非物质文化遗产，如打马灯、唱嘭鼓、傀儡戏等。其中，马灯以制作精美、表演编排独特、场面宏大而深受群众的欢迎。尤其吸引人的是，表演者都是孩子，他们身上绑着马头和马身，走着马步，列成马队，手中挥舞着刀枪，模拟一些古代传说中的英雄人物，在锣鼓声中摆成各种阵式，边走边舞。每年的除夕夜、元宵节、八月初六，都举办马灯游艺活动。除夕夜的马灯俗称"迎春发财灯"；元宵夜俗称"风调雨顺灯"，民间至今还流传"元宵游马灯，家家喜盈盈。马首生辉映，年年保丰登"的民谣；八月初六俗称"逢凶化吉灯"（也称"化马平安灯"）。节日期间，每当夜幕降临，千家万户灯火通明时，前岐马灯表演活动便开始了。马灯队通常由30多名少年组成，他们跨着各种造型的马灯，扮演成《穆桂英挂帅》《岳家将》《郑成功收复台湾》《戚继光平倭寇》等故事中的人物形象，时而表演，时而亮相，亦歌亦舞，极富情趣。

　　在闽东，现在能够完整地制作和表演马灯的仅有福鼎市前岐镇。由于马灯表演人数多、场面宏大，表演的古代英雄人物形象深受群众的喜欢，因此每一次穿街入户演出时，都深受群众的欢迎，每每观者如潮，现场人声鼎沸。

　　马灯分马头和马身两部分，演出时分别绑在演员的前腹和后腰，里面各点一根蜡烛，马灯也由此得名。马头和马身由竹篾扎成，外面包上纱布，纱布喷上各色油漆作为马的颜色；马头的纱布上用彩笔画上马眼、马嘴、马鼻等，在马身上则画上马鞍、皮带；而马的鬃毛和尾巴则用塑料丝做成，制作方法是将塑料丝喷上颜料，经细细梳理后扎起接到马身上。现在马眼已改用电灯来替代，演出时电灯忽明忽暗，极似马儿眨眼，较之过去单纯地画上马眼形象了不少。制作马灯，既要求制作者有着精湛的技艺，还要求制作者要十分精细。比如在纱布上画马眼、马嘴、马鼻，由于油漆较干，运笔一不留神就容易画走样，直接影响视觉效果，有时画好一个马头需要返工多次。

　　马灯演出的道具很多，最醒目的当数演出服饰——头盔、头巾、马甲、马裤、彩鞋。头盔是"将军"所戴，制作可谓精良，由质地坚韧的纸板做成盔身，其上镶金边，嵌银珠，贴彩饰，再插上亮闪闪的珠花、绒花而头巾、马甲、马裤则由各色绸缎

前岐

制成。这些服饰的颜色须与马色相同。"将军"穿戴齐整，"跨"上战马时，气势十分威武。

前岐马灯的起源无确切的历史记载，据老艺人流传下来的说法是大约创制于明末清初。当时，浙江矾山发现明矾并开始大规模开采，所产的明矾从前岐港转运全国各地，使前岐经济异常繁荣，许多人从明矾业中发家致富。富起来的人们开始追求精神文化生活，特别是每年的春节、元宵等传统节日，各行各业关门歇业，对于经济比较繁荣的地方，忙碌了一年的人们既需要也有能力组织一种地方全民性参与的同娱同乐的休闲方式，来消弭平常由于商业竞争而产生的矛盾，各自谋生创业而疏远的友情和亲情，使社会关系更加和谐。因此，马灯表演应运而生。但令许多人感到困惑的是：前岐既非军事要塞，又非盛产骏马之地，这里的人们平时连马儿都很少见到，为什么崇尚并选择马作为自己的"文化图腾"呢？关于前岐马灯起源的说法有多种版本，下面一种说法比较流行。明嘉靖年间，倭寇侵袭东南沿海，经常骚扰前岐等地。前岐百姓奋起反抗，修筑了坚固的城堡，组织了民团和倭寇进行不屈不挠的斗争。人们希望拥有强大的武装力量来荡平寇患，确保海疆平安，过上幸福安宁的生活，战马作为冷兵器时代的先进装备，自然成为人们喜爱之物。前岐马灯传统的表演曲目《杨家将》《岳家将》《戚继光平倭寇》等都是反映反抗外来侵略和民族压迫的题材。

在前岐，马灯表演被称为"打马灯"。相传早先马灯舞是单骑独舞，称为"神马"，后来发展成了马队，演员均为少年。打马灯表演起来场面宏大、人多热闹，除了在街道、广场表演外，还进村入户表演。表演时，通常由一人领唱，众人相和，口念吉祥之语，代表喜庆吉祥。马灯的表演靠一面大红"帅"旗来指挥，旁边还有两盏红灯。旗为红缎制作，镶金色曲边，红缎上绣金色"帅"字，旗的两翼张灯。据称，这一旗两灯俗称"把门枪"，为马阵之眼，马灯演阵时，每匹马必须以门枪为目标，认定跟进、变化阵势，才不致有误。

前岐马灯作为地方曲艺的一种，发展到现在已经形成了一整套完整的表演体系。它吸收了戏剧、舞蹈、说唱等艺术的特点，从人物造型、表演技巧到阵列形式都有了新的发展。从马灯队的演出规模上说，现已发展成由 30 名少年同场进行表演，其中 24 人作为骑马将士，2 人负责"牵马"（实为马队的统一指挥者），另 4 名女孩则是丫鬟。在演出中，通常由负责牵马的两个技艺娴熟的小孩带队变阵，并以锣鼓声为指挥信号，来控制场上的演出秩序。作为马戏，前岐马灯在表演上十分注重展现古战场上千军万马奋勇拼杀、进退自如的豪情，激励人们积极向上、奋勇争先。为此，在内容上多采用一些群众喜闻乐见的古代传奇故事，如《杨家将》里的"穆桂英挂帅""佘太君出征"，《水浒传》里的"三打祝家庄"等。当然，根据演出人物、故事的不同，小演员们的服装及化妆也不同。但不管表演什么内容，前岐马灯都将按照一套完整的节目场次进行表演。一套节目共有12场。第一场"内外城"，将士们骑着战马巡逻在城内外，并御敌于城外；第二场"交云操"，千军万马统一指挥，形如一体，战无不胜；第三场"卷花心"，马队层层防卫，壁垒森严；第四场"五个螺"，战马螺旋运动，缠敌于死地，聚而歼之；第五场是小节目"跑马"，战争间歇，将士们以乐观的精神进行跑马游戏；第六场"蝴蝶操"，场上战马奔腾不息，犹如蝴蝶穿花；第七场"梅花操"，马队阵形千变万化，形如梅花朵朵；第八场又是小节目，穿插进行祝贺吉祥或宣传政策等活动；第九场是"顿营"，连日奔驰作战劳累，将士们宿营养精蓄锐；第十场"棋盘操"，勇士们骑着战马，各司其职；第十一场吹奏"钱棍曲"，寄托人们希望风调雨顺、国泰民安、财源茂盛的美好心愿；最后一场则是"洗马"，象征着胜利后的喜悦和祥和，讴歌太平盛世。另外，12场演出中，每一场均由鼓乐队结合场面气氛配合演奏不同的插曲，小演员们则在其中一人的领唱下边舞边唱不同的歌曲，如《福鼎是个好地方》《跃马提枪上战场》《竹篱笆》《钱棍曲》，还有宣传计划生育的《刮地风》等曲目。在配乐上，还有铜管乐、群口快板等。同时，每一场演出都配有本场演出内容的解说。

据老艺人介绍，前岐马灯有多次参加外出演出的记录，曾参加福鼎县民间文艺汇演和宁德地区民间文艺汇演，亦曾应邀到温州市等地演出，获得很高的赞誉。2002年中央电视台曾专题报道过前岐马灯表演盛况。2008年8月，前岐马灯被列入第一批福鼎市非物质文化遗产名录；2012年2月，被列入第四批福建省非物质文化遗产名录。2022年1月9日，前岐中心小学学生马灯队在福鼎市桐山溪西美食街参加央视春晚《东西南北贺新春》特别节目录制。

打马灯参加2022年央视春晚《东西南北贺新春》节目录制（夏林 摄）

前岐嘭嘭鼓

林启雄

嘭嘭鼓是渔鼓的一种，广泛流行于闽浙边界闽南语地区，特别是前岐一带，迄今已有 100 多年的历史。据考证，清朝末年，一种叫"莲花落"的民间曲艺形式，流行于福鼎、霞浦、寿宁和浙江平阳、苍南、泰顺等地，后逐渐与福鼎、平阳的闽南语民间音乐、歌谣相结合，形成现今用闽南语演唱的嘭嘭鼓。据传，前岐最早的嘭嘭鼓艺人是桥亭村青潭自然村徐家则，他曾向浙江平阳县的潘阿福先生学艺，后又传授给武垟的王烈儒，及龟岭的孙友义等。随着他们到各地演出，嘭嘭鼓又流传至叠石、贯岭、桐山、沙埕等地。这样，通过老艺人的代代口传心授，嘭嘭鼓一直流传至今，成为群众十分喜爱的民间曲艺艺术。

嘭嘭鼓历来为一人演唱，乐器简单，只有一鼓一拍。鼓为一截长 80 厘米、直径 10 厘米的毛竹筒，一端蒙上猪油膜，拍为一对长 10 厘米的竹片。演唱时将竹筒斜放在膝盖上用左肘护住，右手拍着蒙皮，发出"嘭、嘭"之声；左手握着竹片子打节拍，以加强节奏感与增强气氛。

前岐嘭嘭鼓表演（傅克忠 摄）

唱、白纯用闽南话，以唱为主，表白不多，唱词基本是七言诗体但不严格押韵。演唱方式有两种：一为"门头词"，艺人白天到各家演唱一折，获取报酬；二为传书和民间故事，主要是叙事，艺人大都在夜间街头和庭院里演唱。有钱人把嘭嘭鼓艺人请到家里唱，一家人和被邀请的朋友们一起，一边听唱，一边喝茶。嘭嘭鼓常唱的传统节目有《说唐》《薛仁贵征东》《薛丁山征西》《万花楼》《龙凤再生缘》（又名《孟丽君》)《七侠五义》《五虎平南》《杨家将》《韭菜记》《岳飞传》《林钟英告状》《天海山》《穿金扇》《风尘三间》《福寿金钱记》《五龙沉江剑》《三世姻缘传》等。有些传书还可以连续唱十天半个月。演唱"传书"时，先起"词头"，或一首诗，或一笑话，或一谜语，略同宋元话本的"头话"。

嘭嘭鼓是江南的一种说唱曲艺形式，它的音乐基础源于江南民间小调，尽管经过近百年的民间口头流传及说唱者的改革发展，但其主旋律仍有明显的民间小调痕迹。它节奏平稳，旋律委婉流畅，随着内容的变化而变化，悲愤时唱腔激昂高亢，苦难处则如诉如泣，伴之以鼓、板之声的烘托，效果独特，颇能引起听众共鸣。由于嘭嘭鼓为一人演唱，道具简单，行动方便，且唱词通俗易懂，为群众喜闻乐见，至今仍在前岐和闽浙边界说闽南话的沿海、山区盛行不衰。

前岐的闽南话

范则谊

明末清初，大量的闽南人迁徙到福建东北部的福鼎、霞浦一带以及浙南的苍南县、平阳县一带。闽南话传入闽东地区后，由于自身的演变和受周围方言（浙南是瓯语，闽东是福州话）的影响，逐渐变成了腔调各异的小地方腔。在福鼎，说闽南话的有前岐镇、叠石乡、贯岭镇、佳阳乡、沙埕镇、嵛山镇6个乡镇，和山前、桐城、白琳、秦屿、硖门等乡镇的个别村庄，使用人口约占全市总人口的三分之一。福鼎的闽南语不仅具有闽南话的通性，还有复杂的文白异读。文读音受官话的影响，接近北京音，白读音是本地音，两种音各成系统，互相对应。

前岐镇除畲族多数讲本民族语言外，日常主要讲两种方言：闽南话、桐山话。居住在前岐的人基本上听得懂闽南话，一部分人会讲。前岐的闽南话作为方言，在民间有独特的传承空间和环境。一般场合下，人们聚在一起，爱讲闽南话，在外地遇到讲闽南话的人，总有遇到家乡人那种亲切感；讲闽南话的嘭嘭鼓、布袋戏、大班戏等，受许多中老年人的吹捧，这些说明了闽南话在前岐有很深的文化根基。但随着普通话的推广和普及，加上没有闽南话教材的正规传授，闽南话的延续只能靠一代又一代口口相传。再加上长期受福鼎桐山话的影响，前岐闽南话与闽南本土的闽南话形成一定差别，主要是入声韵尾的合并和退化，以及用词方面的差别，特别是许多生僻词，基本都用普通话近音替代。

语法特点

用词头"阿"，如阿公、阿婆、阿姐、阿哥、阿辉。

用词尾"头"，如和尚头、贼头、裤头、日头、菜头。

用词尾"仔""子"，如桌仔、椅仔、美国仔、虾子、石头子。

表示程度表示方法，可在形容词前加"蛮""真"，如："这个人蛮好。""这个人真好。"也可在形容词前加"显"，如好显、大显、好看显、甜显甜、水显水（形容十分漂亮）。

表动物之性别及物之阴阳者，以"公、母"表示，如鸡母、狗公。

表本源及衍生者，以"母子"表示，如钱母（母钱也，即本钱）、钱子囝（利息）、股母（股本）。

句末常用语气助词有呢、啦、啰、乎等。

不少词的构词方式和现代汉语相反，但是和古汉语相同，如：鸡母—母鸡、风台—台风、鞋拖—拖鞋、人客—客人、菜花—花菜、闹热—热闹。

方言词语

闽南语的日常用语具有趣味性，这些词还保留着古汉语习惯，如下面一些口头常用的方言词语：爬龙船（划龙舟）、遮早（这么早）、起厝（盖房子）、无闲（没空）、担涂（挑土）、食糜（吃稀饭）、青冥牛（文盲）、日头（太阳）、暗暝（夜晚）、滚水（开水）、古早时（古代）、惊生分（怯生人）、目睭（眼睛）、衫裤（衣服）、无头神（无精神）、一身躯（整身）、客食（乞丐）、目屎（眼泪）、胡神（苍蝇）、失体面（丢面子）、面桶（脸盆）、歁印（盖章）、必痕（裂缝）、无定着（不一定）、正手爿（右边）、着痧（中暑）、老伙（老头）、饭箸（筷子）、一世人（一辈子）、金瓜（南瓜）、活跳跳（活得很好）。

另外还有俗语、谚语、歇后语等广泛流行的定型语句，简练而形象化，反映了人民的生活经验和愿望，富有哲理性，读起来朗朗上口，易用、易记、易说。例如：

无米加闰月——坏渡。

剃头店关门——无理发（无你法）。

佛公嘴——真圣（意思为"预见准确"）。

输人勿输阵（意为"输人不输势"）。

贪字贫字壳（意为"贪心吃亏"）。

千苦万苦，为着腹肚。

冬节乌，年暝酥；冬节红，年暝澹（意为"冬至阴，除夕晴；冬至晴，除夕下大雨"）。

细汉毋学习，大汉来不及（意为"少年不读书，老年来不及"）。

童谣

"天乌乌，要落雨，几时落，初四五……"一首首脍炙人口、节奏欢快、浅显易懂、富有闽南艺术风格的民间童谣，让人回忆起童年的无限乐趣。这些童谣源于生

前岐

活，用于生活，包含了许多人生道理，可惜越来越被人们淡忘。现收录一首，希望大家在哼唱的过程中能感受到闽南童谣的诙谐有趣。

长鸬鹚

长鸬鹚，飞来飞去歇厝基，

厝基歇阿懒懒动，你公会织网。

网织团团圆，你公会弹棉。

弹棉真好纺，你公会箍桶。

桶箍真不漏，你公会做灶。

灶做真好烧，你公会栽茄。

茄栽一百又一百，你公会看鸭。

鸭看一帮又一帮，你公会种蛏。

蛏种一夹又一夹，你公会打草割。

草割打得真好割，你公会割纸。

纸割一张过一张，你公会种姜。

姜种一爪过一爪，你公会打鸟。

鸟打一个过一个，你公会摸虾。

虾摸一尾又一尾，你公会舂粿。

粿舂一臼又一臼，你公会翻豆腐。

豆腐一花过一花，你公会种瓜。

瓜种一条过一条，你公面子皱、皱、皱！

前岐潮水诀

林　建　范则谊

前岐围垦之前，海就在家门口，乡人对潮汐再熟悉不过了。老辈人为了方便舟楫往来或讨小海，积累了许多计算潮汐规律的宝贵经验，为后人留下朗朗上口的"潮水诀"。现摘撷如下：

初一十五，吃昼水落土　潮水的规律是每半个月循环一次，每月的初一和十五这两天潮涨得最高，退得最低（每年中秋天文大潮尤甚），中午时分，潮退到底，滩涂尽露，所以称"水落土"。

初三十八，水平昼　每月初三与十八这两天潮水涨平的时间是在中午。

初九廿三，暗水无人担　前岐庄稼人过去有"挑暗水"的习惯。什么是"暗水"？太阳落山了，海潮涨平了，勤劳的农人会去码头打海水挑回家，倒进茅厕里，加速粪水的发酵，以利庄稼施肥，这种傍晚挑海水的做法就叫"担暗水"。初九、廿三这两天的暗水来得晚，要等到大半夜，大家都睡了，所以叫"暗水无人担"。

初九廿三四，水涨吃昼边　潮水每天涨退两次，这是基本的规律，但每月的这几日里除了下半夜和凌晨潮平外，近中午时还涨一次，所以称"水涨吃昼边"。

十一水涨，两头平　每月十一这一天，潮水的涨平大约在早上 7 点和晚上 7 点，涨平于当日白天的始末，所以称"两头平"。

潮汐的算法有很多，也颇为复杂，前岐老百姓中传唱数百年的"潮水诀"是前岐地方文化的瑰宝，令我们引以为傲，希望它能被保护传承，永远流传下去。

桥亭"尝新节"

范则谊

"新开山界最难当，新做田埂两三行，做田郎仔多辛苦，大洋谷米还未尝……"很早以前，畲族祖先迁到桥亭开基，那时就有尝新节俗。

亭子街（夏林 摄）

畲族人民历来十分重视人生礼俗，崇敬祖先，因此完好地保存了许多令人称奇的祭祀仪式，尝新节就是其中之一。尝新节，俗称"吃新节"，是畲族的传统节俗。农历七八月，畲家某户开镰收割稻谷，即为这户先启尝新。

在畲族民间有一个稻种起源的传说。中国水稻研究所玄松南、陈惠哲撰写的《中国稻文化纪行之畲族稻文化》中写道，稻米原为天庭"珍珠米"，畲族祖先盘瓠不忍看着子民以百草果腹，就牺牲自己的生命从天庭偷回稻谷，让凤凰山畲族们播种，从此，凡间有了稻米。从天庭带来的稻谷成熟后，盘瓠王之妻三公主说："这稻种是先王舍命换来，新米应让他先品尝，另外麻雀也有功劳，也应让它们先尝尝新谷米。"从此畲家每年秋收有尝新之俗。

闽浙南边界的桥亭畲族群众中也流传着一个有关"尝新节"的传说（讲述者为桥亭村原村书记雷顺金）。传说稻米只有天庭有，只有神仙才可以品尝，凡间百姓唯以百草果腹。老鼠自告奋勇领了凡间皇帝发出的到天庭偷谷种的悬赏令。老鼠上天苦苦等到天神呼呼大睡，便在黄泥里打个滚，咬开布袋，粘一身稻种回到人间，从此凡间人有了谷种，畲族百姓能吃上白米饭，过上好日子。为了报答老鼠，每到秋收时，畲族人民都会在每丘田里留三行供老鼠当口粮，报答老鼠盗谷种之功。然而，第一年人们还信守承诺留了三行，第二年就减成两行，第三年剩一行，最后就一点也没有给老鼠留。老鼠非常气愤，就告到皇帝那里去了。皇帝告诉老鼠，既然人们没有给你留口粮，你就逢县吃县，逢乡吃乡，但因为"县"和"乡"在畲族话中分别谐音是"柜"和"箱"，于是老鼠就看到柜子咬柜子，看到箱子吃箱子。后来人们意识到做人不能忘恩负义，要敬重天地，敬重神灵，崇敬祖先，从此每年新稻收割第一碗米饭都要先供奉天地。

畲族的尝新节及其传说，揭示了畲族是古老的稻作民族之一，在历史长河中创造了辉煌的稻文化，是中华文明的重要组成部分。

《福鼎县畲族志》记载着畲族"尝新节"的习俗：按畲族传统，水稻开镰收割必须先择吉日，他们把头一趟割下的新谷晒干舂成米，煮成白米饭，第一碗供祭天地、地方神、祖公神和灶神，以感谢上天的恩赐和祖先的福佑。祭毕，第二碗由主劳力先

编制手工艺品

前岐

吃一口，并各盛一碗分给左邻右舍，全家方可开饭。有的人家当晚会备下好菜好酒，延请亲戚朋友来家尝新或"吃排场"，客人越多越好，据说"多一人尝多一人粮"。稻谷收割完毕后，要把亲戚朋友请来"廪楻埕"，舂糯米粑招待，祝福丰收。

"九月时节禾稻黄，大家都是割禾忙，头碗捧来供天地，二碗捧来敬爹娘……"福鼎市畲族促进会首任会长雷武定唱完畲族民歌后告诉笔者，畲族尝新还有一定的规矩，在割新谷和舂新米时，任何人都不许把谷或米放入口里，甚至不许碰着嘴唇。谁若是把谷或米放入嘴里，就会被认为是对上辈不孝。在尝新谷时，应先让天地、地方诸神尝新，再请本家或亲房年纪最大者"动箸"，之后全家才可开饭，以示尊敬老人，祝福老人健康长寿。

由于时代发展、人们生活水平的提高等历史原因，早期盛行的"尝新节"逐渐淡出人们的视野。20 世纪 80 年代，笔者在前岐镇桥亭小学工作过，那时该村还保存着"尝新节"这一节俗。桥亭村是前岐镇山区片中心村，是少数民族村，也是老区基点村，2021 年畲族人口达 891 人，占该行政村总人口的 35.8%，占全镇畲族人口数的31.7%。2021 年 1 月，桥亭村在市民宗局和前岐镇人民政府大力支持下，成功举办了以"寻梦田园风光　情醉水岸桥亭"为主题的桥亭畲村庆元旦迎新春暨首届畲族民俗文化节。节庆现场上，畲族歌女奉迎客茶、载歌载舞、聚会盘歌，以原生态的形式呈现畲族非物质遗产文化。桥亭村书记李信义告诉笔者，随着改革开放和脱贫攻坚的不断推进，畲族群众享受到社会发展带来的"红利"，生活日益富裕，定会将这一传统习俗传承下去。2021 年，桥亭村入选省级传统村落，这也是前岐镇政府重视畲族人才培养和畲族文化传承的结果。这次桥亭村举办畲族民俗文化节，就是把畲族"尝新节"与农民丰收节等多种元素相结合，以弘扬畲族悠夯厚实的农耕文化和特色传统民俗文化，把"尝新节"节俗活动打造成为桥亭畲族文化传承的品牌，展示前岐镇乡村振兴的新面貌和新成果。

前岐旧时少儿游戏

范则谊 林 建 林秀链

　　20 世纪六七十年代是物资极其匮乏的年代。虽然小时候家里都不富裕，但生活在那个年代的孩童没有过重的课业负担，也不需要上各种特长班、辅导班，有充足的时间亲近大自然。他们喜欢玩游戏，并创造出各种各样的游戏，这些游戏伴随着他们快乐成长。

　　少儿游戏主要取材于当地日常生产生活活动，也是地方民俗文化的一种反映。由于地域和文化的差异，少儿游戏各不相同，有鲜明的乡土特性；即使是相同内容的游戏，在不同的地方，其叫法和玩法也有所差异。前岐地处闽浙边界，依山傍水，我们那时候常玩的有拔河、丢手绢（巾）、扔沙包、老鹰抓小鸡、弹玻璃珠、放风筝、打陀螺等比较大众化的游戏，也有前岐的乡土游戏如打糖仔纸、挤烧（有的游戏名称无法准确写成，采用前岐腔的闽南话谐音字代替，下同）、孵谷（猴）卵、跳叭（真木假木）、金木水火土（棋类）、挑柴火枝、推铁圈、掷土丸、打纸铁、捉胶（手翻绳）、垫猫（躲猫猫）、踏纲（跳房子）、打寸（男孩玩的，具有一定的危险性，虽福鼎畲族传统体育游戏中也有"打寸"项目，但玩法截然不同）等。这些乡土游戏虽稍显陈旧、草根，但存在时间长，且代代相传，具备十分鲜明的地域色彩。游戏中使用的玩具材料，多可从日常生活及大自然中获得到制作简单、成本较低。如：取 3 根鸡毛插在沥青制成的小丸上，就可当羽毛球来玩；找些废弃的布角料，填入沙粒，用针缝合成小沙包，就成了拾骰子的玩具。有的玩具材料只是简单的西蚶壳、冰棒棍、柿子核、纸烟壳等，还有的就是随手拈来的石头、纸片，连番薯藤或三叶草（野萝卜）的叶梗也能成为游戏的道具。不过在那年代，连牙膏壳、鸡毛都可以换糖吃，要收集一些如纸烟壳、等做玩具的材料也是不容易的，我们只好因简就简，不在乎玩具制作得有多精美，只要可以玩就行了。林建编写的《前岐旧儿趣》就收录了 110 种前岐那个年代的少儿游戏。这些乡土游戏没有教科书传授，都是口口相传，简单、易学，在玩耍的时也不受人数、场地、玩具等多方面的限制，可随时都可以自己或是多人进行游戏，而且孩童完全处于游戏的主导地位，根据自己的意愿自主选择游戏材料和方

前岐

304

式，自己商讨分配游戏角色，想象游戏情节及内容，自己制定各种规则。玩耍时决定游戏入场顺序，一般有两种简便方法：人少时可用手势令（猜拳）的"契个头"，即随机出示手指，大拇指胜食指，食指胜小指，小指胜大拇指，由胜负结果判定，类似于石头剪刀布的玩法；多人参与游戏时则根据游戏者向上出示手背或手掌心的多少而定，几个人同时出掌时，如果只有一人与众不同，则为第一，再按这样的程序来决定第二入场者，依此类推。乡土游戏之所以能经过多年的发展并传承下来，主要是因为游戏的玩法灵活，游戏的内容生动有趣。有些游戏像跳青瞑筋（跳橡皮筋）、丢手巾等娱乐性非常强，有的项目还会搭配一些儿歌或童谣让游戏更加丰富多彩。如女孩子跳青瞑筋时，有时从唱《马兰歌》开始，晋升上一级就唱前岐版的《英雄赞歌》："十一个战士叮当当，战斗英雄黄继光，黄继光、邱少云，他们牺牲为人民……""董存瑞，十八岁，参加革命游击队，炸碉堡，牺牲了，全国人民流眼泪……"随着明快的节奏，小女孩边唱边玩，弹跳轻盈，灵活又自如，橡皮筋的花样也在不断变化，难度不断提升。这样的游戏不但表达了那个年代的少年儿童对人民英雄的崇敬之情，也让他们从中得到愉快的游戏体验，并在游戏过程中掌握一些知识，进而健康成长。

时移俗易，现在的孩子大都不玩也不会玩这些乡土游戏了。下面，就让我们用一组图画再现这些有趣有料且纯真的游戏。

五行棋
安竹记忆
壬寅

滚铜片
安竹记忆
壬寅

撽烧
安竹记忆
壬寅夏

擲浪梯籽
安竹记忆
壬寅

捉胶
安竹记忆
壬寅

打手
安竹记忆
壬寅

（以上选自林建《前岐旧儿戏》）

放纸鸢

那些年一起玩过的游戏

滚铁圈

那些年一起玩过的游戏

打猪仔纸

那些年一起玩过的游戏

打水漂

那些年一起玩过的游戏

踢纲

那些年一起玩过的游戏

弹弓

那些年一起玩过的游戏

（以上选自林秀链《那些年一起玩过的游戏》）

物
华
吟
赏

前岐四季柚

夏　林

　　前岐四季柚是我市地方名优特产。据《福鼎文史资料》（第 7 辑）记载：1938 年春，前岐镇镇长魏伯乾交由苍南马站陈庆先生买回一批四川四季柚，用多年生"本地土柚苗"作砧木，亲自动手嫁接 160 多株幼苗种植在大澜（今大澜果场），精心培育。四季柚因其四季开花、四季结果而得名，一年中分别于清明、夏至、立秋、霜降时节开花、结果。四季柚挂果时间长达半年以上，能充分吸收大气、土壤中的养分，可谓"吃透了四季之风水"，故营养价值极高，堪称果中之王。立冬时节收获，其花白色，馥郁怡人；果实表面光滑，颜色金黄，气味芬芳，皮薄子少，肉嫩味美，多汁清甜，置之则盈室流馨，食之则满口生津。果实底部有一个铜钱状的印迹，是正宗前岐四季柚的标志。四季柚耐藏耐运，采摘后在地窖或缸瓮中贮存五六个月依然鲜嫩。研究表明，四季柚营养丰富，含有柠檬酸和多种维生素，不仅是果中珍品，而且可作药用。据《本草纲目》记载和福建中医药研究院研究，四季柚具有滋阴养血、清热降火、开胃理气、消食解酒、祛风降压、清肺止渴、降低胆固醇等功能。四季柚不仅营养丰富，而且具有特殊奇妙的药用价值。近年美国《生物学文摘》、日本《汉方研究》报告和专家临床证明柚可防癌抗癌。因为四季柚质优、珍贵、稀有，被人们誉为"世界奇果"，前岐也因此被誉为"世界奇果——四季柚之乡"。

　　前岐四季柚历次参加全国柚类评比，均获"优质果品"称号。1983 年被评为全国名柚第四名，1989年和 1992 年在全国柚类评比中获金杯奖，曾被北京人民大会堂和钓鱼台国宾

四季柚采摘（吴恩蓄 摄）

馆列为国宴和招待外宾的专用品。《人民日报》原社长兼总编邵华泽同志曾亲笔为四季柚题词"花香四季、果誉五洲";《中国记者》杂志社原社长李树明同志题词赞美四季柚是"果中珍品健身宝,功能特异世界奇"。2003 年四季柚获得国家工商总局原产地保护注册证明商标,并被国家和福建省列为"两高一优"农业综合开发项目予以推广开发。目前,全镇约有四分之一的农民从事四季柚种植,种植面积达 18000 多亩,年产 2000 多吨。

前岐

前岐水蜜桃

李玉婵

据《福鼎文史资料》第 7 辑载：1938 年春，前岐镇联保主任魏伯乾从浙江奉化引进水蜜桃 120 株，由其警卫员陈昌论押运回来，种植在前岐的大澜果场内。1949 年，陈昌论将大澜果场嫁接的水蜜桃树苗种植在自己村——柯湾村过海石自然村。由于过海石自然村依山傍海，空气湿润，阳光充足，水蜜桃长势喜人，收获颇丰，且汁多、味甜、香浓。后过海石村民纷纷嫁接水蜜桃推广种植，水蜜桃在过海石逐渐形成规模。为保持水蜜桃品种的纯正，过海石村民有了不成文的约定，无论谁家山地田头若有杂种或是品质低劣的水蜜桃，皆要除之。经过长期选育，前岐水蜜桃呈现肉厚汁多、皮薄味甜、香味浓郁等特点，成为当地特色的晚熟优良品种，后得以推广种植，现主要种植在柯湾、照澜一带，全镇水蜜桃种植总面积达 2200 亩，年产量 2000 吨，总产值 1600 多万元，产品多销往闽浙边界城市。

每年 6 月，果农会给每颗水蜜桃穿上纸衣，防虫叮咬，以保持果皮白皙漂亮。7 月中旬为前岐水蜜桃成熟期，成熟时果型近球形，单个果重一般为 180 克左右，最大的重达 300 克，鲜果表面裹着一层细软的绒毛，颜色白里透红，香气袭人，皮薄易剥，肉厚汁多，入口滑润不留渣子，糖分含量高，可达 15% 以上。鲜果核小，黏核，可食率达 95%，且营养价值高，富含蛋白质、脂肪、糖、钙、磷、铁和维生素 B、维生素 C 等成分，宜于鲜食，是难得的夏令珍品。

前岐水蜜桃（施继贤 摄）

前岐东魁杨梅

李玉婵

　　1987 年，福鼎市为帮助老区人民脱贫致富，指示市果蔬办引进东魁杨梅。市果蔬办委托台州农校郭迈东教授（福州人）从浙江黄岩东澳村引进 500 株东魁杨梅。当时在市果蔬办工作的前岐西宅人王光兴受家乡人所托，将其中的 40 多株东魁杨梅分配给前岐，由前岐多种经营办主任李云钦分配给村里种植，其中象阳村（今属佳阳）分得 40 株，西宅村、照澜村各分得其中几株。

　　东魁杨梅极其适应前岐的气候和土壤，所产个头大、产量高、经济效益好，深受种植户的喜欢。福鼎市果蔬办自 1987 年之后每年从浙江引进 3 个品种的杨梅母株发给各乡镇种植，3 个品种中东魁杨梅因对前岐气候和土壤适应性强、易栽培管理，在前岐得以推广。现种植总面积

采摘东魁杨梅（王丽惠 摄）

共 2540 亩，主要分布在照澜、柯湾、西宅、武垟、凤桐、龟岭、小岳、薛家等村，2013 年前岐镇杨梅产量达 1173 吨。

　　前岐镇除引进母株扩大种植面积外，还积极培育改良东魁杨梅树苗以推广种植。20 世纪 90 年代，照澜村的王加富和西宅村的王光兴、王光孝 3 人合资购买浙江产地的砧木进行东魁杨梅的嫁接育苗，大部分的树苗被销售给本地村民进行种植。然而，当时嫁接的东魁杨梅存活率仅 25%，后改购买浙江产地的实生苗进行嫁接种植，东魁杨梅的存活率得到较大的提高。之后的 20 多年，照澜村有更多的村民加入培育东魁杨梅树苗的队伍中。经过长期的培育和技术的改良，如今照澜村培育的东魁杨梅树苗

存活率可达90%以上，每年可培育10多万株东魁杨梅树苗，主要销往福鼎各乡镇以及广西、云南、浙江等地，为照澜村开创了一条致富路。

每年6月中旬，前岐的东魁杨梅开始成熟，6月下旬为采果期，比浙江黄岩早熟10天左右，比管阳、贯岭早熟一个星期，且丰产性好，不易落果，株产一般在10—50千克，高的达200千克以上。其果实大如乒乓球，单果重22—25克，最大的果重为50克，500克东魁杨梅一般只有20颗，最少时只有12颗。其果色紫红，肉柱较粗，味浓汁多，甜酸适口，可食率为94.8%。

前岐东魁杨梅可溶性固形物含量为13.5%，糖含量为10.5%，果汁含量为74%，而酸含量仅为1.35%，远远优于其他杨梅，除可直接食用外，也可制作成杨梅酒饮用。杨梅酒味香甜，富含葡萄糖、果糖、柠檬酸、苹果酸及多种维生素，是很好的饮品。此外，还可以将其晒制成杨梅干后加糖熬制成杨梅糖食用。

前岐盘桃

前岐盘桃主产区是福鼎市前岐镇大澜，至今已有近 200 年的种植历史，其来源不详。其与目前已有记载的我国南方的蟠桃品种都不一致，仅和原产于浙江、上海一带的中熟鲜食优良品种长生蟠桃较为相似，但个别性状仍有差异。因其形状扁似盘子，故当地人称之为"前岐盘桃"。前岐盘桃，1949 年前仅限于前岐镇照澜村大澜等地种植，面积约 1 公顷，20 世纪 50 年代发展至 10 公顷左右，但因产量低，几乎再无发展，原有的老树也相继死亡，到 20 世纪末全市仅余下十几株老树。近几年随着社会需求的提高，种植农户也越来越多，到 2014 年，福鼎全市已种植约 80 公顷，主要分布在前岐、佳阳、店下等乡镇，其中以前岐镇最多，且逐年扩大。

由于前岐盘桃品种来源不明，易受气候变化的影响，结果率低，产量不稳定。因此，在建园、土肥水管理、整形修剪、疏果套袋、病虫害防治等方面都特别讲究，尤其在果品套袋上，形成了前岐盘桃独特的种植方式，需采用专用袋套至果柄上，一果一袋，以保证盘桃的品质。果实成熟期一般在 7 月中下旬，每千克平均售价可达 20 元。

前岐盘桃是较珍贵的水果之一，其果实扁圆，中大，平均单果重 80—120 克，最大单果重达 250 克；果实两端凹入接近果核，果实整齐；果皮薄，果面呈淡黄绿色，顶部有一片红晕，绒毛少而短；果肉为乳黄色，近核处为微红色，充分成熟时果皮易剥离，果肉柔软多汁，纤维少，味甜而香；核扁平，中等偏小，黏核。果实中富含多种营养成分，其中含铁量最高，在水果中几乎占居首位，故吃盘桃能防治贫血；富含果胶，经常食用可预防便秘，还有清热养颜、帮助消化等功效。

前岐

318

前岐马兰草席

梁　燕

　　马兰草在清乾隆年间由台湾地区引进大陆沿海，因此又名台甲草、大吉草，具有纤维长、韧度高、性质温和的特性。当地老百姓利用马兰草的特性，选取上好草条削匀、搓圆，并按图案纯手工编织成一床床精美的草席。马兰草席具有柔软透气、凉爽舒适、草香怡人、安神助眠的功效，在空调普遍使用的今天，它的特殊功效日益显现。前岐马兰草席做工的考究和30年不坏的优良品质堪称"中国一绝"，在席类中属绿色的中高档产品。马兰席编织历史已有百年之久，前岐马兰草席因做工精细在国际市场上具有较高的社会知名度和美誉度，在凉席市场占据不可替代的份额。

编织马兰草席（刘端斌 摄）

马兰草席成品（刘端斌 摄）

　　马兰草席需纯手工编织，编织工艺烦琐复杂，要经过草条的挑选、削匀、搓圆、编织等多个程序，编织一条合格的马兰席平均需要30天左右。据有关人士回忆，1980

年前岐镇特地挑选 13 名年轻的女同志到福州琅岐学习草帽、草席的草编技术，为期 4 个多月，后来这 13 名女同志成为前岐草编技术的第一批中坚骨干力量。第二年，福鼎县科委从福州鼓山引进马兰草在前岐垦区试种成功，成片种植马兰草 100 多亩，就地挂牌建起前岐镇第一家编织厂——前岐镇草编厂。在攻破原材料、技术和人员等多个难题后，前岐草编厂生产加工的草帽、草席等编织品销往上海、厦门等各大中城市，逐步打开了销路。前岐马兰草席直立不倒、盛水不漏、30 年不坏的优良的品质也得到广大消费者的认可。1994 年是前岐镇马兰席发展最为辉煌的一年，马兰席年销售量达到了 5000 多条，产值 200 多万，带动就业 1000 多人。1995 年后，乡镇企业实行体制改革，前岐镇草编厂也面临企业转型问题。改制后的前岐草编厂衍生出零散的十多家生产马兰席的小工厂、小作坊。为了进一步增强市场竞争力，做大做强产业，前岐镇政府鼓励资源整合，动员有志之士创办了福东草编厂等 4 家质量高、信誉好的草编企业，以这 4 家企业为龙头，带领大家统一在市场找订单，统一采购原材料，统一开拓市场。2008 年，前岐福东草编厂顺利注册"福东"牌马兰草席商标。有了商标后，前岐马兰草席结束了长期贴牌销售的尴尬，凭着过硬的质量打进国际市场，国内外订单接踵而至。

前岐三角饺

🌿 夏　林

　　三角饺是福鼎市前岐镇有着近百年历史的名小吃，因为是由3种米合成，又叫"三合饺"。它用糯米、籼米、粳米3种米按一定的比例混合磨成米浆，装在纱带中用石头压干后做饺子皮，馅料选用瘦肉和肥肉配以香菇、青葱、虾仁等，佐以白糖、酱油和少许红酒，醉三四个小时，即可包成饺子。饺子在蒸笼里蒸熟后香气四溢，惹得大街小巷的行人垂涎欲滴，吃起来热腾腾的汤汁在口里四溅，馅料油而不腻，饺子皮既柔软有黏性又黏粘牙，色香味俱全，口感极佳，独具风味，凡吃过的人无不啧啧称赞。现在在闽浙边界福鼎、苍南、泰顺等县市许多乡镇的婚宴上，它也成为一道必上的主食。

　　前岐三角饺的创始人名叫廖天贵，绰号"流涕贵"，出生于民国初年。廖天贵家里是做小吃生意的，在前岐镇当时最繁华的岐阳街中街经营一家小吃店。当时，廖家小吃店生意十分红火，父母忙不过来，廖天贵从小就在店里帮助父母跑堂。由于年龄小，经常流着鼻涕满头大汗地端着菜跑进跑出，老顾客

前岐三角饺（福鼎市烹饪协会 供图）

就亲热跟他打趣，叫他"流涕贵"。廖天贵也不生气，照样答应，于是这个绰号就叫开了，几十年后他的真名反而很少被人知道。廖天贵聪明勤劳，善于思考，成年后接过父母的营生，把小吃店打理更加红火。他想许多人喜欢吃饺子，也有许多人吃汤圆，但是有的喜欢吃汤圆却不喜欢吃饺子，有的喜欢吃饺子又不喜欢吃汤圆，这是为

什么呢？经过和顾客交谈，他终于明白，饺子皮煮熟后太硬不好吃，而汤圆皮是糯米做的，会黏牙，有的人不也喜欢。于是，他用糯米、籼米、粳米3种米按1:1:1的比例合成的混合米磨成米浆，装在纱带中用石头压干后做饺子皮，这样做出来的饺子皮既柔软有黏性又不黏牙。他还对饺子的馅料进行改良，选用瘦肉和肥肉（按2:1的比例）、香菇、青葱、虾仁等原料，同时对饺子的外形进行改进，饺子包皮时不密封，中央留一个小口，三边捏成三个角，并把饺子的底部设计成金字塔形状，这样饺子放在蒸笼中时能够正立。中间有小口的设计，既使青葱蒸熟后不会发黄，又使香气飘出而里面的汤汁不会溢出。有了一个"出气孔"，三角饺即使到了晚上，里面的馅料依然新鲜。

1936年郑丹甫、林时勉等人在前岐一带闹革命，廖天贵也秘密参加了革命队伍，成为一位"红点户"（闽南语指专门收集情报的地下交通户），并于20世纪40年代正式加入中国共产党。他以叫卖三角饺为掩护，出入国民党镇公所、茶楼酒肆、赌场、鸦片馆等，刺探我党被捕人员关押地点及看守情况、国民党民团布防和调动动向等情报并向革命党人报告，为各地党组织传递信息，为革命事业作出了特殊贡献，演绎了一段红色佳话。

前岐

前岐粿

郑　婷

前岐白粿

　　每年腊八节前，前岐各家各户用自家生产的粳米制作白粿已成为一种传统。早年粮食紧缺，农户们下地干活时都带上蒸熟的白粿作为果腹的食物。为了能保存较长时间，农户们更是将白粿浸泡在加了明矾的水中。可以说，白粿作为一种食材，在前岐人民生活中扮演重要角色。前岐白粿是由优质粳米加工而成。早期粳米主要为本土自产，质地较软。近年由于本土粳米产量较少，主要选用东北优质粳米制作白粿

　　白粿制作工序比较复杂，主要由 8 个工序组成。一是浸泡，在时间充足的情况下，将粳米放在水中浸泡一晚，直至将粳米浸透。二是清洗，将浸泡后的粳米用水洗净，确保粳米中的杂质被完全洗出。三是碾粉，将洗净的粳米碾压成粉，碾压 3 次以上为佳。四是勾兑，根据米质

前岐白粿（吴雪生 摄）

软硬程度不同，将粳米粉和井水按 1 比 1.3—1.45 的比例进行勾兑。五是搅拌，将勾兑好的粳米粉进行搅拌，直至均匀为止。六是蒸粉，将搅拌后的粳米粉分多次放入木质蒸笼，确保粳米粉蒸熟、蒸透。七是碾粿，将粳米粉放入机器碾压成型，碾压 3 次以上的白粿更加润滑、柔软、富有弹性。八是晾干，将成型的白粿放置通风处，直至干透。这样，新鲜美味的白粿就诞生了。现在白粿制作已实现机械化生产，只需将浸过水的粳米用机器碾压成粉末，将粉末搅拌均匀倒入蒸桶，粉末蒸熟后碾压成条状

即可。

前岐白粿因其软滑甜香、味美可口，深受消费者喜爱。许多消费者从市区或浙江苍南等地驱车前来采购，作为家中重要年货备足。

鼠曲粿

鼠曲粿是在生产白粿的过程中加入鼠曲草制成的。鼠曲草生长于清明节前后，具有祛痰、止咳、平喘等医药功效，每到临近清明节的时候，许多群众都会上山或到郊外采摘鼠曲草用来制作鼠曲粿。初春到清明这段时间的鼠曲草最嫩，制出的粿特别香润可口。用于制作鼠曲粿的鼠曲草可分为清洗沥干和晒干两种，晒干后的鼠曲草在勾兑时要注入更多的井水以确保口感。鼠曲粿是清明时节非常重要的特色食品。

鼠曲草（郑雨锋 摄）

前岐鼠曲粿同前岐白粿一样，因为比一般的鼠曲粿更加软滑香甜、味美可口，深受消费者喜爱。据介绍，制作鼠曲粿的工序比较烦琐，制作速度也会比制作白粿慢一些。

鼠曲粿（郑雨锋 摄）

前岐

前岐花面

夏　林

　　花面，在前岐是具有上百年历史的地方风味小吃。有人说，花面是一种精巧而又充满艺术感的食物，刚出锅的花面，撒上虾皮、葱花，浇上用葱头熬制的猪油，趁着热气腾腾之际，咬一口，那叫一个质地软糯、鲜香滑爽。2012 年 6 月，前岐花面被福建省烹饪协会评为"福建名小吃"。

前岐花面（福鼎市烹饪协会 供图）

　　相传，前岐花面的起源跟前岐挑矾古道的兴起有关。据史料记载，每天从矾山到前岐的挑矾古道上有数千甚至近万名挑矾工奔跑在挑矾古道上。他们为了赶时间，不能像一般的客商那样找一家饭店歇息吃饭，只能买一些不需要碗筷的方便食品，以备途中打尖。因此，花面应运而生。前岐花面制作的主料是大米，辅料有虾皮、葱花，调料有酱油、味精、辣椒、葱头油。花面的制作工艺比较简单，先是取优质大米浸泡 2 个小时后磨成浆，然后将酱油、味精、辣椒、葱油制成蘸料备用。接着，烧一大锅开水，将米浆舀一小瓢，均匀地倒在一个正方形的平底铝制米面盒中，放在沸水中盖上锅盖，蒸几分钟至熟为止，再撒上虾皮、葱花，浇上用葱头熬制的猪油，然后用刀划成几小块，倒在桌子上稍微冷却后，再叠成块状，香气扑鼻的前岐花面就制作完毕。最后装在泡沫保温箱中，放在手推车上即可出门叫卖。午后两三点或傍晚，大街小巷就会传来花面的叫卖声，好一道独特风景。

黄金鱼枣

🍃夏 林

前岐有一道美食在香港备受青睐，它就是林宏波黄金鱼枣。2016年4月，前岐林宏波黄金鱼枣作为福建传统小吃参加香港特区"赏心乐食"大型美食文化节，获得香港各界好评。带队参加美食节主礼活动的福建省副省长梁建勇等领导专门来到林宏波黄金鱼枣展台品尝，对林宏波黄金鱼枣赞不绝口，并与黄金鱼枣发明创造者合影留念。2019年8月，林宏波黄金鱼枣再次通过层层筛选，成功入选世界各地美食荟萃的"香港美食博览会"，享誉香江。

鱼枣，是闽浙粤沿海地区对油炸鱼块的称呼，而"黄金鱼枣"则是林宏波师傅对自家用独特秘方制作出来的鱼枣的称呼。说起林宏波黄金鱼枣的发明，还有一段故事。

福鼎地处沿海，盛产各种海鲜，当地居民特别喜欢吃海鲜，在烹制海鲜方面常有一些独门秘籍。海鳗是一种很普通的鱼类，许多家庭主妇都能将其制作成多种美食，如做成"糟鳗"，将鳗鱼切成橡皮擦大小的块状，用红酒糟腌制后可以保存一段时间，每次食用煮饭时放在米上蒸熟即可，不用放什么调料而味道鲜香，非常开胃，很好下饭；又如制成"鱼枣"，也是一道可口美食，现已成为酒宴上一道颇受欢迎的佳肴。

黄金鱼枣（福鼎市烹饪协会 供图）

林宏波早年跟随父辈挑海鲜货担到浙江温州一带叫卖。随着社会的发展和交通条件的改善，挑货郎这样一种职业渐渐没落了。为了生计，从小就和海鲜打交道的他，决定还是干他熟悉的营生，于20世纪90年代开始在前岐农贸市场摆摊卖海鲜。营生之余他还热衷于研究各类海鲜美食，有时自己动手烹制，渐渐成为一位手艺不错的厨师，特别善于烹制海鲜。二十几年来，他利用在各地做生意的机会，吃遍了闽东和浙南一带海鲜菜肴，特别钟情于品尝和琢磨各种油炸鱼制品。他想对鱼枣这个传统美食进行改进，通过汲取各种菜肴之长，他逐渐调制出一种更适合闽浙一带居民口味的鱼枣。

林宏波师傅黄金鱼枣的制作技艺分成以下几个步骤。首先是选材。为了确保鱼枣的品质，他选用新鲜的海鳗鱼。可以说，这是鱼枣制作的关键。为什么要选用鳗鱼呢？这主要是鳗鱼肉质紧致，油炸后的口感更好。另外，海鳗往往较大，更容易选取完整的大粒鱼肉，做出来的鱼枣外形规整、美观。其次是取材。将海鳗鱼的头尾、内脏、大骨、鱼皮去除，取用鱼身肉，并将鱼肉切成 6 厘米长、1 厘米厚的鱼片。这是最简单的环节，只要用心就会做好。再次是腌制。将切好的鱼肉洗净滤干放入干净的容器中，按照一定的比例加入白砂糖、鸡精、姜汤、优质的家酿米酒等配料并搅拌均匀，避光腌制。这个环节是决定黄金鱼枣品质高低最重要的环节。最后是油炸。鱼肉腌制 12 小时后，裹上面粉和玉米粉入锅油炸，炸至粉团表面呈金黄色且浮于油面即可。

林宏波精心调制出来的鱼枣一上市就受到消费者的喜爱。他将他的作品命名为"黄金鱼枣"。色、香、味俱全的黄金鱼枣这几年渐渐获得各地美食家的好评，销售量也与日俱增。随着生意的扩大，林宏波决定成立前岐冷冻食品经营部，让女儿林丽雪打理生意，负责销售。林丽雪头脑活络，又能吃苦，每天起早贪黑自己开车四处送货，还开设网店，通过网站和微信销售黄金鱼枣，不仅在闽浙地区赢得了市场，连上海和广东的客户也通过网络慕名购买。2014 年 12 月，林宏波黄金鱼枣被福建省烹饪协会评为"福建省名小吃"；2016 年 5 月，被评为"宁德最佳名小吃"；2019 年，林宏波黄金鱼枣制作技艺被列入福鼎市非物质文化遗产项目名录。

鹿鸣卤小肠

　　品尝过福鼎前岐鹿鸣卤小肠的人都知道，卤小肠酥软、味厚而不腻，满口脆香。猪小肠有补气益气、调理肠胃、滋阴补阴、消暑解暑、开胃消食的功效。鹿鸣卤小肠是用猪小肠和20多种配料经过10多道工艺精制而成。主要步骤是：将小肠洗净，放入开水中余烫10分钟后捞出，泡入清水中待凉再捞出；用剪刀剪成10厘米长的段，除去内部脂肪后洗净，再放入开水中余汤20分钟后捞出；加入八角、当归、香叶、桂皮、生姜、白糖、红酒、盐、酱油、味精等20多种香料，将调料与小肠一并放入锅中用小火卤50分钟，捞出，再切成小段即可。

鹿鸣卤小肠

　　说起鹿鸣卤小肠，还有段有趣的故事。据介绍，前岐卤小肠是陈兴续的曾祖父传下来的，由于当时家境贫寒，曾祖父同村里其他壮劳力做了挑夫，每天翻山越岭十几千米来到具有600多年沧桑岁月的"世界矾都"浙江矾山。当时山路崎岖，采出的矾大都靠人工挑运，他们每天凌晨2点结伴外出，挑着海货、木头等重担跋山涉水数个小时来到矿区，又将沉甸甸的矾石挑往前岐海尾码头，进行装船海运，途中只有从家中带来的一个小饭团充饥。每当货物挑到码头时，都已经筋疲力尽，歇脚的同时，他们在码头一旁抽起了旱烟。北方抽旱烟是用烟枪，而前岐人是用烟筒抽。一次他们所抽的旱烟香引起了一个同样喜好旱烟的杭州陈姓矾商的注意，于是聊了起来，不知不觉到了中午，矾商便请他在船上用餐。他发现船上看似平常的小肠，味道极为特别，有一股清香，入口筋道、咀嚼硬脆，烂而不碎，与自己家为了去湿、消暑、缓解劳累而常用的青草炖小肠的味道完全不一样，便问这道菜如何烹制。陈姓矾商看他诚恳，就教给他卤小肠的方法。

从那以后，陈兴续的曾祖父便开了一家小食铺，出售自制的卤小肠，家境逐渐殷实。但到了祖父辈，由于各种原因便放弃这一行当，所以许多当地人都不知道前岐卤小肠是陈家传下来的手艺。而他们家逢年过节还时常为自己制作这道美味的卤小肠。

到了陈兴续手上，卤小肠的手艺又得到发扬光大。由于小时候耳濡目染，他基本掌握了这门手艺，又有意从事烹饪行业，便于 2001 年拜师学艺。师傅知道他已 25 岁了，不愿接收，但他软磨硬泡，师傅只好接收。经过 3 年的努力，已经 28 岁的他在前岐繁华的地段开起了一家鹿鸣酒店，由于有卤小肠这道美食，许多人慕名前来品尝。如今的"鹿鸣卤小肠"经过陈兴续的改进，一出锅便有股香气直窜肺腑，让人垂涎欲滴。它的特点是火烧透而不黏，肥而不腻，吃进的香儿，品出的味儿，回味悠长。鹿鸣卤小肠于 2012 年 12 月获得"中华名小吃"称号。

前岐土鸡煲

余如意

前岐土鸡煲是人们钟爱的一道菜品，曾被福建省烹饪协会授予"福建名小吃"的称号，并被中国烹饪协会授予"中国名菜"。前岐土鸡煲须用本地土鸡以特制酱料焖制而成，其选料与烹调是极

前岐土鸡煲（郑雨锋 摄）

其讲究的。首先是主要食材"鸡"的挑选，一定要选择本地农户山上散养的优质土鸡。接着就是将严格把关后的食材进行精心烹制。这时，厨师的刀功、佐料的配制、火候的把握一个也不能马虎。整鸡的改刀切块不能太大，否则不易入味；也不能太小，不然没有嚼劲。酱料的调制比例更是重要，葱、姜、糖、辣椒、老抽等十余种调料，任意一种，多一分味则厚，少一分味则浅。调好的酱汁，用竹筷与鸡肉轻轻搅拌后，就交给时间去发酵，让酱汁渗入鸡肉的每一个细胞，与鸡肉充分地融合。开始煨焖时，那缕浓郁的香气弥漫四周，不禁让人闻香流涎。这时火候的拿捏，要恰到好处，相当考验厨师的技巧。

前岐

前岐丁香芋

🖋️ 佘如意

　　经过精心烹制后的芋芀外焦内润、爽滑绵软、入口留香，吃过这道小吃的人，绝对忘不了那口齿留香、回味悠长的感觉。首先原材料必须选用本地潮湿海田里生长的芋芀，个头长度在 35 厘米左右刚好，这样口感绵润不涩。挑好的芋芀经过去皮洗

丁香芋（郑雨锋 摄）

净，就要给它进行第一步热身，即"高汤煨熟"。这道高汤可是有讲究的，精选本地土猪的棒子骨，敲碎后和本地土鸡经过整 3 个小时熬制，熬出沸腾鲜浓的汤汁。接下来芋芀与浓汤华丽地相遇了，新鲜的芋芀淹没在浓郁鲜美的汤汁中，煨至软糯，直至将汤汁全部吸收。紧接着就进入第二道工序"葱油香煎"。葱油的熬制也是非常考验技巧的：葱头选材的质量把关与肥膘的切刀技巧，每一个细节都影响着最后的美味。煎芋芀时火候的掌控需要长年的掌勺经验。最后用葱油将煨好的芋芀煎至表皮酥脆再撒上些许葱花，让人口水直流、食欲大动的"丁香芋"就大功告成了。"高汤纯正、葱油香酥、火候到位"是制作丁香芋的"三绝"。闻着那丝丝入鼻的芋香，看着那清亮淡紫的色泽，品着那清雅不腻的口感，就不难想到"丁香芋"被授予"福建名小吃"的缘由了。丁香芋不仅味美，营养价值也极其丰富，值得一品。

牛蹄筋、牛鞭和牛尾巴

🍃夏　林

牛蹄筋

　　牛蹄筋就是附在牛蹄骨上的韧带，富含丰富的胶原蛋白，脂肪含量也比肥肉低，并且不含胆固醇，能增强细胞生理代谢，使皮肤更富有弹性和韧性，延缓皮肤的衰老，用牛蹄做出来的菜品，自古以来就是一道很受欢迎的美食。前岐牛蹄的做法有

牛蹄筋（郑雨锋 摄）

以下几个步骤：先将牛蹄筋汆烫，然后冲净泡沫；接着放入开水中，水面要没过牛蹄筋，加葱、姜、料酒，用高压锅煮约40分钟；最后捞出后放入卤汤中，小火卤约30分钟，然后熄火浸泡；待汤汁稍凉时捞出，即可切片食用。牛蹄筋味甘，性温，入脾，有益气补虚的作用，有助于青少年的生长发育和减缓中老年人的骨质疏松症状。

牛鞭

　　牛鞭又叫牛冲，是雄牛的外生殖器，胶原蛋白含量高达98%，是美容养颜的佳品。中国自古以来认为"吃什么补什么"。据《本草纲目》记载：牛鞭主治男人阳痿、早泄，补肾壮阳，固本培元。牛鞭做法：先去净牛鞭内白，切成块，白萝卜去皮切成块，红枣洗净，生姜去皮切片，葱切成段；锅内加水，待水烧开时下入牛鞭、白

萝卜块、绍酒，用中火煮透，倒出冲净；另烧锅下油，放入姜片、牛鞭块、白萝卜块，爆炒至出香味，注入清汤，加入红枣，用小火煨至酥烂，加入葱段、盐、味精、蚝油、老抽、胡椒粉煨至入味，最后用湿生粉勾芡即可。

牛尾巴

　　牛尾巴是一种具有药用价值的高级补品，具有益气血、强筋骨、补体虚、滋颜养容等作用。前岐牛尾巴汤是选用牛尾、大枣以及纯正的枸杞等配料，煲制 10 多个小时而成。其特点是不以盐、味精入味，完全利用牛尾本身烹制出鲜香。经过长时间煲制后，牛尾汤白汁浓，入口醇香，肉质细嫩。牛尾巴制作步骤：首先，将牛尾巴洗净，切成4—5厘米大小的片段，在沸水中焯一下，捞出备用；其次，砂锅放水，加入枸杞子、麦冬、姜块，水开后加牛尾巴，中小火炖煮3小时左右，慢慢漂去上面的油和沫；等炖煮到牛肉快要烂时加入大枣、番茄块，炖至牛肉软嫩而不离骨时捞出，然后将牛肉加盐、胡椒、葱、蒜、清酱等调味；最后，把汤再熬一次，并将放佐料的牛尾煮一会儿，将牛尾巴连汤盛出即成。

土丁冻

🍃 夏　林　林丽达

　　土丁冻，是前岐的特有叫法，在闽南一带称为土笋冻，是一种色香味俱佳的传统风味小吃，相传发明人是民族英雄郑成功。土丁，是一种生长在海边土里的虫子，俗称"沙虫"，野生于沿海江河入海处咸淡水交汇的滩涂上。它含有胶质，身长两三寸，其外形粗陋，颜色黑褐，粗者如食指，细者似稻茎，约有拇指长短，还拖着一条长有一两寸，细如火柴梗、伸缩自如的"尾巴"。"土丁冻"就是用它加工而成的冻品。

　　土丁冻的制作不难，多数是制作成的冻品，配上佐料，蘸着吃。佐料的调配对口感的好坏有着重要的作用。前岐土丁冻更讲究原汁原味，其制作工艺有以下 4 个步骤。首先把好选材关，一定要保证它的新鲜度，越新鲜口感越好。其次是清洗。这是道烦琐的过程，土丁生长在滩涂，全身上下都裹着泥沙，甚至内脏也都充满了泥沙，新挖出的土丁，往往需先放

土丁冻（林丽达 摄）

养一天，以吐清杂物，之后用清水洗十几遍才能将其身上的泥洗干净，然后开膛挤出内脏后继续清洗，直至洗净。再次是调配。调配的过程是最见功夫的，水和土丁的比例是保证它能凝固成冻品的关键。最后是熬制。熬制的过程需要大火，等其烧开之后，加入适量的盐、味精等提鲜，盛出来后装在小碗中，待其自然冷却，土丁冻制作也就算大功告成了。土丁冻制作完成之后，可直接食用，无须任何酱料。虽然鲜活的土丁拿在手边就能闻到海鲜固有的腥味，但是做好的土丁冻却吃不出丝毫的腥味，一口下去，入口即化，味美甘鲜，清香软嫩，滑溜爽口。土丁冻除了独特的口感外，还具有较高的药用、食疗价值，能够调节人机体多种机能，因此深受众多消费者的青睐。2012 年，前岐土丁冻凭借着其传统制作工艺及独特的口感获得"中华名小吃"的称号。

海蜈蚣

🔖 夏　林

前岐沿海的柯湾、薛桥等村落有广阔的滩涂，滩涂里生长着一种外形像蜈蚣一样的海生动物。这种动物被渔民称为海蜈蚣，它的学名叫海蚕，以食海藻、海草等为生。海蜈蚣实际上是一种胆小、温和，对人没有任何攻击性的软体动物，一听到响声便会迅速钻入洞穴中。海蜈蚣可食性好，蛋白质和钙质含量都很高，含脂量低，近年逐渐取代青蟹等高血脂的海产品，受到美食爱好者的欢迎。海蜈蚣在浙江、福建沿海滩涂均有出产，前岐因处于淡水和海水交汇处，故其所产的海蜈蚣肉质细腻、品质较好，口感特别鲜嫩。

海蜈蚣身长一米多，胆子小，一有动静就缩回自己的洞穴中，所以要捕捉它十分不容易。前岐沿海的讨海人，不论男女，都是抓海蜈蚣的能手。每当潮水退去时，他们三五成群，拎着篮子，带上工具，到滩涂上抓海蜈蚣。多年的赶海经验，让他们练就了一双敏锐的眼睛，他们只需通过观察滩涂上的"气眼"，就能找到海蜈蚣藏身的洞穴，然后用手或工具将一米多长的海蜈蚣完整地"挑"出来。抓海蜈蚣非常考验人的毅力，急躁的人是抓不到海蜈蚣的。前岐沿海抓海蜈蚣以妇女为多，因为她们比较耐心、细致。她们会穿上橡胶长筒靴，半趴着，寻找海蜈蚣的洞穴，慢慢把海泥刨开，将随身携带的两支短小木梳一支插在头上备用，一支握在手中，以随时防备溜滑的海蜈蚣逃脱。若抓到它的头部，她们就用小木梳卡住要害，用双手慢慢往上拉，力度要均匀，用力拉一段要停下来，让蜈蚣身体收缩一下，防止其断成两节。一名老练的渔家女人一个半天可以抓几十条甚至数百条的海

抓海蜈蚣（林劲松 摄）

蜈蚣，她们回来时全身沾满泥浆，个个像泥人一样。虽然讨小海辛苦，但是海蜈蚣拿到市场上可以卖好几百元，虽苦犹甜。

抓上来的海蜈蚣需要处理，海边人把处理海蜈蚣叫"杀"海蜈蚣。"杀"海蜈蚣实际上是个技术活，需用剪刀剪掉头、尾两部分，然后用锋利的剪刀头轻轻一挑，一个劲地向下剪，剪刀来回穿梭于海蜈蚣肚子之间，海蜈蚣被"开膛破肚"，清理得干干净净。

海蜈蚣是优质的"下酒菜"，可以和酸菜混搭，可以做蒜香，味道极佳。前岐人一般将其和咸菜一起烹煮，入菜时去除头尾，清洗干净，下锅后不用放味精，加少许盐，食者无不称道。海蜈蚣煮熟后可晒成干货，价格不菲。

对虾

🍃 夏　林

　　前岐镇柯湾、薛桥、双屿等沿海村落的渔民，养殖的对虾品种主要是南美对虾。

　　南美白对虾适温范围广，可在 18—32℃生长，适盐范围也广，是一种优良的淡化养殖品种。前岐位于北纬 27 度线上（地理坐标介于 27°15′—27°25′之间），属于亚热带海洋性季风气候，年平均气温 18.5℃，域内有多条溪流注入海湾，是海水和淡水交汇处，气候和环境特别适合白对虾的生长。所以，前岐出产的南美白对虾具有壳薄体肥、肉质鲜美、出肉率高、营养丰富等特点，烹制出来的菜品，口感特别好，受到各地食客的喜爱和好评。

　　白对虾也是前岐人每日餐桌上的家常菜肴。前岐人白对虾的家常做法主要有以下几种：

　　油焖大虾　　主料是白对虾 1 斤、姜丝一小把、白糖 2 大匙、盐 1 小匙、番茄酱 2 大匙、橄榄油适量。做法是：一是先去除虾线，沿对虾背部剪开一条口子，取出虾线，将对虾洗净、沥干；二是姜切丝备用；三是热锅凉油，待油八成热时，放入姜丝

白灼对虾（夏林 摄）

煸炒，爆出香味后，倒入大虾煸炒，虾变红后加入盐和糖继续煸炒，盖上锅盖焖一下，然后倒入适量番茄酱，翻炒均匀后就可以出锅。

　　清蒸大虾　　主料是大虾 1 斤，香油、料酒、酱油、味精、醋、汤、葱、姜、花椒各适量。做法是：一是将对虾洗净；二是将对虾剁去脚、须，摘除沙袋、沙线和虾脑，切成 4 段；三是将葱切成条状，姜一半切片，一半切末，然后将大虾摆入盘内，加入料酒、味精、葱条、姜片、花椒和汤；四是上蒸笼蒸 10 分钟左右，再取出，拣去葱、姜、花椒后装盘，用醋、酱油、姜末和香油兑成汁，供蘸食。清蒸大虾具有补

肾壮阳、益脾胃的功效，适合孕妇食用，是前岐女人"坐月子"的常见菜肴。

红烧大虾　　主料是大虾1斤、生抽2大匙、白糖1大匙、去皮蒜4瓣，水适量。做法是：一是将对虾洗干净后，剪去虾刺，沥水待用；二是锅中入油，四成热后放入大蒜瓣油炸，至蒜瓣金黄色，倒入对虾爆炒半分钟，倒入生抽、白糖，炒匀后，倒入没及一半虾身的水，盖上盖子煮开后，再煮两分钟即可。

蒜蓉对虾　　主料是对虾6只、蒜末2大匙、葱花1茶匙、开水1大匙、酱油1茶匙、盐少许、香油少许。做法是：一是将对虾冰略硬，从头部中间纵切至尾部，但勿切断，摆放入蒸盘中备用；二是热锅，放入1大匙油烧热，爆香一大匙蒜末，以小火炸至金黄后熄火，盛起铺对虾表面；再加入一大匙新鲜蒜末，撒于虾表面。三是将味料混合拌匀调成酱汁，备用；四是将虾放入蒸锅中，以大火蒸约3分钟后取出，表面再撒上葱花、淋上酱汁即可。

面茶糕

🍃夏 林

　　面茶糕是深受前岐人民喜爱的一种糕点类食品，早年家里的小孩要去外地升学读书时，家中的长辈都会到糕饼店买回一包面茶糕，贴上红色的标签，在晚辈出行前郑重其事地送给他，讨个"糕（高）升"的彩头。后来，本地人逢年过节、迎来送往都会用上它，图一个平安吉祥，步步高升。

　　前岐最著名的糕点店是"苏协春糕饼店"。这是前岐一家糕点老店，现在许多糕点店大都采用机器制作糕点，老苏家是福鼎市唯一一家坚持采用传统手工艺制作糕点的作坊。"苏协春面茶糕"清香可口，口感筋道，入口即化，不黏牙，不噎食，是不可多得的常备点心佳品，现在已经成为福鼎市面茶糕制作一个响当当的糕点品牌。

　　制作面茶糕的用料是糯米、白糖、熟猪油、红茶水等原料，不用任何添加剂。在生产加工前，制作工具

面茶糕（夏林 摄）

都要进行清洗消毒。首先是备料。将糯米磨成糕粉，放在锅中炒熟；同时，将白糖、熟猪油、红茶水充分搅拌均匀后，熬制成馅料，用这3种原料制成的馅料吃起来具有香甜、油润、不腻味的特点。其次是压粉。大平板铺成的平台便是制作糕点的工作台，在工作台上用擀面杖对糕粉进行反复碾压，使糕粉既细密又蓬松。最后是定型。面茶糕的定型工艺流程，分成3个步骤：第一步，制作底层，将一定量的糕粉和提前熬制好的糖浆按比例调匀至糕粉油润软韧，用擀面杖不断碾压至均匀，再将调和好的糕粉放入细筛中将粗细筛均匀，然后放入方屉中，轻轻按实，作为面茶糕的底层；第二步，铺上一层面茶粉，用工具压匀，不可太紧或者太松，否则影响口感；第三步，

制作面茶糕的表层，方法和第一步一样。整个定型工艺流程在 10 分钟左右就可完成，然后放置 5 分钟，让糖浆溶化渗入糕粉，使面茶糕绵软香甜，最后将方屉中的面茶糕切割成大小均匀的块状，包装即可。

因"苏协春面茶糕"知名度很高，苏协春面茶糕店也从前岐搬迁到福鼎市区，许多人慕名而来。但是由于靠手工制作，产量有限，经常供不应求，有些客户跑了多趟，才如愿以"尝"。

前岐

前岐街巷小吃拾遗

夏　林

前岐街巷小吃的食材极为普通，有些甚至是其他食材的边角料，没有费工费时和考究的制作工艺，极为不显眼，在正规的酒家菜馆一般是见不到踪影，只有在街边摊、流动小推车和闾巷中的简陋小吃店才能找到它们。虽然它们上不了大餐酒宴的桌面，但是风味独特，透着浓浓的家乡味，人们对这些富有"前岐味"的街巷小吃有割舍不了的情结。以下选介几种。

菜饺　在前岐大街边、小巷口都可见到菜饺摊，支起一个油炸铁锅就可以炸菜饺。前岐菜饺有馅料，一般选用即将过季的花菜、萝卜、芋头或包菜切成丝状做馅料，然后把大米浆倒在一个事先在热油中烫过的凹面形铁瓢中，填上馅料，再倒上大米浆，放在油锅中炸熟即可食用。由于这些蔬菜是常见的食材，老少咸宜，

菜饺（郑雨锋 摄）

又即将过季，所以价格低廉。菜饺的制作十分简单，会做饭的人在油锅边看一回就会了。其他地方也有菜饺，但做法不一。比如：福州的菜饺是空心的，无馅料，用的是面粉浆；福安的菜饺，用海蛎和在面粉浆中油炸。不同地方菜饺的外形也有区别，福安菜饺是圆环形，像救生圈；而前岐菜饺是圆锥形，像斗笠。前岐菜饺是中小学生的最爱，上下学路上买一个菜饺吃一下可以缓解半天的饥饿感。

九层粿　先磨好米浆，准备一个竹制的圆形蒸笼，在蒸笼的底面和周围围上湿的棉布，将蒸笼放在沸水中，然后把米浆倒在蒸笼底部，用旺火烧开，在米浆基本凝固后，再倒一层米浆，如此反复多次，直至米浆满到蒸笼顶部，再继续烧开水至蒸熟为止。"九层"只是形容其多，不代表具体层数。九层粿可以直接食用，也可以和肉片混合煮肉片粿汤。

馍馍　馍馍是长条形柱状甜食品，里面的馅料是黄豆粉加白糖和芝麻，外面一

九层粿（夏林 摄）

层用糯米粉做面皮，将馅料包裹起来，然后放在平底锅上用猪油煎熟即可食用。馍馍一般作为早餐或上午的点心食用。

煎包　煎包和普通肉包在用料和制作工艺上并无区别，不同的是烹饪方式不一样：普通包子是放在蒸笼里用蒸汽蒸熟的，而煎包是放在平底锅中用猪油翻煎的，因此吃起来更清香、酥脆，口感更好。

肉酥　用咸菜和猪肉混合作为馅料，用面粉加水和成面皮，包成包子形状，然后放在烤炉中烤熟。

春饼　将面粉兑水和成面皮，将葱花包裹在面皮中，放在平底锅中用油边煎边摊开成圆盘形至煎熟。

白糖芝　将糯米浆压干后，搓成条线，然后扭一扭，放到油锅中炸熟，起锅后放在白糖粉中滚一滚，一条外形像人参的白糖芝就做成了。

附录：

大事记

晋

元兴三年（404）

卢循率起义军驻沙埕港内流江、罗唇诸水乡。

宋

熙宁五年（1072）

设小澜（今照澜）巡检司。长溪县共设立 6 个巡检司，今福鼎域内有 3 个，其他 2 个分别设在桐山、蒋阳。

明

洪武元年（1368）

复设小澜巡检司。

嘉靖四十一年（1562）

七月，戚继光在沿海一带抗倭。前岐一带至今仍产咸味"继光饼"。

清

顺治十五年（1658）

郑成功率兵过前岐。据郑成功部将杨英所著的《从征实录》载：郑成功曾亲自督师，于是年六月初四，"从前岐港登岸进取，由分水关达平阳县交界，前有大溪达金乡卫大海，流水湍急，先令小舡船渡载过江"。

康熙二年（1663）

因矾浆水顺溪流入前岐大澜入海，有害禾稻，入海则危害海蛎，前岐百姓向上控告，朝廷禁止明矾生产。

康熙九年（1670）

朝廷禁止明矾生产后，矾山矿民因生活无着不断找官府评理，官府无策可施，遂上奏朝廷。是年，朝廷下令："赤垟炼矾，恩准孤贫渡食，而矾水必汇入海。"（圣旨碑文现存于矾山苦竹湾白马爷宫）明矾生产恢复。

康熙二十四年（1685）

福建设立闽海关，次年设立前岐埠税。

乾隆二年（1737）

七月，吴家溪山崩，压死73人。

乾隆九年（1744）

苏州商人率先在矾山西边建立第一座固定式矾窑，日产明矾9担，此地因而得名"九担"。之后，矾山建立第一座炼矾厂，郑士官等人扩大炼矾规模，日产50吨，所产明矾取道前岐港装运至沙埕港口，转销全国各地。

嘉庆七年（1802）

佳阳（当时属前岐）单桥村畲族童生钟良弼控诉不准畲民参加府试获胜。钟良弼后中秀才，成为福鼎畲家第一位秀才。

嘉庆八年（1803）

前岐大岳松毛虫群发，大如拇指，遍食松楸至枯。

嘉庆十年（1805）

林中秀等倡建福东桥。

同治七年（1868）

四月，福鼎知县树"奉宪勒碑"于前岐，永革不肖奸徒恃强勒抽矾捐。

光绪三十三年（1907）

区立岐阳初等小学堂创办，校址在前岐临水官。

中华民国

1920年

英基督教士来鼎，设圣公会于县治之回春社。同年，前岐等地亦设立分会。

1922年

区立照澜初级国民学校开办，校址在照澜。

1930年

区立养正（在桥亭）、熊岭，私立富竹等初级小学创办。

1932年

3月，店下、秦屿（今太姥山镇）沿海一带农民群众进行武装抗烟苗税，前岐等地群众纷起响应。

秋，中共党员王宏文以前岐中心小学校长职务为掩护，广泛接触群众，宣传革命道理，发展中共党员，开展地下革命活动。

冬，郑丹甫、郑大庭、林时勉考入国民党十九路军民团干训班。翌年夏结业回鼎，分别担任桐山、前岐、店下区民团排长。此为中共福鼎地方组织早期派员打入国民党内部之先例。

1935 年

春，国民党第八十师一个营进驻前岐"清剿"共产党，成立"清乡委员会"。郑丹甫受中共派遣，打进前岐区"清乡委员会"当主任，使"清剿"屡屡扑空。

春，中共鼎平县委在前岐周家山村成立。

1936 年

8 月 15 日，中共闽浙边临时省委在福鼎李家山村召开第十次扩大会议。8 月 17 日凌晨，浙江省保安团第十二大队的一个中队进犯李家山，刘英、粟裕率领省委特务队、鼎平义勇军独立团及鼎平游击队在李家山、熊岭南山头伏击，毙敌 5 名，俘敌中队长及士兵 105 名，缴获机关枪 3 挺、长短枪 103 支、子弹数千发。

1938 年

3 月，郑丹甫在前岐西宅王益甫家召开有林辉山、郑衍宗等 20 多人参加的会议，部署开展抗日救亡宣传活动和加强抗日民族统一战线工作，决定采取"白皮红心"策略，派遣一部分共产党员打入国民党基层组织，进行合法斗争。

10 月，前岐西宅国民学校创办。

11 月，中共鼎平县委在前岐组织"民族解放先锋队"和"农民抗日自卫队"（超过 1280 人参加）；前岐小学、照澜小学师生组织"抗日救亡剧团"，演出《放下你的鞭子》等，开展抗日救亡宣传活动；各组织广泛宣传"抗日救国十大纲领"，掀起抗日救国高潮。

1939 年

彩澳国民学校创办。

1942 年

桥亭等地发生天花，死者不下百人。

前岐镇岭边、桥亭乡松阳国民学校创办。

1943 年

前岐镇双屿国民学校创办。

1949 年

5 月 28 日，鼎平县委策划争取了国民党前岐镇长李永耀起义，前岐宣告和平解放。

中华人民共和国

1949 年

11 月，福鼎全县设 5 个区，桐山为第一区，前岐为第二区，秦屿为第三区，点头为第四区，库口为第五区。

1956 年

秋，前岐中心小学附设初中班（今福鼎二中前身）。

1957 年

4 月 16 日下午，灵溪至矾山公路通车典礼在矾山举行。一辆扎满彩色绸带的彩车带领大队满载明矾的货车通过高高的彩色牌楼，驶出矾山车站，标志着人力挑矾的历史从此结束。

1959 年

前岐中心小学初中班分出独立设置（即今福鼎二中）。

1964 年

9 月，郑丹甫、钟大湖在福建省第三届人民代表大会第一次会议上被选为第三届全国人民代表大会代表。

1970 年

3 月，前岐双岳引水工程动工，1972 年 12 月竣工。渠道全长 4.6 千米，开凿 11 个隧洞，灌溉农田 3000 亩。

提倡"读高中不出公社，读初中不出大队"，福鼎二中（前岐）、三中（白琳）、四中（秦屿）始设高中部。

1972 年

9 月，前岐佳阳水库工程动工，于 1976 年 3 月竣工。

1974 年

9 月，前岐围垦工程动工，于 1976 年 9 月堵口、年底竣工。海堤总长 1530 米，围垦面积 7600 亩。

1982 年

9 月，姚家屿 500 吨级浮码头及港区建设工程动工，1984 年 7 月 24 日竣工且通过验收，之后于 10 月开港。工程总投资 95.4 万元。

福鼎二中被国家教委等 4 个单位授予"勤工俭学先进单位"称号。

1983 年

12 月 19 日，大风雪造成城关至秦屿 12 路载波及前岐、白琳等 9 个区、镇的中继电路、35 个乡和 28 个集镇的用户电话中断。

1984 年

前岐、沙埕 3.5 万伏、容量为 2000 千伏安变电站建成。

1985 年

秋季，在福鼎县民委的支持下，前岐中心小学创办"民族班"，面向福鼎市各乡镇招收少数民族学生。当年招收一个班，共 55 名学生。

福鼎二中被福建省人民政府授予"教育先进单位"称号。

1986 年

2 月 2 日，福建省委书记项南一行视察前岐农塑厂。

10 月，姚家屿港与福鼎桐山港、沙埕港、秦屿港、崳山港等 5 个港口被列为全国港口。

开展扶贫工作，着重抓省定的前岐等 4 个贫困区和县定的磻溪贫困区，以及 7 个少数民族乡的点上扶贫工作。

1988 年

1 月，闽浙交界的姚（家屿）矾（山）公路通车。此后，浙江矾矿每年有 3—5 万吨明矾、煤炭等物资从福鼎县前岐姚家屿码头进出。

5 月，前岐中心小学被福建省教委列为"福建省有特色的农村小学"。

1989 年

10 月，牛头溪水库工程开工，于 1994 年 10 月完工，1995 年 7 月全面竣工并通过省、地验收。

11 月 20 日，前岐四季柚在全国第二次优质水果鉴评会上获得农业部"部优"称号。

1991 年

5 月 12 日，县长李元明同福建省环保局副局长丁肃修、宁德地区行署副专员许美星等赴浙江温州就前岐受苍南矾矿污染问题举行地区级闽浙双边第四次会谈。

7 月 15 日，国家环保局司长、化工部固体废弃物治理处处长等 4 人到前岐镇察看受浙江苍南矾矿污染的情况。随后，赴浙江矾山调查，并参加在温州市举行的第五次双边会谈。

12 月 15—17 日，农业部电影电视制作中心采编人员在前岐等地拍摄《四季柚》等专题片。

前岐中心小学装备全县第一个教学闭路电视系统，并建立全县第一家农村小学电视台——红领巾电视台。

1992 年

11 月，中共中央委员、《人民日报》社长邵华泽同志为福鼎前岐四季柚题词："花香四季，果誉五洲。"

12 月 28 日，福鼎前岐四季柚参加全国第二次柚类评比荣获优质柚类称号。

1993 年

7 月，前岐中心小学被国家语委办、全国"注·提"（注音识字、提前读写）研究会评为全国小学语文"注·提"实验先进单位。

12 月 3 日，中华环保世纪行福建组抵鼎采访前岐镇受浙江苍南矾矿影响造成的污染问题。

1994 年

1 月 9 日和 8 月 18 日，《人民日报》"海外版" 2 次作了题为"世界奇果——前岐四季柚"的报道。

4 月 10—11 日，国家环保局污染管理司司长吴报忠、固废处处长胡守仁等在福鼎就前岐镇受浙江苍南矾矿污染一事进行调查。

9 月 16 日，香港爱国同胞沈炳麟先生的代表陆云鹏、李衍庚先生专程到前岐桥亭参加由其捐资兴建的"恩美楼"落成典礼。

10 月，全国人大常委会副委员长、全国妇联主席陈慕华同志为福鼎前岐四季柚题词"世界奇果，名不虚传"。

10 月，前岐中心小学被福建省教委列为"福建省小学名校"。

11 月 20 日，福鼎四季柚在平和全国六省区柚子鉴评中获金杯奖。

1995 年

3 月，由席守城、薛宗碧主编的《世界奇果——前岐四季柚》彩色画册出版发行。

8 月，前岐镇福东中学创办。

11 月 28—29 日，福鼎县和浙江省苍南县联合举行中共鼎平县委成立暨中国工农红军挺进师进入鼎平 60 周年纪念活动。闽浙两地老同志和地、县领导在福鼎革命烈士陵园举行了中共鼎平县委暨中国工农红军挺进师和闽东独立师纪念碑揭碑仪式，并前往前岐周家山为中共鼎平县委成立旧址纪念碑揭碑。

前岐镇被评为省土地"四无"先进单位和省第二批科技示范镇。

1996 年

11 月 14 日，前岐镇福鼎四季柚参加全国第四次柚类评比荣获金杯奖。

冬，台湾慈济基金会赈济前岐 8 号强台风受灾灾民 2099 人，前岐受赈粮物价值达 60 多万元。

1997 年

1 月，前岐镇福鼎四季柚荣获福建省农业名特优新产品展销会暨省第二届优质水果评选会柑橘类金奖。

12 月，前岐中心校代表宁德地区参加福建省教委举办的全省教师基本功比赛，获得集体二等奖，并获得单项和个人奖 32 个奖牌。

12 月 21 日，由台湾慈济基金会捐赠兴建的慈济中学举行奠基仪式。

前岐镇被福建省政府授予"脱贫工作先进乡镇"称号。

前岐镇非文盲率达 98.4%，基本扫除青壮年文盲，工作通过省地验收达标。

市镇组织 54 万元用于改造茅草房，270 户、712 人告别草房，喜迁砖木楼房新居。

1998 年

前岐全体预备役官兵在白琳"2.18"事件抢险中表现突出，受福鼎市人武部表彰。

10 月，前岐普及九年义务教育工作通过省政府验收达标。

10 月，前岐镇供销社蘑菇专业分社成立，蘑菇栽培面积达 0.56 平方千米，产量达 4500 吨，前岐成为闽东蘑菇大镇。

中央电视台《经济半小时》栏目披露浙江苍南矾山矿区"两废"对前岐镇照澜溪造成严重污染事实。

1999 年

8 月，福鼎市前岐镇蘑菇协会经福鼎市工商局批准成立。

9 月，姚家屿造船厂生产的首艘钢质船下海试航成功。

秋，前岐镇全面试行小学毕业免试升初中制度。

11 月，新建牛头溪二级水电站试运行成功。

全镇共有 31 个行政村实现村村通公路。前岐镇老区果场四季柚生产基地和照澜村蘑菇生产基地被列为宁德地区农业标准化生产示范点。

2000 年

4 月，前岐镇中心校被福建省教委评为"福建省农村示范小学"。

8 月 19 日，慈济中学正式启用，秋季开学新招初一新生 12 个班、600 人。

2001 年

1 月 5 日，前岐镇划出 12 个行政村设立佳阳乡。

3 月，福鼎二中顺利通过省三级达标高中评估验收。

4 月 15 日，福鼎市四季柚协会经福鼎市民政局批准成立。

5 月，福建省人民政府授予前岐镇四季柚"2001—2004 年福建省名牌农产品"。

12 月 31 日，福鼎市前岐慈济中学被评为"福建省花园式学校"，为当时宁德市唯一一所。

前岐镇在全市率先成立农村社会服务联动中心，组建专业技术服务队伍，建立前岐农业信息网。

2002 年

前岐镇福鼎四季柚标准化示范基地被福建省农办确定为全省 30 个农业现代化示范园区之一。

2003 年

10 月，国家工商总局商标局正式核准颁发"福鼎四季柚"证明商标（原产地）注册证。

福鼎市法院以前岐镇为试点，聘请了 27 名市首批农村司法联络员，负责农村普法、调解、联系工作，取得成效。

2004 年

5 月，福鼎市前岐镇福昌蘑菇专业合作社注册成立。前岐蘑菇生产走出一条独具特色的"协会（专业合作社）+基地+农户"生产经营路子，年种植面积达 0.89 平方千米，产值达 3500 万元，使前岐成为南蘑北调集散地。

年底，全镇共减债 1513.81 万元，偿还率达 85.5%，获得福鼎市增收减债工作先进单位荣誉称号。

2005 年

1 月，前岐镇政府从福东路 48 号旧办公楼（现为前岐镇卫生院）搬迁至福泉路 48 号新办公楼。

6 月，前岐镇蘑菇专业合作社被列入全省十五个农民专业合作社组织建设试点之一。

12月，前岐镇护林联防工作被评为闽浙赣三省护林联防先进集体。

前岐镇被福建省委、省政府评为"2003—2005年度全省民族团结进步模范集体"。

前岐镇被宁德市委、市政府授予"防控禽流感工作"先进单位。

2006年

1月，福鼎市前岐慈济中学被福建省教育厅确认为"福建省普通初中示范校"。

8月10日，超强台风"桑美"在闽浙沿海登陆，这是有确切记录以来登陆大陆的最强台风，前岐镇损失惨重。

福昌蘑菇获得"2006—2009年度宁德市农牧业产业化龙头产业"称号。

2007年

5月23日，福昌蘑菇获得福建省农业厅认定的省无公害农产品产地证书；11月30日，获得农业部颁发的无公害农产品证书。

2008年

2月，前岐镇人武部被宁德军分区授予民兵预备役工作先进单位。

8月，前岐马灯和妈祖庙会被福鼎市人民政府列入第一批非物质文化遗产名录。

10月，沙吕线道路硬化改造工程竣工，全线通车。

12月，前岐镇被宁德市委、市政府授予"文明乡镇"称号。

2009年

8月10日，中共中央政治局委员、国务院副总理、国家防汛抗旱总指挥部总指挥回良玉在福建省委书记卢展工、省长黄小晶陪同下，到前岐柯湾地质灾害避灾点视察，指导"莫拉克"台风救灾工作。

9月，李家山爱国主义教育基地建成并投入使用。

前岐垦区和双屿建立以庆农花菜、以色列甜瓜、紫皮大蒜为主的5000亩无公害蔬菜基地，成为福鼎城区蔬菜直供基地。

2010年

3月28日，福昌蘑菇获得国家工商总局"朵朵白"注册商标和福建省农业厅颁发的"2009—2010年度福建省农牧业产业化龙头产业"荣誉称号。

5月20日，前岐镇成立教育发展委员会，主要开展奖教、奖学和助学活动。2011年2月9日，通过教育基金会章程，开设前岐镇教育基金会，筹集资金80多万元。

前岐镇桥亭村成为第三轮省整村扶贫点。

2011年

1月7日，福鼎二中、慈济中学被确认为宁德市义务教育标准化学校。

11月8日，前岐镇举办首届"世界奇果——前岐四季柚采摘节"。

前岐镇顺利通过了福建省"清洁家园"检查验收。

李家山革命纪念馆被宁德市列入爱国主义教育基地。

2012 年

2月，前岐马灯被列入"福建省第四批非物质文化遗产"保护名录。

6月15日，前岐镇成立福鼎市烹饪协会前岐分会，并举办首届"香格里拉"杯烹饪大赛。

7月，前岐镇计生服务所被评为省一级优质服务示范所。

7月，薛家山隧道开工建设。

2013 年

2月22日，前岐镇司法所被评为全省规范化司法所。

4月18日，前岐镇被确定为宁德市级小城镇建设示范点。

5月6日，前岐镇举办"在那桃花盛开的地方"诗书画影展暨"美哉前岐"摄影大赛，共评选展出桃花新诗10首、格律诗书画作品11幅、美术作品30幅、摄影作品20幅。

6月11日，福鼎二中通过福建省二级达标高中评估验收。

10月12日，前岐镇举办桥亭敬老院落成暨捐赠仪式。前岐镇先后投入300多万元建设资金，建成占地面积5000多平方米、建筑面积2800平方米的前岐敬老院。

10月，前岐镇政府委托杭州市城市规划设计咨询有限公司修编《前岐镇城镇总体规划（2013—2030）》。

2014 年

3月，前岐镇首个公园——鹿山公园开工建设。

3月11日，前岐镇文化站在第一次全国乡镇综合文化站评估定级工作中被评为国家一级站。

3月22—28日，前岐镇举办首届"三月桃花，情系前岐"主题桃花节。

4月13日，前岐镇中心幼儿园新校区竣工投入使用。

6月，纵一线218国道（前岐段）开始安征迁工作。

7月21日，住房和城乡建设部、国家发展改革委、财政部、国土资源部、农业部、民政部、科技部等七部委联合下发通知，按照《关于开展全国重点镇增补调整工作的通知》（建村〔2013〕119号）确定的条件和程序，公布了最新一批全国重点镇名单。此次，增补了福鼎市前岐镇、太姥山镇和店下镇为"全国重点镇"。

9月29日，福鼎市前岐镇鞋服行业商会成立。

11月19日，福鼎市前岐慈济中学图书馆被福建省教育厅批准公布为"福建省中学示范图书馆"。

2015 年

2月7日，福鼎（前岐）百花越剧团出演"福鼎市首届市民文化周"活动。

2016 年

1月20—23日，福鼎市政协和浙江省苍南县政协在前岐镇妈祖宫联合举办以"挑矾古道"为题材的"闽山浙水古道情摄影联展"，后在苍南县文化中心举办。

2017 年

前岐马灯荣获"福鼎市文艺汇演"金奖节目。

2018 年

1月10日，前岐镇挑矾古道上承载百年茶亭文化的吴家溪亭保护性修复工程动工，由吴家溪乡贤捐资3万元，历时两个半月完工。

3月21—25日，以"诗画桃源·寻梦岐阳"为主题的前岐镇第五届桃花旅游文化节在前岐镇柯湾村过海石自然村举办。

5月16日，福鼎市医院与乡镇卫生院共同组建的首个区域医疗服务共同体在前岐卫生院正式成立。

8月25日，前岐镇成功承办第十六届省运会足球项目慈济中学分赛场比赛，17名前岐女足队员助力宁德代表队勇夺青少年足球甲、乙组冠军。

11月，前岐籍画家林建将其绘制的高清复刻版《旧前岐胜景图》捐赠给前岐闽浙边界红色文化展示馆收藏。

2019 年

2月18日，前岐代表队荣获福建省全民健身杯运动会篮球大赛福鼎赛区三连冠。

2月21日，前岐镇派出所获"清水蓝天"环保专项执法行动省级表扬。

2月27日，前岐镇双屿海域环保渔排荣登《人民日报》版面。

3月1日，福鼎市首个幼儿足球场——前岐中心幼儿园幼儿足球场投入使用。

5月14日，福鼎市首个专业化足球技战术室在福鼎二中投入使用。

9月5日，福鼎前岐与苍南矾山签订"省际党建联盟"共建合作框架协议。

9月25日，闽浙边界红色文化展示馆落成并投入使用。

10月1日，北京天安门中华人民共和国成立70周年阅兵现场，福鼎二中2017届高中毕业生郑衍，2018届高中毕业生谢达威、林浩光荣入选海军徒步方队参加阅兵式，2011 届初中毕业生钟舒娴光荣入选民族团结方阵参加阅兵之后的群众游行活动。

10 月 2 日，福东溪安全生态水系建设项目竣工。

10 月 8 日，《人民日报》发布《2019 年全国综合实力千强镇》，前岐镇入选，位列第 985 名。

11 月 30 日，新加盟高中女足的刘伶俐、钟雨洁、谢雨欣，助力福建女足首夺 U15 全国亚军。

12 月 17 日，慈济中学"福鼎市足球学校"揭牌。

2020 年

2 月 20 日，2 名医护人员徐本逢、梅丽丽，4 名福鼎二中毕业的医护人员陈水仙、梁小巧、李少燕、谢加俐报名参加福鼎市援鄂医疗队，在武汉金银潭医院圆满完成抗击新冠肺炎疫情的各项任务。4 月 14 日返回时，福鼎市民举行盛大的欢迎仪式，欢迎英雄归来。

7 月 23 日，福鼎市首个乡镇党校在前岐镇闽浙边界红色文化展示馆挂牌成立。

7 月 25 日，以"游照澜山水　品醉美蜜桃"为主题的首届前岐照澜水蜜桃音乐节暨照澜溪田园综合体项目启动仪式在前岐镇照澜村举行。

8 月 13 日，福鼎市城市东扩主干线市政道路 PPP 项目——福东大道举行交工仪式，福东大道正式通车。

9 月 30 日，前岐镇被宁德市委评为"宁德市海上养殖综合整治工作先进集体"。

9 月，前岐中心小学彩澳校区一期工程结束，共投资 2884 万元，一座教学楼和一座综合楼正式启用，原北校区改称福东校区，前岐中心小学形成福东校区和彩澳校区"一校两区"格局。同时，原南校区归还前岐中心幼儿园，创办前岐第二幼儿园。

10 月 13 日，福鼎二中通过"福建省义务教育管理标准化学校"评估验收。

11 月 13 日，中国足球重量级元老韩重德、国家队原队长马明宇等前国家队明星球员，走进足球小镇前岐镇，开展足球进校园活动。

12 月 9 日，沙埕湾生态产业园三通一平工程动工仪式在前岐镇举行。

2021 年

3 月 31 日，前岐镇召开新冠疫苗接种动员大会。

4 月 1 日，前岐镇闽浙边界红色文化展示馆被宁德市委组织部授予"离退休干部正能量活动基地"称号。

4 月 20 日，前岐镇爱心人士林秀永向福鼎市总医院前岐分院捐赠了 15 台康佳彩电。

4 月 27 日，闽浙边界红色文化展示馆福鼎市级党校现场教学点挂牌成立并举行现场揭牌仪式。

6 月 21 日，前岐镇举行"光荣在党 50 年"纪念章颁发仪式，63 名党龄 50 周年以上的老党员获得"光荣在党 50 年"纪念章。

7 月 13 日至 15 日，福建省人大常委会党组书记、副主任雷春美，副省长黄海昆带领福建省委和省政府工作调研检查组莅临前岐开展调研检查工作。

7 月 20 日，前岐镇在西宅村王宏文故居召开王宏文烈士生平事迹座谈会暨王宏文故居布展资料征集会，王宏文后人、党史研究员、镇村干部等 16 人参会。

12 月 10 日，前岐镇李家山革命教育基地被授予第四批"全省关心下一代传承红色基因教育基地"称号。

12 月 21 日，福鼎时代锂离子电池生产基地一期项目举行投产启动庆典仪式暨厂房四奠基仪式。

12 月 31 日，闽浙赣毗连地区第一护林联防区第一、二分会第五十五次护林联防会议在前岐镇顺利召开。

2022 年

1 月 5 日，福鼎市城区东片区（前岐）高水高排工程开工。

1 月 11—17 日，清华大学乡村振兴工作站福建福鼎支队在前岐镇深入开展调研。

3 月 4 日，水利部国际小水电中心莅临前岐镇开展水电站核查工作。

4 月 18 日，福建省副省长李德金莅临福鼎时代检查指导疫情防控工作。

5 月 20 日，福鼎时代新能源科技有限公司三号厂房投产。

9 月 23 日，福建省区划地名研究会会长饶添发和福建省民政厅智库行政区划专家组组长、福建师范大学教授伍世代一行莅临前岐镇召开编制《前岐镇行政区划调整规划》座谈会。

9 月 28 日，福鼎（锂电产业园）交通枢纽中心项目开工。

10 月 14 日，年产 75 万套的服装鞋帽生产项目开工。

10 月 25 日，福鼎锂电产业园综合体项目开工。

（本文由夏林、李玉禅收集整理）

后　记

　　源浚者流长，根深者叶茂。一个城镇的历史遗迹、文化古迹、人文底蕴，既是城镇生命的一部分，也是地方的历史文化根脉，同时还是一代又一代城镇居民的文化基因和精神家园。守护好地方历史文化根脉，注重文明传承、文脉延续，有利于让城镇留下记忆，让人们记住乡愁，使人们努力做到历史自觉和文化自觉始终如一，促使历史和当代相得益彰。基于此，在福鼎市政协的统一部署下，我们着手《福鼎文史·前岐专辑》编撰工作。

　　前岐是一座悠久的历史文化古镇，人文底蕴深厚，早在新石器时代就有人类在此活动；宋代在此设立巡检司，出现福鼎第一条街道亭子街；明清之际因矾而兴，成为福鼎十大市集之一；民国时期，革命先驱在此播撒革命火种，成为闽浙边区的革命摇篮；20世纪70年代，围海造田，建设"花海果乡　书香前岐"，集镇面貌发生了巨大变化；今天，随着福鼎时代的投产，一个现代化产业新城呼之欲出……千百年来，先民们创造了灿烂的文明，给前岐这片土地留下了一笔丰厚的文化财富。

　　为了做好编撰工作，前岐镇党委、政府在福鼎市政协的指导下积极作为，福鼎市政协主席李绍美挂点指导，前岐镇党委书记池凌峰和党委副书记、镇长陈世銮主持召开党委、政府相关会议研究部署编撰工作，统战委员、副镇长卢孝铭负责统筹协调。特邀请夏林同志担任主编，由李玉婵、陈玫瑰、范则谊、李敏助、周兆祥、林秀链等同志组成编写小组，负责具体编撰工作。编撰小组拟定编撰方案，走访老同志、相关领导和在外乡贤，多方征求编撰工作意见，广泛征集相关文献、图片和素材。在有关领导、在外乡贤和社会各界热心人士的关心支持下，编写组成员收集、整理、甄别大量资料，寻访相关历史事件的当事人或知情人，前后历时一年多，于2022年初完成初稿。

　　2022年1月，前岐镇党委、政府召开评审会，邀请地方文化教育界人士对书

356

稿进行评审修改。2022 年 6 月，召开市级评审会，邀请作家白荣敏，诗人王恒鼎，福鼎市政协文史研究员黄河、黄建军、蔡勇明等，对书稿进行评审，修改完善。中共福鼎市委党史和地方志研究室对书稿中党史相关内容进行了审定。白荣敏、狄民、林劲松、黄河、朱江萍、董其勇、林建、林学坤等同志，对编撰工作给予了热心指导和大力支持！

本书共分山川故里、经济社会、往事钩沉、人物春秋、文教卫生、民俗风情、物华吟赏等版块，力求全面记述千百年来前岐的先民们在这块土地上创造的辉煌业绩，展现前岐的魅力，有助于青少年一代充分了解、传承、弘扬地方历史文化。本书编撰工作坚持"亲历、亲见、亲闻"原则，各章节文史事件内容均用记叙体，只记史实，述而不论，同一篇章内的文史事件按其发生的时间先后顺序编排。本书文史内容贯串古今，记述时间上溯新石器时代，下限截至 2022 年 1 月，民国以前用年号纪年，括号加注公元年份，民国以后采用公元纪年。本书坚持"生不立传"的原则，立传人物以前岐籍人士为主，兼收长期在前岐活动且有较大贡献的客籍人士，按生年为序排列，只记事迹，一般不作评述。

在编撰过程中，福鼎市委党史和地方志研究室、博物馆、档案馆等单位和热心人士提供了珍贵的相关照片和资料，使本书更具历史感、文化感、画面感和多维立体感，可读性、趣味性更强。

由于受参考资料、写作时间和编者学识等限制，本书难免挂一漏万，敬请读者批评指正。

最后，向关心支持编撰工作的领导、专家、在外乡贤和其他社会各界热心人士表示衷心的感谢！

编者

2023 年 6 月